本书受国家自然科学基金项目“制度嵌入视角下离岸金融发展的经济效应研究——基于跨国数据的多层统计分析”（71663015）、“外国证券投资的营商环境变迁研究：全球离岸金融中心的制度性嵌入视角”（72164009）资助

离岸金融发展的制度嵌入性研究

Research on the Institutional Embeddedness of Offshore Financial Development

全球离岸金融中心与中国实践

Based on the Practice of Global Offshore Financial Centers and China

王勇 著

中国经济出版社
CHINA ECONOMIC PUBLISHING HOUSE
·北京·

图书在版编目（CIP）数据

离岸金融发展的制度嵌入性研究：全球离岸金融中心与中国实践/王勇著．--北京：中国经济出版社，2021.12

ISBN 978-7-5136-6753-1

Ⅰ.①离… Ⅱ.①王… Ⅲ.①离岸金融-研究 Ⅳ.①F831

中国版本图书馆 CIP 数据核字（2021）第 246405 号

策划编辑 姜　静
责任编辑 陈　瑞
责任印制 马小宾
封面设计 任燕飞

出版发行 中国经济出版社
印 刷 者 北京力信诚印刷有限公司
经 销 者 各地新华书店
开　　本 710mm×1000mm　1/16
印　　张 19.75
字　　数 322 千字
版　　次 2021 年 12 月第 1 版
印　　次 2021 年 12 月第 1 次
定　　价 79.00 元
广告经营许可证 京西工商广字第 8179 号

中国经济出版社 **网址** www.economyph.com **社址** 北京市东城区安定门外大街 58 号 **邮编** 100011
本版图书如存在印装质量问题，请与本社销售中心联系调换（联系电话：010-57512564）

目 录
CONTENTS

1 绪论

1.1 研究背景

习近平总书记在2017年10月中共第十九次全国代表大会上提出“推动形成全面开放新格局”，2018年4月宣布中国金融开放“宜早不宜迟、宜快不宜慢”[①]，并指明“金融制度是经济社会发展中重要的基础性制度”，中国金融市场双向开放步伐已然不断加快。同时，国内国际双循环新发展格局要求金融发展应该而且必须为结构性改革营造适宜的货币金融环境，“一带一路”和人民币国际化[②]战略作为中国经济大国崛起的标志，在为中国经济更高质量、更高效率发展提供有力支撑的同时，必然要求未来中国应该兼顾开放条件下由发达经济体主导的国际金融规则。然而目前中国金融制度安排尚不足以从容应对人民币汇率和外汇储备波动条件下维护国内外经济均衡的长期挑战（张杰，2014），金融制度变迁的紧迫性已经提上议事日程。

金融开放既是实现价格发现从而增强全球金融资源配置能力、推动经济高质量发展的必然要求，也是防范化解系统性金融风险的主动选择（易纲，2018），该过程表现为各国金融市场和金融机构适应国际金融规制的

① 新华网．习近平在博鳌亚洲论坛2018年年会开幕式上的主旨演讲［EB/OL］．（2018-06-11）［2021-01-15］．http：//www. xinhuanet. com/politics/2018-04/10/c_ 1122659873. htm.

② 2015年12月1日，国际货币基金组织（International Monetary Fund，IMF）正式宣布人民币将于2016年10月1日加入特别提款权（SDR），人民币在SDR货币篮子中所占权重为10.92%，超过日元和英镑，居于第三位。此举被视为人民币国际化进程和中国经济融入全球金融体系的重要里程碑。经过调整之后，美元在SDR中的比重将为41.73%，欧元为30.93%，日元和英镑将分别为8.33%和8.09%。

深刻变革和创新。离岸金融作为现代金融业演进过程中的一项重大创新，已成为国际金融体系的重要组成部分。随着国内离岸金融需求的增加和海外离岸人民币市场的崛起，离岸金融作为国际金融领域的竞争热点（连平，2002）、现代金融发展重大的制度创新之一（廖昌开，1998），既是金融创新和全球一体化的产物，又是制度变迁塑造的结果，不仅能够提升东道国或地区的经济效应，而且在国际金融的全球一体化进程中发挥了积极作用。为了提高金融服务实体经济的能力，筹划建立离岸国际金融市场自然是顺应双向开放的主要途径（陈雨露和胡冰，1994），也必将成为推动中国经济社会发展的重要动力。相应地，国内离岸金融发展（Offshore Financial Development，OFD）的制度变迁机理和路径理应纳入学界研究的视野。

1.1.1 国内离岸金融发展

国际上离岸金融业务自 20 世纪 50 年代诞生以来，一直呈现如火如荼之势，彼时离岸金融中心（Offshore Financial Centers，OFCs）的风险及各种弊端尚未显露，其发展态势亦未引发国际社会关切，离岸金融逐渐向世界各地蔓延，20 世纪八九十年代，离岸金融高涨形势也传递到了中国。从当时国内形势来看，中国改革开放成果丰硕，外向型经济发展迅猛，金融行业经过发展积累，国际业务逐渐成熟，国际地位逐渐巩固，外汇储备略有积累，积极参与国际金融活动，并且当时的中国选择了外向型经济最为发达、中国改革开放的试验田——毗邻香港的深圳开始试点经办离岸金融业务，由此成为中国离岸金融发展的里程碑。

但是，我国离岸金融 30 余年的发展并不尽如人意。离岸金融因 1997 年亚洲金融危机在我国一度被叫停；2002 年恢复开办业务 4 年后，4 家持牌银行的离岸存款总规模仅为 56 亿美元（胡莹等，2011），尽管 2012 年达到了 260 亿美元（王勇，2014），但相比于同时期我国本外币存款余额的 15 万亿美元和中国银行业金融机构境内外本外币资产总额的 21 万亿美元[①]，其体量显然微不足道，更与中国世界第二大经济体的地位极不相称。虽然近年来中国进一步放宽了对银行、证券、基金、期货、保险等金融机

① 中国人民银行官网，http：//www.pbc.gov.cn/diaochatongjisi/116219/116319/116354/116484/index.html.

构的外资准入限制，越来越多符合条件的境外机构在境内经营展业，但是“金融机构对外开放的实际进展相对有限”，甚至过去10多年来中国“金融开放出现了一定程度的倒退”（黄益平等，2018）。同时，离岸金融的具体业务经营模式缺乏特色和优势，市场发展水平偏低（左连村，2002；原毅军和卢林，2010）。

尽管如此，国内对离岸金融发展的需求却一直呈旺盛之势。20世纪90年代以来，中国与离岸金融中心的往来日益紧密：在“引进来”方面，全球离岸金融中心如新加坡、中国香港、开曼群岛等多年来雄踞外来对华直接投资十大来源地①之内，对中国经济的影响举足轻重。国内一度出现了地方政府打造离岸金融中心热②，中国在境外设立的离岸公司已达20万家，特别是以2013年8月在国内先后设立的12个自由贸易区（港）为代表的诸多开放前沿地带，对于离岸金融发展的需求日渐增加，改革创新一触即发。在“走出去”方面，2017年中国对离岸金融中心间接投资（即对外证券投资，FPI）已达4179.56亿美元，占中国所有对外证券投资的99%。离岸金融的繁荣发展不仅意味着能够掌握对国际资本流动、定价、交易等的控制权，而且能够取得全球金融领域的主动权和话语权（王都富，2012）。面对国内离岸金融供给与需求的不平衡，如何促进离岸金融发展，实现金融价格发现从而有效配置国际金融资本，既是中国金融发展改革创新的题中之意，也是人民币国际化进程的必经之路，更是中国双循环发展格局下经济高质量发展的必然要求。

1.1.2 全球离岸金融发展态势

毫无疑问，世界范围内离岸金融的蓬勃发展不仅令理论界始料不及，还为我们提供了丰富借鉴。离岸金融萌芽于20世纪20年代瑞士的跨境财富管理（Alstadsæter et al.，2017），最初是银行和其他代理机构向非居民提供的金融服务（IMF，2000）③，随着20世纪80年代美国国际银行设施

---

① 国家商务部网站，http：//www.mofcom.gov.cn/article/tongjiziliao/v/200902/20090206021530.shtml.2015-08-20.

② 这些城市和地区包括上海、北京、天津、深圳、广州、重庆、大连、宁波、福州、珠海、厦门、唐山、昆明、南宁和以省内成片划分的经济区域或岛屿区域如广西北部湾经济区、海南岛、福建平潭岛、浙江舟山群岛，以及争设人民币离岸金融中心的香港、澳门和台湾。

③ IMF. Offshore Financial Centers，IMF Background Paper［EB/OL］.（2000-06-23）［2021-01-15］. http：//www.imf.org/external/np/mae/oshore/2000/eng/back.htm.

（International Banking Facilities，IBFs）的出现，离岸金融已经成为在高度自由化、国际化的金融管理体制和税收优惠制度下，面向非居民在东道国金融体系之外进行的资金融通（Palan，1998）。作为全球金融一体化和金融自由化的产物，离岸金融的业务范围不断拓展，已成为国际金融体系中不可或缺的一部分。全球离岸金融中心目前已达 90 多个，藏匿的财富为 21 万亿~32 万亿美元（《经济学人》，2016）①。离岸金融已经成为促进资本组织形态与新兴市场发展变化的重要力量，对世界经济发挥了不可替代的作用。同时离岸金融中心有效地促进了金融资源的全球配置和国际资金融通，并为国际债务结算提供了巨大便利，还在全球资本流动中扮演了极为重要的角色，已成为各国争夺国际金融资源的制高点。发展离岸金融业务、构建本国离岸金融市场自然也逐渐成为各国为提高国际金融竞争力而不遗余力推进的重大金融战略之一。

离岸金融的演进历史被证明是制度变迁塑造的结果。伦敦之后的现代离岸金融中心几乎无一例外是东道国政府为顺应经济增长和金融发展的客观要求，以强制性制度变迁的形式推动形成的。不仅发达国家在追求全球金融霸权的同时，不惜以立法精心维护离岸金融繁荣，如 20 世纪 80 年代美国银行设施和日本离岸金融市场（Japan Offshore Market，JOM），二者开创了以在岸方式设立离岸金融中心从而扩大本国金融市场的制度先河；而且众多发展中国家和地区也争相走离岸金融立国之路，如著名的加勒比地区缺少经济发展资源的岛国，由于制定了优惠的税收制度、严格的代客保密制度，吸引外国银行开设离岸机构，因此在 20 世纪 70 年代中后期经济快速发展，人均国民财富水平已超出大多数欧洲国家、加拿大和日本②；更有后来在中岸崛起的中国香港和新加坡，均囿于自然条件所限，但依赖于良好的法制、宽松的金融管制和税制发展离岸金融而成为名利双收的“宝岛”。

相比之下，国内外离岸金融发展差距之悬殊令人深思。其中的原因可以部分归结于国内现有金融市场成熟度偏低，离岸金融发展与我国制度的

---

① 经济学人.The Biggest Loophole of All［EB/OL］. https：//www. economist. com/international/2016/02/20/the-biggest-loophole-of-all.

② 经济学人.Places in the sun［EB/OL］. http：//www. economist. com /node/8695139，2007-02-22.

融合在理论上没有得到充分的解释，特别表现在制度的有效供给不足甚至缺失①（洪修文，2010），且国内离岸金融发展优化金融资源配置从而促进经济增长的效应未能得到充分研究。国内金融当局对于离岸金融发展政策的“拿来主义”无法营造适用的制度氛围以至于束缚了离岸金融发展，也频频遭到理论界和金融界的质疑。因此，在离岸金融发展研究框架中引入制度变迁变量，不仅有助于解释制度变迁通过离岸金融发展对经济增长发生作用的内在机制，为我国离岸金融发展和金融监管的制度建设和路径选择提供借鉴，而且可以有利于提高人民币的国际话语权，进而为促进中国经济增长提供理论支撑和现实借鉴。

1.1.3 离岸金融发展的制度嵌入性

制度是人类制定出来、旨在对经济主体行为效用最大化产生约束的一系列规则（包括秩序、道德及规范等）（North，1990）。在研究制度变迁对金融发展影响的第三代金融理论（江春和王鸾凤，2009）演进过程中，理性人假设和有效市场假说作为新制度金融学的基础和核心命题，在20世纪80年代行为金融学问世后面临着理论困境和实践异象的双重挑战。由于理性行为只是其中的一个有待解释的变量，理性在资源配置中受到公共习俗或文化的指导（侯龙龙，2004），因此社会学家在批评经济学过分强调行动者在经济行为中理性的作用时，Polanyi（1944）于《大革变》一书中第一次提出关于“嵌入性”的思想，他认为人类的经济行为与经济和非经济两个制度紧密联系，将任一制度排除在外而研究经济行为不具有准确性。Granovetter（1985）接过了“嵌入性”理论的衣钵，认为社会关系在形塑经济行动的过程中扮演着重要角色，非正式的风俗习惯、社会规范、文化传统以及社会网络资源对制度建构过程中理性选择的影响深远，从而形成了制度嵌入社会结构整体分析的独特视野，社会学的嵌入性也成为了制度演化理论的必要前提（周业安，2001）。由于金融制度结构不是事先给定的，而是一个制度长期变迁过程的结晶（张杰，2011），所有制度又

① 国内离岸金融制度缺失表现在2002年恢复离岸银行业务后，法律监管方面仍然适用中国人民银行于1997年颁布的《离岸银行业务管理办法》，以及国家外汇管理局于1996—1998年颁布的《境内机构对外担保管理办法实施细则》《境内机构对外担保管理办法》《离岸银行业务管理办法实施细则》等诸项法规。

都可以归属为正式制度和非正式制度两大类（North，1990），金融行为受到社会制度变迁的约束，各种正式制度和非正式制度包括信任及规范使个体间的金融行为得以有效进行。所以金融行为嵌入社会场景之中受到了经济制度及非经济制度的影响（林幸颖，2011），自然地，离岸金融发展也相应地嵌入社会制度变迁之中。

自嵌入性理论被提出以来，社会学家便对金融学的研究领地展开了攻势。国际金融问题一直以来都被视为金融学家或经济学家的研究范围，但在新经济社会学学者不断探寻之下，嵌入性理论逐渐发展成为较完善的经济社会学理论体系，为金融学的探索开辟了新的路径。与此同时，随着Goldsmith（1969）的金融结构理论以及Makinnon（1973）和Shaw（1973）的金融抑制理论和金融深化理论的出现，不仅使得由金融学家主导的金融发展理论日渐完善，还相继衍生出法律、文化、社会习俗等法与金融学相关理论。

于是，新制度金融学关于金融发展和社会学制度嵌入的学术思想启发了笔者对离岸金融发展的制度变迁机制的研究。着眼于国际上离岸金融发展的丰富实践，本书把“制度嵌入”变量引入离岸金融发展的制度变迁分析之中，围绕经典金融发展和社会嵌入理论构建理论分析框架，试图在制度变迁环境下分析离岸金融发展历程，并在其促进经济增长的传导机制和路径上做一些理论性的探索，利用面板以及联立方程等统计模型和一系列可以选择并量化的制度变迁指标进行实证分析，揭示离岸金融发展的制度嵌入机理，以期为中国发展离岸金融的制度路径选择和创新提供有益的政策借鉴。

1.2 研究意义

金融制度变迁始终要同整个社会经济制度的变迁相伴相生，因此中国离岸金融发展的制度构建和路径选择不仅需要顶层设计下的前瞻性概括，更需要理论突破和指导下的创新性安排。国内离岸金融发展的萎靡不振已经在不同程度上降低了中国金融市场对外资的吸引力，揭示制度变迁对离岸金融发展的影响从而作用于经济增长的机制对于中国提高全球金融资源有效配置、稳步推进人民币国际化进程、发挥金融业对“一带一路”国家倡议的引领支持作用，从而促进新常态下经济的行稳致远具有重要的理论和现实意义。

1.2.1 理论意义

本书从社会嵌入性出发，分析离岸金融发展的政治、认知、结构和文化嵌入四个维度的制度嵌入机理，同时沿袭制度经济学的正式和非正式制度两个层面对全球离岸金融发展的制度变迁和演化做出解释。进一步地，本书不仅度量正式制度中的产权制度、法律制度、政治制度、税收制度等来分析离岸金融发展，还实证考察与离岸金融相伴相生，却常常被忽视的离岸金融信用制度和风险偏好，特别是在上述研究框架下将离岸金融的非正式制度（包括初始禀赋、道德、信用、语言等）变迁分别纳入数理模型中，考察非正式制度嵌入对离岸金融发展的影响，探讨不同国家或地区促进离岸金融发展的共同因素，揭示国别间的差异原因。因此，本书不仅能够丰富第三代内生金融发展理论的研究内容，拓展社会学嵌入性理论的研究范畴，汲取的社会学营养还有助于完善新制度金融学的分析框架，弥补既有研究的不足。

1.2.2 现实意义

本书探讨不同社会和经济制度背景下，全球离岸金融市场，包括对美国银行设施等发达国家，以及加勒比地区等众多发展中国家离岸金融市场的制度嵌入机制进行实证检验，依托世界离岸金融发展的成功实践，从正式制度和非正式制度两个层面对各个离岸金融中心制度嵌入机制做出整体性解释，由此而得到的在经济增长背景下离岸金融发展的制度嵌入经验将有助于国内离岸金融发展的制度创新和路径选择，对于中国提高对国际金融资源的有效配置，防范国际金融风险，维护国内外经济均衡具有重要的现实价值。特别是对于稳步推进人民币汇率和利率的市场化制度建设，发挥离岸金融在“一带一路”倡议中的先行示范作用，最终推动中国经济更高质量、更高效率发展具有重要的实践意义。

2 相关概念和理论基础

2.1 相关概念

2.1.1 离岸金融

从“离岸”（Offshore）的字面含义来看，任何一片被水面分开的地方都是离岸，而经济学家们用这一词表示遵循与主体经济不同规则并与主体经济分离的金融结构（鲁国强，2007）。从欧洲货币市场发展到离岸金融市场，学术界对如何认定离岸金融市场存在争议，综合来看目前离岸金融市场主要的界定标准可以概括为以下两种。

（1）交易货币的离岸性和交易主体的非居民①性

一直以来，国外文献一般将离岸金融市场理解为有关货币游离于货币发行国境外所形成的、通常在非居民之间以离岸货币进行各种金融交易或融通资金的场所。国际清算银行（BIS）根据离岸金融中心主要提供金融服务的特点，提出“离岸金融是某种金融体制，在该类体制之下各家银行的外部资产和负债与其国内经济的经常账户交易不成比例”，由这个定义可以依据国际清算银行统计的外部资产和负债数额，从定量的角度界定离岸金融市场。2000 年 IMF 将离岸金融市场定义为那些离岸金融活动（一种由银行或其他机构主要向非居民提供的金融服务）发生的金融市场，2003

① 对于非居民，各国金融管理当局往往以法规或行政规章的形式明确规定，如依据 1997 年中国人民银行颁布的《离岸银行业务管理办法》第四条规定，非居民具体是指境外（含中国台湾、中国香港、中国澳门地区）的自然人、法人（含在境外注册的中国境外投资企业）、政府机构国际组织及其他经济组织，包括中资金融机构的境外分支机构，但不包括境内机构的境外代表机构和办事机构。

年又重新定义为一种特定金融交易的集中执行地，这种特定的金融交易由某一司法管辖区域内的金融机构代表居住在其他司法管辖区域的客户来执行，这个定义为后来 IMF 通过统计各司法管辖区金融机构代持的协调证券投资（Coordinated Portfolio Investment Survey，CPIS）调查头寸确立提供金融服务数量奠定了基础。Mccann（2006）则根据离岸金融的经营范围认定其是银行和其他代理对非居民提供的金融服务，包括银行对非居民的存贷款业务、中介业务以及资金管理、保险、信托经营、资产保护、公司企划及税收筹划等其他服务。离岸金融市场是指以非市场所在国货币为交易工具，经营非居民之间的投融资业务的金融市场。

离岸业务具有特殊的法律和货币经营特征：①离岸业务往往独立于东道国在岸金融体系之外，账户分离，适用不同法律；②离岸机构吸收和运用注册地国家货币之外的其他国际货币（赵延河，2006）。传统概念强调离岸金融市场的离岸性，即离岸金融必须是有关货币游离在货币发行国之外进行的各种金融交易，如欧洲美元市场、亚洲美元市场都是在美元发行国——美国之外形成的以美元进行交易的场所。由于国际金融市场的核心部分是从事境外金融业务的离岸市场（Offshore Market），离岸市场不是指某一市场的地理位置，而是相对于在岸（Onshore）市场（传统的国内市场）而言，以区别市场中交易货币的性质。将特定货币的存放业务转移到货币发行国境外进行，以摆脱发行机构管制和影响的这类市场被称作离岸市场。

国内学者陈彪如（1996）、刘振芳（1997）、韩龙（2001）、左连村（2002）、连平（2002）、巴曙松（2008）、孙刚（2011）和陈雨露（2011）研究离岸金融市场时尽管表述不同，但他们在不同阶段从不同侧面给出的离岸金融市场的定义较为一致，普遍认为离岸金融市场是相对在岸金融市场而言的，系经营可自由兑换货币，在货币发行国境内或境外交易，在非居民之间进行，基本不受市场所在国法规和税制限制，享受一定优惠待遇的独立的自由交易市场。

离岸金融的非居民特征也在其发展过程中不断发生变迁。欧洲美元市场于伦敦和其他欧洲金融市场出现之初，由于伦敦的欧洲货币市场采取内外一体型模式，即居民和非居民的交易大都在同一账户内进行，人们并没有刻意强调其非居民性，因而在管理上亦未区分居民与非居民，只是当时国际市场上能够持有较多外国货币的主要是非居民。但 20 世纪 70 年代以来，陆续崛起的亚洲、加勒比海、北美等地的离岸金融市场由于推出的各种金融服务大多面向非居民，客户基本不在本地，才日益强化了离岸金融市场的非居民性质：1968 年新加坡设立亚洲货币单位（Asian Currency Unit，ACU）时采取的经营模式是分离型，银行为离岸交易提供专门的非居民离岸账户，并严格限于非居民之间的交易，以此将居民与非居民的账户分开；加勒比海地区的簿记型离岸金融中心缺乏本地金融资源，其中参与交易的主体主要也都是非居民。由此离岸金融逐渐形成了以吸引非居民为主的金融服务模式。

（2）金融运行体系是否内外分离

离岸金融市场的第二种界定标准伴随着国际银行设施的建立而出现。1981 年美国在纽约设立国际银行设施（International Banking Facilities，IBFs），这是经美联储批准，由美国境内银行、在美国注册的外资银行分支机构以及艾奇法公司①（Edge Act Corporation）向美国非居民提供存贷款等金融服务的账户系统。国际银行设施在性质上并不是一种独立于银行之外的组织机构，只是上述金融机构为记载其在美国开展的国际银行业务以及与此有关的收支状况而专门设立的一套资产负债账户。美联储要求非居民交易与国内账户必须严格分离，并禁止非居民经营在岸业务。这些针对非居民的货币业务不受美联储规定的法定存款准备金和贷款利率上限的限制，而且国际银行设施吸收的存款也不必加入美国联邦存款保险。国际银行设施除了以美国本土为其所在地之外，其职能和业务性质与美国银行在境外设立的分行十分相似。因此，从美国联邦储备委员会（简称美联储委员会）的角度看，建立国际银行设施可以使美国国内银行通过经营国际银行业务实现提高其国际竞争能力的目的。同时，在美联储委员会对《D 条例》（*Regulation D*）和《Q 条例》（*Regulation Q*）做出若干重要修正后，国际银行设施在法定储备金方面享有与欧洲美元相同的待遇（1990 年 12 月起后者的储备金比率已由原来的 3%降为零），美国境内银行可以为外国

① 艾奇法公司是美国跨国银行根据 1919 年修订的《联邦储备法》准许设立的经营国际银行业务的海外分支机构形式。艾奇法公司有两种类型：银行艾奇法公司及投资艾奇法公司，前者是美国跨国银行经营国际业务及设立海外分行的主要机构，后者则主要通过国外金融机构为母行建立附属行等。

存款户提供与欧洲美元存款类似的优惠利率。这样，美国银行可以在美国境内通过建立国际银行设施的形式，享受到许多原来只能通过建立离岸银行单位才可以获得的好处。也就是说，国际银行设施可以将美国银行以逃避美国税收和法律为目的而设在加勒比海地区、远东、欧洲等地的分行经营的境外离岸金融业务吸引回美国（杨咸月，2003）。这样纽约就成为全球第一个境内离岸金融市场，美元成为美国离岸金融市场的主要交易币种，因此国际银行设施实际上是世界第一个内外分离型的国际离岸金融市场，亦称在岸离岸（Onshore Offshore）金融市场（冯润祥，2011）。

1986 年，日本如法炮制，建立日本离岸金融市场，日元成为日本离岸金融市场的主要交易币种。国际银行设施和日本离岸金融市场都是典型的分离型离岸金融市场，此后西欧各离岸金融中心纷纷效仿，本币也开始变相地在其发行国离岸市场上进行交易。至此，仍然认为单一持有的离岸货币是货币发行国境外经营货币、离岸金融市场是在货币发行国境外的金融市场的观点显然已经过时。“境外货币”已然难以作为区别离岸与在岸的标准，离岸中的“岸”是虚拟的“岸”，应该更精确地被描述为货币发行国一定范围内的金融监管体系或金融运行体系。于是，区分在岸金融与离岸金融的依据从最初的货币发行国边境或国界，发展为关于特定交易货币的不同金融监管体系和金融运行体系。金融监管体系或金融运行体系的内外分离成为定义离岸金融的标准。因此，离岸金融是一个制度性概念而不是地域性概念，欧洲货币只不过成为离岸货币的典型代称。离岸金融市场是指非居民之间以离岸货币进行各种金融交易的国际金融市场（杨咸月，2003；鲁国强，2007）。

一般来说，在金融管制、税收、金融服务基础设施相同时，运作某种货币的银行应该在该货币发行国内最具竞争优势，因为货币发行国拥有现成的货币清算系统、最广泛的货币资金供给和需求基础，银行业务易实现规模经济。但国家权力可以通过各种方式限制资金运作，如对敌对国家和个人资金的没收和充公及对本国居民投资外国证券的限制，使得某些国家和地区的金融业务具备某些竞争优势，导致一些货币银行业务转移到这些境外的国家和地区，当其业务达到一定规模时就形成这些货币的离岸市场。这里的境外是相对的，即相对一国的货币金融系统而言。实际上，只要那些货币市场具有“境外”特性就可以称为欧洲货币市场。因为随着时间的推移与金融创新的发展，越来越多的欧洲货币市场金融活动开始要求摆脱“海岸”与“国境”的简单界定，突现“欧洲性”的真正本质。特别是1981年美国国际银行设施的创立，使得在货币发行国境内开辟离岸金融交易成为可能。

因此，离岸金融自初期在欧洲诞生后，经过后期的不断发展，其内涵发生了较大的变化。“在货币发行国境外”已被扩展到“货币发行国国内金融体系之外”；而“高度自由化和优惠的税收制度”的优势也在在岸金融日趋自由化、松管制和低税率的趋势下有所弱化。由于实践所限，最初各类文献将欧洲货币理解为在货币发行国境外经营的货币，将欧洲货币市场理解为只有这类交易的市场，是可以理解的。至此，笔者结合当前离岸金融市场的现状，对离岸货币和离岸金融市场给予了重新定义，即离岸货币是指在高度自由化、国际化的金融管理体制和税收优惠制度下，主要用于非居民之间交易的自由兑换货币；离岸金融市场是指在高度自由化、国际化的金融管理体制和税收优惠制度下，非居民之间以自由兑换货币进行资金融通的场所。

2.1.2 制度的内涵

制度，原本是社会科学里面的概念。制度在社会科学视角下的定义是用于规范个体行为的社会结构，即规则或运作模式。制度用于维护社会的秩序，也是社会价值的直接体现。制度这一概念在诸多领域中都有所涉及，包括经济学、现代社会学以及政治学等。在经济学领域中，新制度经济学的奠基人 Coase（1960）在《社会成本问题》一书中认为，制度是“非正式约束”——风俗、文化、禁忌等和“正式约束”——法律、产权等的总和。从广义角度定义制度，它是指社会的游戏规则，社会上的人在交往中要遵循这种规则，同时受到这种规则的限制。North（1990）在《制度、制度变迁与经济绩效》一书中开宗明义地道出了他对制度概念的基本理解：“制度是一个社会的博弈规则，或者更规范一点说，它们是一些人为设计的、形塑人们互动关系的约束。”North 接着指出：“制度变迁（Institutional Change）决定了人类历史中的社会演化方式，因而是理解历史变迁的关键，其基本上由三个基本部分构成——正式的规则、非正式的约束（行为规范、惯例和自我限定的行事准则）以及它们的实施特征。”

即使在当代西方国家这样法治比较健全的发达经济体中，正式规则尽管非常重要，也只是形塑人们社会选择之约束的很小一部分，而人们社会交往和经济交换中的非正式约束则普遍存在。在人类社会诸多文化传统中逐渐形成的一些非正式约束，包括人们的行事准则（Codes of Conduct）、行为规范（Norms of Behavior）以及惯例（Conventions）等，无论是长期还是短期，都会在社会演化中对行为人的选择集合产生重要影响。加之，由于从文化中衍生出来的非正式约束往往并不会对正式规则的变化做出即时反应，这些非正式约束嵌套在（Nested in）文化之中，则会在“制度的渐进演化方面起着重要作用，从而成为路径依赖的根源”（North，1990）。

由上可知，制度应是一个国家或地区正式制度和非正式制度的总和，概念较为宽泛，种种有形、无形的制度都在其范畴之内。制度的组成部分不仅包括宪法和国家的一些根本法则，还有诸多其他有形的、无形的制度，它们共同构筑成了体现一定社会秩序的制度环境。制度还可以通过具体的各种制度安排对社会秩序进行调控，所以制度的优劣在相当程度上反映出社会的性质、社会结构是否均衡、社会生活是否和谐以及社会竞争是否有序等问题，从而体现社会秩序的好坏。因此我们可以把制度视为社会秩序的一种特定构成，社会稳定、社会结构、社会生活等有关社会秩序的规范问题都离不开制度的制约。

总之，新制度经济学认为，制度从狭义上看就是规则，而这种规则体现在正式和非正式形式上，正式制度主要以法律规章的形式体现，占比相对不大但作用明显；非正式制度是在社会的变迁中逐步演化而来的约定俗成的习俗、传统意识形态等，具有很强的时代烙印，影响潜移默化且比较深远。

2.2 理论基础

2.2.1 金融发展理论

由于离岸金融市场的发展过程实际上是一部金融活动从无到有、从简单到复杂的发展历史，因而金融发展的主题贯穿离岸金融市场形成与发展过程的始终。

金融发展理论关注的重点是金融变量的变化如何影响经济增长，主要从微观层面和宏观层面来研究二者之间的关系。微观层面研究强调金融机构与微观企业之间的关系；而宏观层面研究则着重从金融制度变迁和金融变量变化对经济发展所产生的影响，探索各个国家出台的金融政策对经济的推动作用。本书的研究实际上与金融发展理论的宏观层面相契合，因此，首先要厘清金融发展理论中的宏观研究。

纵观金融发展理论的演进，其与经济增长之间关系的争论由来已久。尽管著名经济学家Schumpeter早在1912年就指出了功能良好的银行通过甄别企业并向其提供融资，推动技术创新从而促进经济增长，但是Robinson（1952）坚持是经济发展培育了对金融服务的需求，金融只是自动反映实体经济需求变化的观点，直到Patrick于1966年发表了《欠发达国家金融发展与经济增长》一文，提出了著名的“Patrick假说”，即金融发展的“需求遵从”和“供给引导”命题。Patrick认为，金融发展与经济增长间的关系取决于经济发展所处的阶段。在经济增长出现之前，“供给主导”模式居于突出地位，此时金融发展表现在金融体系的扩张和金融服务供给的增加，在此过程中对资本的重新配置获得了较高的积累率从而带动经济增长。但是，一旦经济增长持续出现，“需求遵从型”金融逐渐居于主导地位，其深层次原因在于经济发展持续产生了对金融服务和金融机构的大量需求，刺激了金融的供给和扩张。

自Patrick之后，金融发展理论围绕着金融发展与经济增长的关系——是“供给主导”还是“需求遵从”展开了丰富的研究。一方面，支持“供给主导”论的Goldsmith（1969）引入经典的金融相关比率（FIR，“戈氏指标”）揭示了经济发展水平与金融发展之间的正相关关系；且金融发展的初始水平影响未来长期经济增长（King和Levine，1993）。一个国家的金融体系越完善，提供的金融服务越丰富，就越能够加速经济增长（McKinnon，1973）；不充分的金融发展甚至会创造“贫困陷阱”（Levine，1997），总之，金融改革先于经济增长（Miwa和Ramseyer，2006）。另一方面，诺贝尔经济学奖获奖者Lucas（1988）赞同“需求遵从”说，认为金融对经济增长的作用被过分强调了；甚至Stern（1989）在一篇发展经济学的综述文献中都没有提及金融的作用。更多地，学者们研究发现金融发展与经济增长间存在着双向因果关系，特别是Jung（1986），Demetriades

和 Hussein（1996）的研究都在一定程度上支持了 Patrick 的阶段论假说。

总体上看，金融结构理论（Goldsmith，1969）、金融抑制理论（Makinnon，1973）和金融深化理论（Shaw，1973）的出现，成为金融发展理论形成的标志。Goldsmith（1969）将各类金融工具和金融机构的相对规模解释为金融结构，金融发展意味着“金融结构的变化”，因此金融机构的规模成为衡量一国金融发展的重要指标。之后的近半个多世纪以来，西方金融发展理论以信息不对称、交易成本为逻辑起点，不断开启法律、文化、社会习俗和新制度金融学等第三代金融发展理论创新。

2.2.2 新制度经济学

新制度经济学强调制度对经济行为的影响，并在传统经济理论的三大基石（禀赋要素、技术和偏好）的基础上，增加了“制度”作为经济理论的第四大基石，即用主流经济学的方法分析制度的经济学。新制度经济学以 Coase（1960）、North（1990）等经济学家为主要代表，对现代经济学产生了非常深远的影响。

新制度经济学认为制度的作用在于确立一种秩序，可以减少交易过程中的不确定性、信息成本，从而降低交易费用，优化资源配置。所以，选择一项制度就是在比较交易费用的大小和衡量制度效率的高低，效率高的制度自然交易费用低。其基本理论包括：经济发展的绩效是由人们的经济活动、经济行为造成的，而人们活动、行为的方式和逻辑是由人们的动机决定的，人们的动机则是由他们生活于其中的制度所诱导、塑造和决定的。新制度经济学的创新贡献在于提出交易费用、重视产权制度等。该学派强调研究人、制度与经济活动以及它们之间的相互关系，认为制度实施的效果决定了生产交易的总成本进而影响经济绩效，能够提高社会效益与效率的制度是经济增长的决定性因素（Coase，1960）。

交易费用理论是整个现代产权理论大厦的基础。“交易费用”的概念最早起源于 Coase 1937 年的经典论文《企业的性质》。他创造性地指出企业是代替市场的另一种制度选择，企业之所以存在就是它通过内在市场交易节省了交易成本。由于交易费用的存在，需要进行制度创新，从而降低交易成本，推动经济增长。尽管有时制度创新会增加交易成本，但从整个社会层面来看却提高了效率。

产权制度是新制度经济学的核心制度。作为所有制的集体表现，产权制度很大程度上决定了其他制度的性质和特征。①产权是一组权利束，可细分为多项权利，包括所有权、处置权、收益权及使用权等，它必须能自由地交易；②产权是一种社会关系，规定人们行为间的关系，因此必须有明确的产权主体；③产权作为一个社会具有强制性的根本权利，必须得到安全有效的保护。产权制度是市场经济有效运行的基本制度基础，资源配置效率受产权制度的直接影响，一个社会的经济绩效究竟是否有效率，最终由产权安排对个人行为所提供的激励决定。

2.2.3 新制度金融学

新制度金融学即第三代金融发展理论认为发展金融市场需要合理的制度安排作为基础，研究的核心内容是探寻影响金融发展的制度因素。而且新制度金融学重视政府在金融制度运行中的作用，认为政府主导下金融制度的创新是金融市场发展的主要推动力。

金融制度是指有关金融交易的全部制度安排或规则的集合。通过这些规则和制度安排，制约支配和影响金融交易这一特定的经济模式与经济关系，并构成了金融发展与演进的轨迹和方式。具体而言，金融制度概念的基本轮廓由以下若干规定构成：①金融制度是金融交易赖以进行的一种社会形式，它表现为人们在金融交易过程中所应遵循的一系列规则、秩序和规范；②金融制度本身不是独立存在的，必须有实际的承载体，比如金融机构、金融资产、中央银行和金融法规等；③金融制度通过某些规则、惯例和组织安排等为金融交易过程提供激励和约束机制，界定选择空间，降低交易费用，并为人们之间的金融交易关系提供必不可少的保障机制，使个人对他人的金融行为进行确定的预测成为可能。

国内新制度金融学奠基人江春（2006）在《金融创新的新制度金融学探索》一文中认为制度因素包括产权制度、政治制度、法律制度、监管制度等正式制度，还包括非正式制度。其中，产权与金融发展理论认为产权制度是最基础的制度，对金融发展有举足轻重的作用。而政府对银行的控制能够促进金融发展的观点逐渐受到质疑，当前主流观点认为一国政府在银行中拥有的产权比重越大，金融市场的有效竞争越受影响，金融效率也就越差，只有非国有经济的发展和对私人产权的保护才是金融发展的内在基础。

LLSV（Laporta，Lopez-de-Silianes，Shleifer & Vishny，1997）最先从法律角度的基础上探索金融发展，将金融发展和经济增长二者之间的关系研究从“结构—绩效”向“制度—绩效”转变，使得经济学重心开始逐渐偏向关注法律、政治、文化等与金融发展之间的关系（韩国文和江春，2008），经济学家较早开始从宏观制度来考察金融发展，与社会学视角不谋而合。LLSV（1997）、LLS（1999）从法律渊源的角度进行研究，指出与大陆法系的国家相比，普通法系的国家往往更有助于促进金融发展，因为普通法系的国家对投资者保护程度和法律实施效率明显比大陆法系的国家胜出一筹，而对投资者保护程度和执行效率高的法律制度有助于金融市场的发展。随后的观点大多支持加强法治对金融发展有正向的作用，但也有个别学者（卢峰，2004）的观点与法和金融学主流观点相背离，这主要与选取的指标有关。

政治与金融发展理论强调政治制度对市场资源配置和金融发展的重要影响。政治制度作为一种正式制度不仅为金融发展提供制度支持，也决定金融体制的性质。它们主要通过政治环境、政府政策、政治干预以及利益集团等方面进行综合考核，确定诸多因素对金融发展的影响。政治与金融发展理论认为政府干预和金融利益集团的壮大将阻碍金融发展，而稳定开放的政治环境和高效政府则有助于金融发展。

非正式制度与金融发展理论涉猎广泛，包括信用、文化、宗教、自然禀赋、社会规范和社会关系等方方面面。一般认为，文化因素通过制度影响金融发展，信用水平和教育水平高的国家金融市场发展水平也越高；社会越道德以及宗教信仰较强的国家，其金融市场也越发达；规范社会行为，重视社会关系等均能够促进金融市场的发展。非正式制度与金融发展的关系体现了非正式约束对金融体系中经济主体进行交易活动的影响，而且通常这种非正式约束往往不依赖正式规则，具有历史悠久且不易发生改变的特性。

2.2.4 嵌入性理论

作为新经济社会学研究中的核心理论，嵌入性理论的概念最早由Polanyi（1944）于其所著《大变革》一书中第一次提出。“嵌入”起初仅用于表明物体间的位置关系，Polanyi（1944）将“嵌入”发展成为一种思想，用以表示经济和非经济的社会因素之间的关系，从而形成了嵌入性理论。Polanyi（1944）指出“在工业革命尚未开始的传统社会之中，经济体系嵌入各种非经济因素之中受其他社会建制的制约，然而到工业革命后的现代市场经济时期，市场经济开始出现脱嵌，社会文化、制度和风俗习惯嵌入市场力量而非原来的经济行为嵌入非市场因素”。在Polanyi提出嵌入性观点40年后，Granovetter（1985）进一步发展了嵌入性理论，其观点为“在任何时期嵌入都是普遍存在的，只是表现形式和嵌入方式不同，在现代市场经济阶段，经济行为嵌入于社会关系网络中”。

关于对嵌入性分析框架的理解，可以从横向与纵向两个层面入手。纵向即嵌入的次序；也可根据嵌入的宏观性、中观性与微观性将其分为环境嵌入性、组织嵌入性和双边嵌入性（Hagedoorn，2006）。Granovetter（1985）指出“经济行为是理性选择嵌入社会关系网络的产物”，嵌入性的横向分析最先是由其提出结构嵌入性和关系嵌入性分析框架，即从同一层面上对经济行为进行多角度研究，这种分析范式成为嵌入性理论的经典框架。在Granovetter（1985）的经典研究之后，Zukin和Dimaggio（1990）对该框架进行了细化与拓展，在结构嵌入的基础之上将“嵌入”拓展为四类，即政治嵌入性、结构嵌入性、文化嵌入性以及认知嵌入性。第一类和经济分析中所引入的网络化观点更加相似，就是结构嵌入性强调经济主体在地理位置及关系网络中所拥有的地理禀赋与市场优势；其余几种类型是从内部个体认知、外部文化和政治环境等不同层面来探析影响经济行为的嵌入性。认知嵌入性是指经济活动主体在通过理性计算与行为选择时容易被周边环境和之前思维意识所引诱或局限；文化嵌入性是行为主体在进行经济活动时受到来自外部共有的传统价值观、宗教、信仰、信念、区域传统的限制；政治嵌入性是行为主体所在的外部制度框架，如政治环境、制度、权利框架对其造成的影响。Granovetter（2005）对于文化嵌入和政治嵌入给予了高度认同和评价。

2.2.5 制度嵌入性理论

制度嵌入性理论发源于嵌入性理论，并且“制度”本身丰富的内涵、释义和本土性，使得嵌入性理论的分析框架更为丰富，应用领域也更为广泛。

随着嵌入性理论的发展，学者们逐渐将制度因素纳入嵌入性的分析范畴，其被认为是制度嵌入性理论的来源。制度嵌入性理论作为嵌入性理论的核心理论，是揭示社会人经济行为与行为制度相互关系的理论，其核心观点是“人的经济行为嵌入各种制度之中”，这是指人的经济行为不是基于理性思考而单独发生的，而是受到其所处的制度的制约与影响，简单来说，即人的经济行为是理性选择嵌入正式制度和非正式制度的产物。在Granovetter（1985）提出的“关系—结构”嵌入性框架基础上，制度嵌入性便是在对关系嵌入性深入探讨基础上发展而来的一个新的研究范式，表明经济生活既可以嵌入网络中，也可以嵌入制度里，由此成为制度嵌入性理论的来源。可以说，经济是一个制度化的过程，嵌入在特定的社会结构中（Granovetter，1985；Barber，1995；Uzzi，1997）。Ingram（2000）指出，制度嵌入性就是行动者的经济选择行为受到所嵌入的制度的约束，制度支配着人们的经济行为，将制度纳入经济生活的运行中可以更全面地分析行动者的经济行为。

制度嵌入还是一个动态发展的过程。这意味着制度嵌入性并非一成不变，而是随着经济社会的发展，制度环境会发生潜移默化的变化，当这种变化从量变积累到质变时就会导致行为改变和制度变迁。制度嵌入理论在应用时需要对嵌入的主客体进行阐述，嵌入的主体是指制度所嵌入的各种社会制度和经济行为，正是这两种不同的主体将我国制度嵌入性研究分为研究制度的制度嵌入性和研究行为的制度嵌入性两大类。嵌入的客体即各种制度，包括明文规定的法律、法规、政策等正式制度和虽未形成文字规定却约束着个人或组织行为的道德、民俗等非正式制度。主体与客体的作用机制正是制度嵌入性理论研究的主要内容。

制度嵌入性理论相比于传统社会学和主流经济学理论，突破了主客观二元方法论的对立，能够真实地反映行为与制度的关系，且不论是对行为还是对制度的制度嵌入性研究都呈蓬勃发展的态势。在制度方面，制度嵌入性的效用体现在使社会规范成为彼此紧密联系的整体，从而促进社会良性发展。在行为方面，行为主体的制度嵌入性使人们能够对其行为产生预期，最终起到降低交易成本、促成交易的作用。

2.3 理论评述

2.3.1 关于制度的作用

新制度经济学派强调研究人、制度与经济活动以及它们之间的相互关系，认为制度由正式规则、非正式规则及其实施效果构成，其实施的效果决定了生产交易的总成本进而影响经济绩效。新制度经济学的基本理论是人们的经济活动、经济行为影响经济发展的效率，而人们活动、行为的方式和逻辑是由人们的动机决定的，人们的动机则是由他们生活于其中的制度所诱导、塑造和决定的，因此制度是影响经济绩效好坏的最终决定因素。

新制度金融学更加强调一国的金融运行状况与本国的制度因素息息相关，合理的建构制度是金融市场发展的基础，探究制约金融发展的制度因素是新制度金融学的主要研究内容。新制度金融学认为研究制度的功能作用首先需要将诸多制度组合起来，而不能单一研究某个具体制度要素的效用。非正式制度与金融发展理论认为非正式制度安排下的文化、宗教、自然条件、历史禀赋和社会关系等方面对于金融发展均有影响。一般认为，文化因素通过历史路径依赖对制度构建产生影响进而作用于金融发展，教育水平高的发达国家相较于教育水平落后的发展中国家其金融市场相对繁荣；宗教信仰较为集中的地方信用水平较高，有助于提升当地金融发展水平；地理禀赋优越、重视社会关系等对于金融市场的发展具有促进作用。

自新制度金融学派创建以来，学术界将法学、政治学、社会学等与金融发展理论融合起来，对一国金融发展的推动与制约因素进行解释，基于国别数据进行数学建模分析，为影响离岸金融发展的因素分析提供了证据。现阶段，以探究影响金融发展因素为主要目的的相关研究已成为金融学领域涉及面最广、最充满活力的研究方向。

2.3.2 关于法律制度的作用和效果

新制度经济学的法与经济学派认为法律制度作为正式制度的核心内容，也是经济增长的内生变量，法律制度与社会结构的适应性决定了经济增长的效率。法与经济学派认为法律过程的本质是经济行为发生的过程，立法与司法都属于经济过程上层建筑的组成部分。评判法律制度优劣的重要标准之一是国家社会经济增长效率的高低，促进社会经济效益的提高是法律制度的重要价值体现。在经济资源日益重要的现代社会，法律与经济现象的联系也变得日益紧密，在社会经济生活中法律制度将体现出越发重要的价值，基于此，法与经济学派主张，主权国家通过制定与修订法律加强对经济社会的干预。

在众多金融学研究中，LLSV 尤其专注于法律制度对金融发展的影响。LLSV（1997）开创的法与金融理论从历史依赖的角度指出，法律渊源在普通法系的国家比大陆法系的国家更有助于促进金融发展。实施普通法的国家更注重对投资者的产权保护，如果参与金融市场交易的主体产权界定模糊，会造成正常交易活动无法进行或者寻租行为频频发生，最后的结果是金融体系的良性运转受到影响，进而导致金融危机的发生，因而着重对产权保护的法律制度有助于金融市场的发展。然其研究也受到众多学者质疑，其中一个观点认为 LLSV 范式不恰当地忽略了除法律之外的其他制度因素，诸如社会习俗等非正式制度对金融发展同样有着很大影响。因此有必要在其研究的基础上，进一步增加外部变量进行深入探讨。

2.3.3 关于制度嵌入性

制度嵌入性理论是揭示社会人经济行为与行为制度相互关系的理论，其核心观点是“人的经济行为嵌入在各种制度之中”，这是指人的经济行为不是基于理性思考而单独发生的，而是受到其所处制度的制约与影响，简单来说，即人的经济行为是理性选择嵌入正式制度和非正式制度的产物。制度嵌入性理论在应用时对嵌入的主客体进行阐述，真实发生的经济行为为嵌入主体，各种制度包括正式制度和非正式制度为嵌入客体，主体与客体的作用机制正是制度嵌入性理论研究的主要内容。

Polanyi（1944）站在整个社会的宏观角度去观察经济行为，进而提出了嵌入性概念。他认为经济关系的产生是由社会关系的发展带动的，因此要观察经济关系必先熟知社会制度的发展与变迁。然而随着经济关系的强势发展，其在社会关系中的主导地位被确立，因此经济关系反过来影响社会关系。经过半个多世纪的发展，嵌入性理论的内涵经历了从 Polanyi（1944）的双边联系到 Granovetter（1985）的多边联系再到目前以 Zukin 和

Dimaggio（1990）等学者为代表的网络复杂联系。Polanyi（1944）认为经济并非是个独立的过程，它嵌入在经济和非经济制度当中。1985 年，Granovetter 再次对“嵌入性”进行了剖析，指出组织及其行为不应被当作独立的个体来分析，因其受到各种社会关系的约束，将其单独分析会偏离其本身的意义。Granovetter 强调社会网络的作用，指出经济活动是通过在社会网络内的互动进程做出抉择的。

经济社会学对金融市场的研究历史与金融理论相比时间尚短，但经济社会学的研究领域中，市场是作为一种社会现象来阐述的，经济社会学家们偏向于使用社会学方面的术语使金融市场的运作概念化，以致于嵌入性理论也存在其局限性，如概念较为抽象、容易造成误解、对金融学领域的研究停留在社会学层面、不够深入等。然而嵌入性理论正是通过对经济行为的分析，发现新古典经济学存在着明显的社会化不足，而社会学则存在着过度社会化。

2.3.4 关于金融发展的制度嵌入性

金融市场运行以及其中的价格机制运作是建立在种种社会惯例和制度规则基础之上的（陈林生，2013）。嵌入性观点从更现实的“正常人”出发，有着强大的经验证据支持，即便是电子化交易的金融市场依然嵌入在厚重的国家政策和国家政治力量之中（Sassen，2005），这一点引发了经济学家、金融学家对金融现象的研究（侯龙龙，2004）。特别是在金融市场制度变迁过程中，观念、认知框架和文化传统等因素都可能发挥重要作用（Abolafia，2005）。嵌入性的存在还使得原有非正式制度部分作用于已经变革的正式制度部分，导致这些部分的异化，以致忽略了作为制度整体所包含的复杂嵌入关系，这是诸多先进制度“水土不服”的原因（周业安，2001）。因此，金融市场的运行不仅要考虑网络结构的作用，还要注重社会、政治和文化背景以及国家制度和法律制度等宏观因素的影响和制约（王国伟，2012）。建立在“社会嵌入性”概念基础上的制度嵌入论以契合的视角强调了整个金融领域制度变迁的社会嵌入。在制度变迁背景下，社会嵌入性理论成为制度金融学强有力的研究视角（杨义凤，2014）。

纵观嵌入性理论几十年来的发展历史可以发现，随着时间的推进，对嵌入性理论的研究逐渐从宏观层面向微观层面发展与细化。Polanyi 之后的学者逐渐将嵌入性理论从宏观带入中微观层面的研究中，从对金融市场（Abolafia，1996）的研究到对公司与银行之间的研究，甚至到对华尔街的一个交易室的研究（Beunza & Stark，2005），可见嵌入性理论的发展愈加丰富了 Polanyi 的分析思路。本书沿袭近年来的主流研究路线，将研究视角定格在国家宏观层面上，从而将嵌入性理论的研究从微观推向宏观，这在一定程度上是 Polanyi 嵌入性理论的复兴。

学者们普遍认为政治环境、法律法规、产业政策、人文环境甚至离岸金融市场形成背后的历史渊源都对其发展起着至关重要的推动作用。因此，将离岸金融市场纳入国家宏观层面进行研究探讨应是顺理成章之事。与 Granovetter 的分析框架类似，不论是在 Zukin 和 Dimaggio 之前还是之后的社会学家，在宏观层面上的嵌入性分析所涉及的变量基本都包含于结构嵌入性、认知嵌入性、文化嵌入性、政治嵌入性四个维度中。如 White（1982）、Baker（1984）的“嵌入性——网络”分析就是从社会结构维度开展研究，或如 Preda（2005）从文化的角度分析投资者文化形象的变迁，再如 Abolafia（2005）通过对美联储制定政策的研究确定了认知和理解过程在金融政策变迁中的重要性等，还有更早之前的社会学家从法律、宗教等方面来研究经济关系（Weber，1930），都是选择四个经典维度中的一两个进行探讨。本书将离岸金融市场作为国家产业中一个独立运行的经济部门，将离岸金融发展作为本书所研究的嵌入主体，更为全面地从宏观层面的四个维度对离岸金融市场进行“四维立体”的嵌入性分析，应该是对各流派理论的有力提升和扩展。

3 全球离岸金融发展与中国实践

3.1 全球离岸金融发展的历程

离岸金融业务能够兴起，最初是干预主义经济政策的副产品。离岸金融起源于美国20世纪60年代初期所采取的一系列干预主义政策，彼时各国政府醉心于膨胀性财政政策，忽视了对金融行业的政策关切。同时干预主义者们大力倡导对金融业的严格监管，严重束缚了金融机构的手脚。当苛刻监管和沉重税收双重压力下的金融机构渴望寻求出路时，离岸金融市场恰巧提供了一个合适的避风港，由此催生了离岸金融业务的繁荣（钟红和齐文，1995）。离岸金融中心形成之后，根据离岸金融中心的演进过程，可以将其历史演进分为萌芽阶段、成长阶段、扩张阶段和调整复苏阶段。

3.1.1 萌芽阶段

离岸银行业起源于20世纪30年代，其主要发端是1934年瑞士为存户信息保密制定的银行保密法。这一立法不仅引发了私人银行业务的诞生，也导致了离岸银行业务的萌发。此后学界公认的最早的离岸金融市场形成于20世纪50年代伦敦的欧洲美元市场，其形成的制度原因在于20世纪30~60年代美国一系列干预主义政策的制定与实施，这是欧洲货币市场形成的主要推手。因为离岸市场的环境更为宽松，市场与政府间的“摩擦力”很小甚至不存在，正是这种“摩擦力”推动了离岸金融市场的经营发展（Johns，1983）。因此，“欧洲货币市场不是银行业发明的，而是由政府通过寻求控制货币自由流动的方式创造的”（Hampton，1996）。

第二次世界大战结束后，在布雷顿森林体系时代，美国为了保持美元与黄金的兑换官价，加上美国对欧洲的马歇尔援助计划，使得美国不仅对欧洲贸易乃至在世界范围内形成大量贸易逆差，由此使得大量美元外流欧洲。1963年，美国开征利息均衡税，禁止商业银行开展投资银行业务的政策管制，原本意在通过货币政策为政府提供更多的控制权和抑制收支赤字，但其结果反而鼓励了存贷款转向监管相对宽松的地区，导致资金大量出逃（Zoromé，2007），美国的储蓄和资本流失成为全球离岸市场发展的绝佳机会。于是在当时具有宽松监管环境和优惠经营条件的欧洲，以伦敦为主形成了为非居民经营美元的银行业务，即欧洲美元市场。

布雷顿森林体系解体后，在金融创新和金融深化逐步推进的背景下，投机行为变得非常普遍，系统性金融风险逐渐浮出水面，为保护本币和金融体系的稳定，抑制通胀，欧洲一些国家开始采取诸如对非居民持有本币收取利息或不付利息而对非居民外币存款给予鼓励等措施。此举加快了本币的流出速度，包括德国马克、瑞士法郎、日元在内的硬通货资金被转移到境外，形成了币种多样化的欧洲货币市场（韩玉姝，2012）。欧洲货币从最初单一的欧洲美元逐渐发展到欧洲英镑、欧洲马克、欧洲瑞士法郎等多元化币种结构，进一步发展成为欧洲货币市场。

3.1.2 成长阶段

20世纪70年代美国连年恶化的国际收支以及两次石油危机中的油价飙升使得欧洲货币市场以一种超常的速度在全球发展开来，规模不断扩张。离岸金融市场突破了原有的“欧洲”区域限制，逐渐向其他非欧洲地区扩散，市场模式也呈多样化趋势，由原来的一体型发展到簿记型和渗透型。离岸金融市场逐渐成为国际金融市场的核心和重要组成部分。

由于经营币种的范围扩大，欧洲货币市场的地理区域显著扩大，其分布地区不仅快速扩展到北美洲和拉丁美洲，在新加坡、中国香港和加勒比海等地也出现了对美元和德国马克等货币进行借贷的亚洲美元市场和亚洲货币市场。1968年10月1日，设在新加坡的美洲银行首先获准设立一个亚洲货币单位，标志着亚洲离岸金融市场的诞生。此后，中国香港、马尼拉、东京、纳闽（马来西亚）和曼谷相继设立了离岸金融市场。在东亚经济高速发展的强有力推动下，亚洲离岸金融市场表现出强劲的生命力，增长速度远快于其他地区（梅新育，2003）。1973年的中东战争导致石油价格大幅度上涨，形成世界性的能源危机，巨额石油美元以存款形式投入欧洲美元市场，使得欧洲银行在揽存和放贷同步进行的过程中得到了进一步发展。同期，中东产油国也由于出售原油而形成了大量美元储备，新兴市场则需要美元发展本国经济，由此又形成了另一个离岸美元及离岸金融中心——中东石油美元市场。

避税港型离岸金融中心也在这段时期迅速发展。加勒比海地区的巴哈马和开曼等缺少经济发展资源的岛国，为了促进本国经济发展，把目光投向了发达国家的银行业，他们制定了非常宽松的监管和税收政策，吸引外国银行开设“空壳”机构，没有任何设备、人员或办公地址就可以从事银行业务，以至于90%以上的跨国银行通常并不在注册地实际开展存贷业务。避税港型离岸金融中心的另一个特点是其保密性，卢森堡的银行监管制度当时是世界上较为自由化的银行制度之一，同时又具有极为严格的代客保密制度，没有最低存款准备金要求，税务环境也优于周边国家。因而，在20世纪70年代中后期离岸业务得到迅速发展时，这些岛国依靠其主要优势如宽松的监管和优惠的税收，成为典型的离岸金融中心。

3.1.3 扩张阶段

20世纪80年代以来，不少国家政府开始有意识地在本国设立离岸金融市场，试图获得提高金融服务收入、资本流入以及增加本国金融服务业就业等利益。美国于1981年在纽约和底特律等地设立了从事离岸金融业务的国际银行设施，试图将从事离岸金融业务的美国银行吸引回本土。这是一种特殊形式的离岸金融中心——它只是由美国的本国或外资银行为非美国居民设立的一种特殊的银行账户，不是通过地理上隔离，而是通过在岸—离岸账户之间的隔离，建立的离岸业务市场。国际银行设施的建立使海外全能型欧洲离岸金融中心的地位略有下降。此后日本效法美国也开辟了类似于国际银行设施的日本离岸金融市场。由于美国和日本的货币本身就是自由流通的主要国际货币，这类离岸金融中心经营的并非外币而是本币。并且由于它们的离岸金融中心设立在本土，实际上是一种在岸的离岸金融中心，本国及外资银行不出国门便可在岸从事本币的离岸业务。

以美国1981年开设的国际银行设施和日本1986年建立的日本离岸金融市场为重大突破，离岸银行和离岸金融中心的两条定义从此被改写：在境外设立机构和经营非本币不再是离岸金融中心和离岸银行的必要条件，它们也可以是在岸从事本币的一种特殊账户。随着纽约国际银行设施、日本离岸金融市场内外分离型离岸金融中心形成，以及后来泰国曼谷国际银行设施（BIBFs）成立，离岸金融市场遍布全球。与此同时，离岸金融的功能模式也出现了一体型、渗透型、分离渗透型和簿记型并存的多元化结构。至20世纪90年代中期全球已有67个国家或地区建立了自己的离岸金融中心，离岸金融中心进入高速成长阶段。此时全球离岸金融中心的资产也在迅速膨胀。

3.1.4　调整复苏阶段

20世纪90年代早期，国际社会对离岸金融的默许态度发生了戏剧性的转变。自那时以来，谴责“避税港离岸金融中心的税收制度、保密制度和松懈的金融监管制度为逃税和洗钱提供了平台和场所”的声音不绝于耳，国际金融监管越来越聚焦于避税港型离岸金融中心。20世纪90年代末开始，在国际社会的广泛关注和压力下，一些超国家组织在国际社会上发起了一场声势浩大的对离岸金融中心的评议，它们开始采取措施调查评议离岸金融中心具体的运营状况，并且试图寻找解决这些问题的方式和对策。由一些富庶大国组成的七国集团掀起了对金融全球化风险的争论，并在20世纪90年代末形成了三个独立但互有联系的国际组织。这些超国家组织对离岸金融中心全方位的审视、监督，极大地改变了离岸金融中心的演变历程，使得全球离岸金融市场的发展步入调整期。

进入21世纪，尤其是2007年美国次贷危机发生后，整个在岸金融业出现复杂化、高杠杆化、影子银行大量增长的情况，离岸金融中心也经历了一场前所未有的双重考验。大多数人预计在外界压制下，离岸经济发展因其局限性会相对低迷，然而事实却表现出了一种“让人匪夷所思的复苏态势”。离岸存款在2008年达到顶峰后有所回落，但离岸贷款和CPIS均处于稳定状态，并未受到金融危机的冲击，其后离岸存、贷款和CPIS总量均稳步增长。同时离岸金融业务开始表现出多元化、非银行化的特征，一些离岸金融中心还开设许多结构化创新产品，例如对冲基金、特殊目的载体（SPV）等，资产持有量依然高启。亚洲和其他新兴市场为金融中心提供的大量客源，抵消了美国和欧洲市场上出现的减少额，离岸金融中心表现出持续发展能力。现今，世界上20%的世界私人财富和22%的银行资产均投资于离岸金融中心。而随着世界金融一体化和自由化进程的逐渐推进，离岸金融中心规模势必还会进一步扩大。

3.2 离岸金融发展的模式

根据国际金融中心的形成理论，离岸金融中心还可以按照形成的原始推动力，即离岸金融中心产生与发展模式，分为自然形成模式和国家建设模式。

3.2.1 自然形成模式

自然形成模式是指金融机构缓慢集聚在一个或几个特定的地理区域，从而导致国际金融中心的最终形成。一般来说，金融中心往往是经济发展状况较好的城市或者具有特殊优势的城市。而金融产业总是以金融企业的集群形式出现在这些城市，其中的大多数能够形成金融中心，金融中心则又属于金融集聚的高级形式。正是因为金融中心具有自我保持的特点，使得越来越多的金融机构被吸引，在金融中心设立分支机构，加强了金融中心的地位。这类离岸金融中心中的典型代表是伦敦离岸金融中心。伦敦离岸金融中心是在已经形成的欧洲美元市场基础上进行的自身推动与改革，从而形成一个独立的离岸金融市场。这是人类历史上第一个离岸金融市场，具有重要的历史意义。冷战下，苏联、东欧为本国美元资产寻找投资出路，美国出于自身利益考虑对金融领域采取严厉的干预和限制措施，而英国则急需美元来解决英镑的投机压力，在多种因素的共同推动下，伦敦美元交易市场兴起，欧洲美元市场初步形成。此后，20 世纪 60 年代美国的一系列抑制美元外流的管制措施和 20 世纪 70 年代大量石油美元的存在，逐步促使伦敦离岸金融中心发展成为世界上最大的离岸金融中心。除了得益于特殊的历史机遇外，其根本原因还在于当时伦敦自身的经济条件、金融基础和地理环境等方面得天独厚的条件都较为契合历史时机，同时政局稳定、金融业发达、法制健全、管制宽松、信用水平高等绝对优势都对离岸金融中心的形成和发展具有促进作用。这些优势吸引金融机构不约而同建立分支机构，于是资金汇聚愈加庞大，金融市场规模不断膨胀。

后续许多发展中国家离岸金融市场顺应国际资本的流动自然形成。起初这些发展中国家的离岸金融市场在金融法规建设方面较为落后，当大多数跨国公司出于避税目的来到原殖民地寻找资金的庇护地时，一些离岸金融中心作为某个国家的避税港便应运而生。由于大多离岸金融中心对避税采取宽容甚至鼓励态度，大量海外公司、金融机构和后来的富裕人士便纷至沓来，形成了金融机构林立、金融市场活跃的局面。

3.2.2 国家建设模式

国家建设模式也称为政策推动型。市场所在国政府依靠政府的力量，由政府主观主导或形成国家意志推动而成。其采取特殊的优惠政策，目的是发展经济、筹措资金。而今，政策推动因其高效性和明确指向性，已成为世界各国离岸金融市场发展的有效途径，当代国际金融中心的发展趋势逐渐由自然形成型向政策推动型演变。在这之下，新兴经济体则具有源自自身更大的市场宽容度，可以通过以政策为引导从而推动离岸金融中心的形成和发展，尤其是发展中国家（地区）。它们利用强势的政策优势，积极推动本国（地区）离岸金融市场的建设，在短时间内就取得了显著的效果。如中国台湾、马来西亚和新加坡离岸金融市场为其典型代表，以新加坡离岸金融市场建设最具标杆性。

在伦敦之后，现代离岸金融中心几乎无一例外是东道国政府为顺应经济、金融发展的客观要求依靠政府自身推动形成的。新加坡亚洲美元市场、美国国际银行设施、日本离岸金融市场，包括新兴国家和地区如马来西亚纳闽岛、泰国、中国台湾等一众离岸金融中心的产生和发展中都能看到政府的积极身影。例如，亚洲美元市场被认为是由新加坡政府精心策划、推动发展起来的离岸金融业务。在 20 世纪 60 年代，当时的新加坡还属于发展中国家，经济发展水平低，金融市场不发达，急需利用外资来振兴经济，是典型的进口依赖型国家，建立离岸金融市场是其最佳选择。1968 年 10 月，新加坡政府允许设立亚洲货币单位，由美洲银行新加坡分行经营，为非居民提供存贷等各项离岸金融业务。为了壮大亚洲货币单位，新加坡不仅给予财政上的奖励，还同时取消了外汇管制和 20%的流动准备金。截至 1975 年底，新加坡共有 66 家亚洲货币单位，存款总额约 156 亿美元，是当年新加坡 GDP 的 2.5 倍。至此，新加坡逐步形成了经营多种货币的国际货币市场和国际资本市场。随着离岸金融业务的扩张与发展，新加坡加快了金融改革，进一步放松管制，如全面放开外汇管制，与东盟国家通汇，将外国人持有新加坡银行股份限制比例由 20%提高到 40%，发展离岸保险业务，并对其中海运保险实行免税政策。1998 年，新加坡已经成为全球第四大外汇交易场所，仅次于伦敦、纽约和东京。

随着现代宏观经济理论的兴起，政府干预的经济政策得到推崇。尤其是在一些重大的经济国策方面，金融甚至涉及一国经济安全，这对于规避、对冲，甚至重建发展一国（地区）的经济形态、调整经济发展方针和战略具有重大意义。以上述新加坡离岸金融中心为例，由于 1997 年爆发的东南亚金融危机以及周边离岸金融中心竞争愈演愈烈，面对如此洪水猛兽般的国际金融风波，新加坡政府和离岸金融中心的各部门被迫开始寻求转型之道，如取消外资股权上限、放宽代扣上限、废除银行双轨制、逐步放松对交易佣金的管制、积极开发新的金融衍生工具、重视吸引私人银行和对冲基金等业务，使新加坡走上了注重离岸市场信息披露与金融创新的发展道路。

3.3 离岸金融发展的新趋势

3.3.1 市场规模不断攀升

进入 21 世纪后，从全球离岸金融市场的规模上来看，离岸金融中心的总资产量逐渐攀升。超过 30%的全球外来直接投资注册并流经离岸金融中心，约占全球跨境资产和负债的 50%，而且仅在 2013 年就有高达 21 万亿~30万亿美元的免税资金从各国流向离岸金融中心。IMF 所报告的 CPIS 统计了各经济体所持有的跨境证券组合投资资产头寸，包括股票以及投资基金和长短期债券。2017 年底，全球 CPIS 的总持有量达到了 61.78 万亿美元，相比 2001 年底的 12.72 万亿美元增长了将近 4 倍，年均增长率达 20%，可见随着全球金融一体化以及自由化进程的不断加快，全球离岸金融市场的规模在同步地快速增长。

从图 3-1 可以看出，全球 CPIS 持有量总量自 2001 年 CPIS 发布以来，仅在 2008 年出现了较为明显的下降，较 2007 年下降了 21%，这是因为受 2008 年全球金融危机的冲击，全球离岸金融市场业务规模收缩，但全球各经济体跨境持有的证券组合投资资产仍一直处于稳步上升的态势。

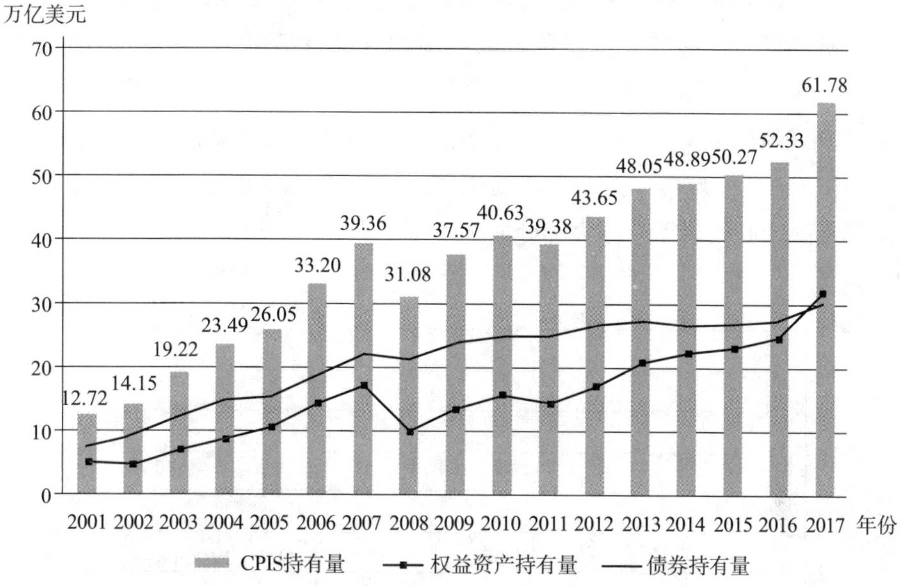

图 3-1　2001—2017 年全球 CPIS 持有量

3.3.2　资产持有结构向权益投资转换

从全球持有离岸资产的结构来看，股票和投资基金的投资组合持有量自 2008 年以后增速明显高于债务证券持有量，截至 2017 年底，上述权益类投资已达到 31.65 万亿美元，首次超过了债务证券持有量（30.13 万亿美元）。IMF 进一步指出，所有 CPIS 持有量较大的经济体中都出现了这种类似的发展势头，特别是 G20（二十国集团）新兴经济体，股权和投资基金份额在过去 5 年的持有量一直高于债券，并且其差距还在进一步扩大。趋势表明，随着全球资本并购和股权市场的活跃，跨国公司对外扩张日渐增加，离岸金融活动越来越倾向于持有收益和风险均较大的权益类投资。

3.3.3　资产流向区域高度集中

全球离岸金融中心凭借着便利的营商环境、税收优惠、资本账户开放、保密制度以及高效的金融交易体系，吸引了来自世界各国的投资，离岸证券投资已成为国际资本进入离岸金融中心的主要形式（Naitram,

2014）。从地域来看，离岸金融中心常以国家或地区为中心集群分布，如以卢森堡、英国、德国和法国等国为中心的欧洲集群；以新加坡、中国香港和日本等为中心的亚太集群；以美国和开曼群岛等为中心的美洲集群等。图 3-2 是全球持有量超过 1 万亿美元的国家或地区，2017 年底图中 15 个国家或地区的 CPIS 持有量总和达到了 47.46 万亿美元，占到了全球的 76.8%，表明全球离岸金融资产的流向区域呈现出高度集中的特点，少数离岸金融中心集聚了全球大部分的离岸资产。

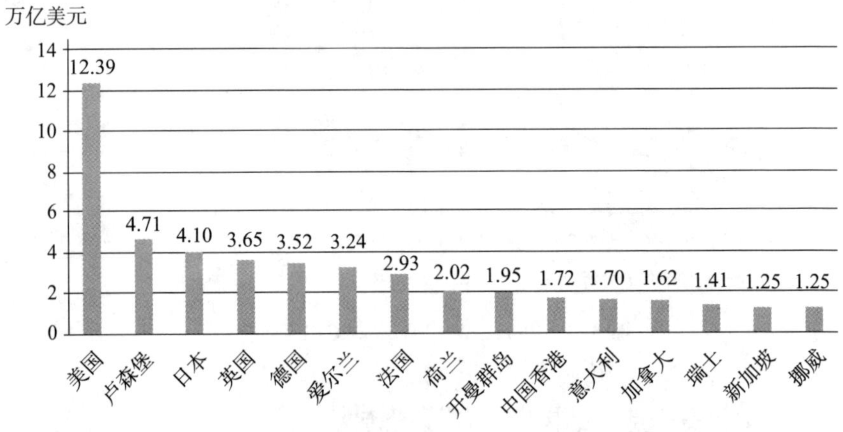

图 3-2　2017 年全球 CPIS 持有量超 1 万亿美元的国家（地区）

数据来源：IMF 官网。

3.3.4　资产的风险偏好逐渐上升

全球众多离岸金融中心能够提供世界一流的营商服务，包括较优惠的税收制度和较低的资产透明度，吸引了其他国家频繁利用其投资。依赖于这种国家或地区层面的营商制度特征，大规模高风险策略资本自由进出离岸，因而相较于许多国家的在岸金融中心资产，离岸金融资产表现出了更高的风险偏好。IMF 数据显示，截至 2019 年 10 月，全球资本总体呈现出相比于从前更高的风险偏好。IMF 于 2019 年 10 月在《全球金融稳定性报告》中指出，当前全球金融脆弱性风险主要来源于企业负债和低流动性资产的持有量持续增加、对新兴市场与热点现象的投机活动的追捧以及前沿市场经济体对借贷的依赖日益增加。在当下国际长期收益率普遍较低的行情下，更多金融机构被迫寻求风险更高、流动性更强的高收益高风险短期投资。因此，鉴于全球资本的风险偏好上行，离岸金融资本的风险偏好也随之水涨船高。

3.4 离岸金融发展的经济后果

经济增长离不开资本积累，为资本积累调配足够的金融资源是任何国家经济起飞的必要条件（中国经济增长与宏观稳定课题组等，2007）。第二代金融发展理论将金融发展置于内生增长模型中，研究金融中介和金融市场如何“内生”形成并发展，进而推动经济的长期可持续增长（江春和周宁东，2012）。自 Schumpeter（1912）最早提出金融体制的创新能够促进经济增长后，Goldsmith（1969）具有开创性的跨国研究结果表明，金融发展规模与经济增长密切相关。现有研究基本肯定了金融发展能够显著促进经济增长的结论（King & Levin，1993；谈儒勇，1999；赵向琴和陈国进，2003；王志强和孙刚，2003；Rajan & Zingales，2003；武志，2010；杨友才，2014）。离岸金融市场的发展基于传统的国际金融市场，但同时突破了原有的国民属性，可称之为真正的国际金融市场。离岸金融市场的产生，从宏观层面来看，可以通过资本积累和技术进步正面促进长期经济增长，并通过带动个人消费，促进企业投资，提高政府国债融资规模、提高进出口贸易，拉动短期经济增长；从微观层面来看，其增长的效应是通过向社会提供一系列金融服务与功能实现的。一个功能良好的金融系统能够向社会提供高质量、复杂的金融服务，满足社会经济对交易媒介、融资、财富储藏与增值、支付结算等金融需求，进而促进生产、交换、分配和消费。

3.4.1 研究概述

对离岸金融发展与经济增长关系的研究可以追溯到 Park（1982）的研究，他从离岸金融发端演进的近 20 年中发现离岸金融在区域资本市场和全球资本市场的一体化中担任了重要的角色。离岸金融本质上是国际金融机构对政府政策改变的积极响应，加之离岸税收竞争给当地经济带来了活力和效率（Desai et al.，2005；Palan，2010），因而增强了当地经济的国际竞争力，由此带来的发展动力促进了经济增长（鲁国强，2008；Sikka，

2009；郭云钊和胡传雨，2013)。“无论是从就业（直接或间接）、政府收入还是对 GDP 的贡献来说，开办离岸金融中心都是一项利润丰厚的活动”(Hampton & Christensen，2002)，对个体经济和全球经济都有相当的益处(Doyle & Johnson，1999)。拥有离岸金融中心可以吸引外来直接投资(Bailey & Liu，2014)，积累专业知识和经验技能（Palan，2002；Sharman，2006)。Hines（2005）发现避税天堂经济体吸引了更多的外国投资并实现更高的 GDP 增长率，大规模国际金融资源通过金融集聚的作用固化在离岸金融中心，使得其可以自主制定各种货币资本游戏规则以及方便地转移风险损失，由此获得巨大的经济福利（王勇，2015)。

尚有部分学者认为离岸金融发展与经济增长之间并不存在明显的关系(Aggarwal，2010)，甚至离岸金融制度可能会阻碍经济增长（Bailey & Liu，2014)。由于离岸金融常被视为从其他真正的经济实体攫取税收和其他收益（Hampton，1996)，离岸避税港信息的不透明造成了潜在投资争议和公司造假行为的增多，特别是离岸区域增加了全球化和在岸腐败之间的协同效应（Cobb，2009)，导致资本外逃和离岸福利损失（Sikka，2009)，进而使贫富差距进一步扩大（Hampton，2002)。

3.4.2 正向效应

(1) 提升世界资本流动性

经济的多元化发展推动了金融业的演进，反过来，金融业也成为经济繁荣的催化剂。“离岸金融市场的运作促使国际融资渠道十分畅通，为世界各国提供了一个充分利用闲置资本和筹集经济发展所需资金的有效场所”(连平，2002)。离岸金融市场本身具有不受所在国外汇管制和税制限制等特性，使得国际融资渠道十分畅通。这就促使各国之间可以自由地进行资金调拨，使各国金融市场之间不再相互隔绝。离岸金融中心现适应经济活动发展的客观要求，已经成为国际经济活动的重要枢纽，在现代世界经济中十分活跃并发挥着积极的作用。由于以美元为主的世界主要通货和各类资金的供求需要汇集于离岸金融市场，离岸金融中心得以有效发挥金融中介作用，依靠平衡企业间不同时间的储蓄和投资，有效地将资金从储蓄者转移到投资者手中，并通过资金在各个国家间的转移完成国际间的支付，使国际贸易、国际投资与各类国际经济活动及交流顺利且高效地进行。此时离岸金融市场就可以起到一个资金蓄水池的作用，各国可以充分利用这个蓄水池进行资本扩充，以此为中心对全球的资源进行优化配置。因此，离岸金融市场直接为世界经济提供了一种资金资源再分配的重要场所，作为国际金融埠口融汇资金，高效地促进国际间的资源分配，使更多的资本流动和国际交易成为可能，促进了全球金融市场的深度融合，直接推动了全球的经济发展。

（2）促进国际金融市场的全球一体化

全球一体化发展的最高境界是全球金融一体化，这就要求世界各国加强货币之间的金融业务联系。在离岸金融市场形成之前，国际金融市场在很大程度上处于分割状态，各市场之间的联系较少。自欧洲美元市场形成之后，这种状况发生了改变。在这之后，欧洲货币市场和离岸金融市场上的管制很少，资金跨国界流动较为方便，激烈的竞争促使各市场之间形成密切的联系。西欧、北美、东亚地区的金融市场和外汇市场逐渐连成一体，打破了地区间的界限，使资金从效益低的地方自由流向效益高的地方，优化了资源配置，从而促进了国际资金流动和国际金融市场的一体化，并触发国际金融市场最大限度地发挥作用。此外，离岸金融市场还可以加速信息流动，使得信息分布更加均匀，从而提高金融市场的效率、公平性和对称性。国际间资本的加速流动降低了资金使用成本，提高了资金的利用效率，并能够迅速弥补世界各地区的资金供求缺口，促进经济发展和改善国际收支。根据 IMF 统计，在 20 世纪 70 年代以后，受石油价格不断提高的影响，不论是发达国家还是发展中国家的一些非产油国均存在巨额的国际收支逆差，而在这期间这些国家正是通过离岸金融市场筹集外汇资金来弥补经常项目的赤字。所以，离岸金融市场的产生与发展为遭受国际收支逆差折磨的国家提供了新的选择途径，可以在一定程度上缓解国际收支失衡的压力，进而促进整个国际经济秩序的稳定。

（3）提升当地经济效应和福利效应

离岸金融中心的演进和运作过程，也是一个提升东道国在世界经济和国际金融市场上影响力和地位的过程。离岸金融中心一旦形成，就会通过资金融通和资本运作来实现全球资源优化配置。作为一种独立于其他产业的战略资源，离岸金融中心不仅能够带来持续的所在国家及周边地区的投资与繁荣，还能够促进产业的扩大和交易集聚，同时创造就业机会和增加财政收入。而且随着时间的推进，这种地位和功能会不断地加强和深化。伦敦、纽约、香港等世界级的国际离岸金融中心，泽西、开曼群岛、苏黎世等功能各异的离岸金融中心，都是通过其自身完善的金融体系吸引资本集聚和创造的辐射功能，有力地促进了本国或本地区的经济发展。

首先是经济效应。离岸金融塑造的良好开放的经济形象将有助于东道国外向经济发展，金融服务对东道国的 GDP 贡献巨大。境外资金的流入，还可以改善国际收支状况，尤其是资本项目的收支状况，有利于所在国在国际金融市场树立良好的信誉，带来更多优质的商业机遇。①离岸金融市场的建立必然直接“迫使”所在国或地区提供和建设与市场配套的高质量硬件设施和产业。所在国或地区也会出台相应的优惠政策以支持离岸金融市场的发展，以通过获得中间业务费用增加收入、扩充就业岗位来刺激当地经济发展，从而提升所在国或地区在国际金融市场中的地位；②离岸金融市场的建立和发展必然会带动当地金融业的进步。不断涌入的外资企业增大了国内金融业的生存压力，带来国内外企业相互间的良性竞争，打破了垄断的格局。在市场运行中，本国和外国金融机构一同展开竞争，既有助于提高本国金融业的专业技术水平，增加管理经验和增强竞争意识，促使国内金融机构提升内在素质，又可以促使国内金融业与国际接轨，如引进先进管理模式、使用现代化金融工具、改革传统金融体制，进而提高生产效率，创造更高价值，达到真正的金融市场全球化。

其次是福利效应。离岸金融中心还能给所在国家或地区带来经济发展和就业商机。离岸金融市场规模扩大，意味着金融从业人员相应增加，其通常拥有较高收入和较强的消费能力，必然带动当地就业，以及房地产、餐饮、通信等其他行业的发展。综观世界成功案例，东道国通常征收个人收入所得税、外国金融机构注册费以及证券交易的印花税和流转税（Transfer Tax），同时受益于本国银行业的利润，东道国还增加了数量可观的外汇收入。

（4）加快全球金融创新进程

金融创新是离岸金融市场发展的重要推动因素之一，而离岸金融市场又反向促进了金融创新的延伸。离岸金融中心汇集了大量的国内外金融机构，金融集聚带来了竞争加剧，从而促进了金融市场发展，有效提高了资源配置效率。同时，也迫使金融企业在竞争压力下不断推出符合经济发展需求、更加富有竞争力的新金融工具和交易方式，创建新的金融组织形态，推动金融创新，加速金融深化和经济发展。金融创新的发展同时也会受到各种因素的影响，包括技术进步、金融管制和金融风险等。从离岸金融市场的产生与演进历程来看，它对存款准备金的特殊要求、利率限制和经营范围限制以及回避条款等，本质上均是金融创新的结果，且离岸金融市场管制宽松、竞争激烈、对风险的规避需求较大等特点也在很大程度上刺激了金融的持续创新，为其提供了强劲动力。

3.4.3 负面效应

尽管离岸金融发展对世界经济产生了积极影响，但是辩证看待其作用时，其对经济的消极影响，以及发生风险时对实体经济的冲击也给各国敲响了警钟。

（1）给全球金融稳定带来潜在风险

由于离岸金融市场的自由化程度较高，离岸存款常常不受各国国内法规的限制，所以它对存款所在国的货币供应量、银行管制与货币政策的实施均会产生影响，特别是其发展过程中面临的诸多风险增大了全球金融体系的不稳定性。主要体现在以下三个方面：

第一，信用风险。离岸金融业务是为非居民性质的个人或团体服务，广泛的外延使银行难以深入把握服务对象的信用表现，因而存在信息不对称和信息失灵，容易导致逆向选择和道德风险的发生（李宝杨，2004）。由于信息的获取存在一定困难，银行在对借款者进行筛选和监督时，面临着成本及效率的双重压力，对道德风险问题也难以及时发现和有效解决。由于缺乏对银行贷款去向的合理监管，多数贷款被投机者利用投向了货币发行国，导致该国产生大量的经济泡沫。

第二，法律风险。离岸投资者的投资目的虽有差别，但是对利益的永恒追求是其投资的最初也是最终目的。由于各国在金融制度与监管程度上的差异，离岸投资者醉心于追求个人财产不断膨胀时，往往会利用制度的漏洞在离岸金融市场中获取投机机会，为洗钱、逃税甚至恐怖融资提供了法律上的生存土壤。

第三，衍生工具风险。离岸金融市场正在经历从传统银行中介业务向衍生金融业务发展的阶段，鉴于金融创新活动具有很强的生命力，丰富的金融衍生品带来的各类衍生风险，如信用风险、清算风险和法律风险等，均远远大于传统银行业务。同时在离岸金融市场上，大量短期资本通过离岸金融中心流进与流出，将直接导致离岸金融中心本币资产价格和本币汇率动荡不安。离岸金融市场便利地连接着世界金融体系，一旦出现危机并快速传染，将会给国际金融市场带来严重的灾难。

（2）严格保密的制度阻碍了信息分享

早期银行保密法意在保护存款客户隐私，禁止银行披露存户信息，并将违法行为定为刑事犯罪。瑞士的银行保密法是最早也是最严格的银行保密规制：除了瑞士法院传票外，任何政府机构都无权了解存户信息。根据这一立法，瑞士银行在第二次世界大战中抵制向纳粹披露犹太人银行信息，保护了大量犹太人资产，瑞士银行及其保密法由此获得美誉。实际上，最初的银行保密法并不包括对犯罪、税收欺诈行为的保护，条款也不甚严密。但是由于20世纪六七十年代，离岸金融中心尚处于发展初期，其最大特征是处于无监管状态，导致了鱼龙混杂，离岸金融中心既是全球银行和客户的合法自由活动的天地，也成为一些不法富翁、地下经济、组织犯罪和恐怖主义用于逃税、洗钱的渠道。“银行保密法，银行账户编号以及获取信息的障碍共同降低了哪怕是最优秀的审计员审核出漏洞的可能性”（Workman，1982）。总之，离岸金融中心凭借此优势获得大量的国外资本，从而导致对境外资本形成依赖，使得它们更容易对管辖区内的金融犯罪或公司欺诈行为视而不见，初期的离岸金融中心确实纵容过一些肮脏的交易。由于银行的保密性在某种程度上被视为离岸金融中心的重要资产，为提高自身信誉和吸引投资者，作为离岸绿洲的国家和地区都极其重视银行的保密问题，如新加坡、卢森堡等著名离岸金融中心制定了严格的银行保密法，可以与瑞士比肩。而有些地区，如荷属安第斯群岛、百慕大群岛、中国香港等虽没有制定专门法律，但本地其他法规也有“银行不得泄露客户信息”的规定。

（3）避税天堂导致各国税收流失

避税天堂或避税港一般指税率很低，甚至是完全免征税款的国家或地区。寻求税收优惠是人们选择离岸金融中心的重要原因之一。许多后来发展成为离岸金融中心的小岛国家（地区），当初都是通过提供此类服务从而开始它们的离岸经营的。由于它们大多实行零税率或极低税率，资本大量流经并囤积在那里。同时许多跨国公司、国际企业以及大型银行出于国内经营压力或利益需求，纷纷设法逃避在岸地区监管，以求在离岸金融中心享受到税收优惠。对于资金流出地的母国政府来说，由此带来最为严重的问题当属税收随资金同步流失，而对于外逃客户来说，却仍然能够“搭便车”，享受国内相应的公共服务。由于西方国家的人口老龄化问题日益突出，大量老年人需要靠政府税收补贴生活，由此所引发的问题更为突出。因此，国际批评者认为离岸金融中心业务中涉及的欺骗手段尽管花样繁多，但它们成为资金通路中的一环仅仅是因为避税这个目的，各主要经济体因为国际避税港的存在，每年向其流失的税收难以估量。

(4) 为洗钱和非法收入提供庇护

离岸金融中心还享有信息披露要求极低的优势。该项服务允许离岸客户能够隐蔽资金流动的方向，降低资本外逃的成本，为各种非法收入和侵占行为提供了便利的资产转移渠道。虽然在合法经营的前提之下，每个人都享有自己的财政隐私权，但是离岸金融中心俨然成为洗钱犯罪的高发地，甚至已经成为非法交易的窝藏地之一。此外，海外避税行业非法钱财的规模经常受到国际监管机构的关注。2012 年，由麦肯锡管理咨询公司前首席经济学家詹姆斯·亨利等进行的“离岸藏匿财富”的分析报告指出，在私人银行帮助下，有 21 万亿~32 万亿美元从各国流向开曼群岛等保密程度极高的离岸金融中心，学者们指责“它们变相窃取他国财政收入”，部分离岸金融中心还深陷贪污腐败和洗黑钱的案件之中，受到了国际社会的强烈谴责。

3.5 中国离岸金融发展的特征

20 世纪八九十年代，国际离岸金融的高涨形势传递到了我国，由于深圳毗邻香港，我国初期确立了深圳开展离岸金融业务试点，拉开了我国开办离岸金融业务的序幕。30 多年来，离岸金融的发展在我国经历了曲折复杂的过程。总体上看，相比于我国在世界经济和国际金融体系的地位，离岸金融制度体系建设相对缓慢，业务量与我国经济体量相差甚远。国内自20世纪80年代末肇始的离岸金融发展历程可以分为四个阶段，分别是1989—1994年的初始阶段，1994—1998年的高速增长阶段，1998—2002年的停滞阶段以及2002年至今的恢复发展阶段，其演进发展呈现出以下几个特征。

3.5.1 商业银行是离岸金融市场主体

从1989年我国选择招商银行作为试点开始办理离岸金融业务，商业银行一直是我国离岸金融业务开办的主体。从1993年开始，另有四家商业银行陆续被批准开办离岸金融业务，分别为深圳发展银行、广东发展银行、中国工商银行、中国农业银行，且五家银行的试点分行都位于深圳。但是受到1998年的亚洲金融危机影响，各家银行的离岸业务都受到了重创，先后有多家银行的离岸业务出现了不良资产大幅上升的情况，在1999年接连停办后，2002年监管机构又重新对这几家离岸银行进行了审查核准，最终批准了四家银行恢复离岸业务，分别是深圳发展银行（牌照由合并后的平安银行继承）、招商银行，以及位于上海的交通银行和浦发银行，自此延续固定下来这些拥有离岸业务牌照的银行。过去十几年间，我国持牌中资银行的离岸金融业务总收益一直保持着稳中有升的趋势。2005年，四家中资银行离岸业务的利润总额只有2136万美元，至2012年已升至19286万美元，至2020年，几家银行利润合计为6.41亿美元，其中非利息收入为3.64亿美元。总体上看，离岸业务发展增势喜人，但盈利水平仍较为低下。究其原因，一方面是我国离岸金融业务的欧美客源较少，大型客户不多，服务对象多为小规模的贸易公司；另一方面则是我国银行开办离岸金融业务时间太短，经营成本较高且风险难以掌控，导致利润较低。

3.5.2 发展规模总体较小但增速较快

根据中国人民银行金融数据统计，截至2019年底，中国银行业总资产超过290万亿元，证券公司注册达到131家，资产总规模突破8万亿元大关。但在离岸金融业务领域，行业整体业务对比中国当下整体金融行业则占比相当低。由于离岸金融业务开办时间较短，对离岸金融业务认知受限等原因，我国四家持牌银行对离岸业务的经营较为谨慎，总体规模较小。截至2012年底，四家商业银行离岸金融业务总资产仅为319.93亿美元，离岸存款也只有155.04亿美元。虽然我国整体离岸业务的规模较小，但其进步速度不容小觑。与2004年离岸总资产和离岸存款仅有19.67亿美元和17.86亿美元相比，仅仅经过8年的发展，这四家中资银行的离岸总资产和离岸存款已经增长了16.26倍和8.68倍，离岸增量非常可观。到2020年底，四家持牌银行的离岸总资产已达689.1亿美元，离岸存款610.82亿美元，离岸贷款450.82亿美元。

3.5.3 业务种类不断丰富

就目前世界离岸金融中心发展经验来看，银行业金融创新能力越强，业务品种就越多，其离岸金融收益就越高。《离岸银行业务管理办法》是我国商业银行可以参照的现行离岸业务法规，其中明确规定了离岸银行可经营的业务范围，包括存款、贷款、发行大额可转让存款证及外汇担保、咨询、见证等业务。近年来，我国目前持牌的四家商业银行在离岸金融业务方面，运营品种在传统存贷款业务、国际结算等业务基础上，在境内经营海外银行业务上不断突破，提供的离岸金融服务日趋丰富。传统的离岸业务只能给境外的企业提供授信和支持，由于政策逐渐放宽，国内离岸金融业务已经可以给境内的企业提供境外资金。其中最为突出的现象是中国企业国际化的步伐加快，对银行国际化的要求随之提升，母国的银行必然"追随你的客户"，中国离岸业务的发展经历了追随货币、企业"走出去"的过程，因而创新了诸多跟随式的服务品类，如为企业跨境并购提供融资、境外发债、经核准借入国外金融机构外债等。

3.5.4 综合金融配套设施落后

相比于世界一流离岸金融中心，我国离岸金融业务综合金融配套服务设施仍然跟不上企业"走出去"的步伐。一方面离岸金融业务需要一批精通国内外法律法规，与国际惯例接轨的复合型人才，而我国金融业高素质人才匮乏，银行专业人员的培训以国内的业务为主，对国际市场了解度不够，因此从业务技能的角度来说无法满足离岸金融业务的要求；另一方面我国四大持牌银行的境外分支机构较少，对国外投资环境的了解不深入，对境外金融服务业也知之不多，因此无法为客户提供配套的金融引导、宣传和信息咨询等服务，不能帮助客户进一步开拓海外市场，同时也阻碍了自身的发展空间。

3.6 本章小结

20 世纪 50 年代，离岸金融市场作为一个监管宽松、严格保密、税收优惠的世界货币交易市场，受到了发展中国家的广泛青睐。在中国双循环新发展格局下，高水平建设离岸金融市场，吸引并有效利用离岸资金，不仅是“统筹国内外两种资源、两个市场”的题中之义，更是提高金融服务实体经济效率和能力的必然要求。

离岸金融中心的演进不仅促进了地区性金融市场和经济的繁荣，还加快了国际性银行的发展和国际信贷、国际融资的增长，加速了国际间资本流动，对世界经济、国际贸易、国际金融、国际投资乃至各国经济，都发挥了广泛而深刻的作用，为国际金融体系和世界经济平衡带来了不可估量的正面影响。离岸金融市场的发展趋势令世人瞩目，当然泥沙俱下也不可避免地助长了世界范围内对离岸金融中心的滥用。特别是离岸金融中心吸引了大量发达国家的资金并导致其税收收入流失，遭到了富庶国家的集体声讨。本章探讨了离岸金融中心的起源、演进及当代离岸金融中心给世界经济带来的正负面效应，并着重阐述了当代离岸金融面临的问题，以及国际社会对离岸金融中心进行评议后其仍然发挥的作用和能量。

针对中国离岸金融实践，在金融双向开放大局之下，所面临的国际及国内金融环境较不平静，亟待加大离岸金融业务开办力度，建立起离岸金融市场，从而促使我国推进金融制度改革，推动我国经济与世界经济一体化发展。本章就此分析了中国离岸金融演进特征及现实中的制度障碍，为我国金融业的转型和国际化，发展和构建离岸金融中心等战略问题提供了有益的启示。

4 离岸金融发展的制度驱动因素

主流金融学研究如何优化配置稀缺资源及其经济规律，基本的研究方法是把经济系统当成一个独立运行的系统，对该系统内的场景提出假设，从而将复杂的经济运行机制进行简化进而开展研究。金融发展理论由早期以新古典经济学为基础的 M-S 范式，经由内生金融发展理论，再演进到以新制度经济学为基础的新制度金融发展理论；从论述金融体系（包括金融中介和金融市场）如何促进经济增长的显性关系问题，过渡到深入研究金融自身发展规律等潜在问题；制度金融学也由正式制度扩展到非正式制度变量对金融发展重要作用和影响的研究。

本章在分析离岸金融市场的制度成因时，从金融学角度出发探究制度及非制度因素对离岸金融市场形成、发展的驱动作用。本章内容可分为三个部分：①基于制度金融学理论，从产权制度、法律制度、政治制度、非正式制度四个维度变迁及其对全球离岸金融发展影响的相关研究状况进行阐述；②以中国香港和新加坡等 15 个典型离岸金融中心为研究对象，从上述四个维度中提取八个表征指标，建立面板数据多元线性回归模型进行实证检验；③根据检验结果以及我国离岸金融发展现状为离岸金融市场的制度构建提出政策建议。

4.1 制度与金融发展研究综述

世界银行（World Bank）将金融发展定义为金融业通过提供信贷而促成金融交易的诸多金融机构、工具、市场以及法律和监管框架的总称，各国金融发展主要表现为政府供给的强制性制度变迁。由于非正式制度是在社会经济实践中经过多次博弈形成的，对人们行为产生非正式约束的规则，如共有的文化传统、价值观念、意识形态和宗教信仰等（North，1990），因而政府的作用自始至终也受到了文化以及地缘优势等非正式制度因素的影响（孙国茂和范跃进，2013）。

新制度经济学对制度变迁的研究以微观经济学中的供求理论为出发点。从需求方面来说，当现有的制度不能满足增加潜在收入可能的需求，而新的制度变得更加有利可图时，只要制度变迁的收益大于其成本，就会推动旧制度向新制度不断转变。离岸金融市场的最初形式——欧洲美元市场产生的原因正是美国与欧洲等国家的政府管制内容存在差异，原有的制度凸显出不平衡。因此离岸金融市场本质上包含着制度变迁的因素，随着时间推移逐渐发展成为全球性的金融制度概念，而制度变迁理论从宏观制度层面为离岸金融市场的产生与发展提供了合理解释，同时肯定了制度在离岸金融市场发展中的重要性。

4.1.1 正式制度

（1）产权制度

产权制度是最根本也是最重要的制度安排之一，对一国的金融发展有着不可忽视的作用。金融体系中产权制度对个人产权的保护（LLSV，2002）以及明晰的产权制度是最优配置金融资源和实现经济增长的根本。

早期对于产权制度和金融发展的研究认为，政府干预不仅不会阻碍金融业发展，反而有助于促进金融和经济发展（Gerschenkron，1962），随着Shleifer（1994）对这一观点进行的深入研究，其认为政府干预的主要目的不是为了带动经济而是具有政治目的。此后，诸多经济学家在对经济转轨的国家进行分析后，发现从计划经济过渡到市场经济这一过程中，金融发展的关键因素在于建立明晰、安全的产权制度，即产权制度是决定这些国家金融发展的主要因素。一国的金融发展水平与私人产权的保护程度成正比，而与政府在银行中占有的产权比重成反比。私人产权保护程度越弱，政府在银行中的产权占比越大，金融效率就越低，经济发展也越迟缓（LLSV，2006）。Allen等（2005）认为同样处于法律和金融机制不完善的形势下，私营企业要比国有企业和上市企业的发展速度更快，对促进经济发展的作用更大。还有学者认为产权制度的改善和非国有经济的发展会完善我国企业治理机制，能够有效促进金融深化程度和银行私人信贷水平，从而提高银行的治理效率（江春和许立成，2006；江春和王銮凤，2009），只有彻底地进行银行产权改革，促使商业银行建立真正的公司治理结构，金融业才能健康长久发展（洪修文，2010；滑冬玲和肖强，2012）。

（2）法律制度

法律是最早引入新制度金融学的一种制度因素，法与金融理论认为法律制度对金融发展有极其重要的作用，学者们主要从法律执行、法律完备性以及法律监管制度等方面对法律制度进行研究。

LLSV（1997）指出健康司法体系的优越之处体现在对于契约精神的保护，并提出执法力度的差异会对人们购买证券和进入金融市场的信心产生影响（LLSV，2000；Brown et al.，2014）。法律制度对于契约精神的保护程度越高，金融发展水平就越高（金学群，2004）。法律渊源与投资者保护（Beck et al.，2003；陈运森等，2020）、法律制度效率（江春和许立成，2007）以及法律环境改善（郑志刚和邓贺斐，2010）对于金融发展差异都具有较强的解释力。Pistor 等（2000）发现相比于法律的完善程度，法律的执行效率对金融市场的发展更具有保障，而很多国家都存在法律执行效率低的情况，这也是其经济转型较为困难的重要原因。江春和许立成（2007）通过计量分析后得出，高效率的法律制度有助于促进金融的发展，李力等（2017）认为法律制度健全、法治水平高易于形成对投资者保护程度较高的"好国偏好"①（Good Country Bias，Giannetti & Koskinen，2005）。因此，促进金融市场发展必须完善相关法律制度，提高法律执行效率。

然而卢峰和姚洋（2004）却在研究中提出了相反的观点，认为法制建设对金融发展并不具有绝对的促进作用，当经济市场存在金融抑制时，过重的金融管制压力反而会对金融市场的发展起到消极作用。随后，谈儒勇（2005）以该观点为研究基础，利用面板数据模型做了验证，研究结果表明，法律质量与各地区金融发展的差异存在相关性。他认为卢峰和姚洋的研究结论与主流观点相悖的原因主要跟选取的指标有关。此外，郑志刚和邓贺斐（2010）认为法律环境改善对于金融发展差异具有较强解释力。蒋

① 投资者有更大的动机投资于能提供更好投资者保护的国家，学界称之为"好国偏好"。

水冰（2010）对我国金融发展影响因素的未来趋势的研究表明：从长期来看，如果影响我国金融发展的决定性要素仍是经济因素，法律因素则可以忽略；但当社会经济继续演变到一定阶段时，法律因素将成为影响我国金融业发展不容忽视的要素。

（3）政治制度

在政治经济学家看来，对于历史上不同国家金融发展过程中所形成的差异，政治制度比法律制度有着更为显著的解释力。分权、竞争、开放式的政治体制（Beck et al.，2001）、政府的高效率（冯果和袁康，2012）和实际政治权力均有助于解释金融发展和经济增长。

学者们主要从金融利益集团考察了政治制度的影响。Rajan 和 Zingales（2003）研究表明各国金融发展呈现显著差异的内在原因是既得利益集团，它们为了维护既得利益所采取的相关措施阻挠了金融发展。国际贸易往来和资本自由流动对既得利益集团的实力有着显著的削弱作用，从而对金融发展起到促进作用，所以民主开放式政治体制要比集权封闭式政治体制更能推动该国金融的发展（Beck et al.，2001）。王鸾凤（2006）以 Beck 等（2001）的研究结果为出发点，通过研究发现既得利益集团的力量越强，金融发展就越落后；政府效率越高，金融发展就越快。江春和许立成（2007）在控制了一国经济水平、法律制度以及文化传统等因素后，得出金融利益集团力量对金融发展有显著负面作用。此外，陆磊（2010）提出我国现在具备形成独立金融利益集团的基础环境，即由少数机构垄断金融市场是中国金融体系当下的特点。

4.1.2 非正式制度

非正式制度是人类在经济、社会和文化生活的长期实践中，经历了无数次博弈、取舍而逐步形成的对其行为活动产生非正式约束的规则（饶旭鹏和刘海霞，2012），它不仅是正式制度赖以形成的基础，还是正式制度发挥作用的前提（辛杰，2014）。第三代金融发展理论从文化、宗教、征信水平等非正式制度角度来研究金融发展的决定因素，成为其理论突破的主要方向（郑志刚，2007）。

North（1990）早期指出文化因素可以通过制度环境影响经济绩效，但宗教对诸如信贷权利等金融变量的解释力直到 Stulz 和 Williamson

(2003) 才以实证方法得到检验。之后学者发现，文化既是经济繁荣和经济增长的引擎，又是金融市场发展的关键因素（饶旭鹏和刘海霞，2012），社会越道德（腐败越少）以及宗教信仰较强的国家，其金融市场越发达，经济增长率越高。但在非正式制度诸如文化、风俗、宗教、种族多样性等因素对金融发展的影响方面也产生了较大争议：Rajan 和 Zingales（2003）尖锐地指出影响金融发展的重要因素是政治，而文化只是借口而已。汤凌霄和张春芳（2009）则认为文化通过制度影响金融发展及其机制值得商榷。总的来看，文化与金融的理论研究滞后于实证研究，尚不能恰当地嵌入传统金融理论框架之中。

除此之外，信用水平与金融发展的关系备受关注。信用被公认为是社会资本最主要的构成要素，其作为一种社会资本资源能够缓解信息不对称，金融就是建立在信用基础上的（江春和王銮凤，2009），社会关系网络、信任和规范能够提高金融效率，因此，征信水平也被认为是影响金融发展的重要决定要素。Allen 等（2002）提出中国的社会关系对金融发展的促进作用不容忽视。因为中国提倡儒学，格外注重人与人、人与社会的关系，这种关系可以促进企业的融资成功，从而带动金融市场的发展。张俊生和曾亚敏（2005）以及张维迎和柯荣住（2002）都从实证角度研究了信用和金融发展之间的关系，前者的信用指标为无偿献血比例，后者则是利用中国企业家行为的信任度来刻画信用程度，研究结果均表明不论是否加入控制变量，信用和金融发展之间都存在显著的正相关关系。Guiso 等（2004）考察了不同地区信任程度的差异，采用来自不同家庭和企业的微观数据分析了社会信用状况与离岸金融发展之间的关系，研究发现信任程度高则离岸金融发展水平也高。同时指出，良好的社会关系可以保证交易的顺利进行，减少交易成本，有利于金融的发展。

4.1.3 文献评述

综上所述，第三代金融发展理论向相关学科不断扩展，强调“制度因素、金融社会属性”等更高层次、更深含义的研究对象。学者们从宏观制度层面探求金融发展的内在机理，诸多因素相互关联，具有一定的复杂性。现有研究对产权制度、政治制度、经济制度、法律制度等正式制度因素和信用文化、宗教信仰、社会关系等非正式制度因素都有所涉及，但大多数学者只从单一制度角度进行分析，认为存在单一的具体制度对金融市场的发展具有举足轻重的影响，而并未将法律制度、政治制度、产权制度和非正式制度整合在同一个框架，从整个制度层面进行全面分析，所以对这些制度如何进行主次分类没有统一的标准。此外，从既有研究结果来看，关于各种制度对金融发展作用的观点并未统一，甚至存在截然相反的结论，因而仍有继续深入探讨的空间。

4.2 驱动离岸金融发展的制度因素

我国许多学者都从宏观视角对离岸金融市场发展的动因进行过研究分析。有学者认为金融创新和金融市场全球一体化是导致离岸金融市场形成的重要原因，如刘振芳（1997）认为离岸金融市场产生和进步的主要原因有三个，即生产国际化、贸易国际化和资本国际化，同时离岸金融市场发展中一个必不可少的外部条件就是技术进步，商业银行离岸经营的主要动机就是创新大量的金融工具，而且由于商业银行规避了严格的金融管制，可以在比较舒适的经营环境中办理相关离岸业务；史薇（1999）研究了中国的离岸金融市场发展状况，借鉴了国际离岸金融市场的经验，从宏观环境角度阐述离岸金融市场形成的必要条件。其中发达的基础设施、稳定的政局、健全的法制、优惠的税制是离岸金融市场成功发展的关键；而杨咸月（2003）则分别从金融中心的宏观、微观理论基础和物质基础等方面对各大离岸金融中心发展的共同特征与个性进行了研究，并对离岸金融市场在我国的构建提出了建设性的意见。鲁国强（2008）认为经济全球化、金融自由化、货币国际化、国际金融竞争、国际经济发展不平衡以及政策与技术进步是离岸金融市场发展的宏观动因。根据制度分类，下述制度因素在离岸金融发展过程中发挥了显著作用。

4.2.1 优惠的税收制度

优惠的税收制度是离岸金融中心形成的重要因素，由于逃避税收是离岸金融发展最初、最为直接的重要驱动力，离岸金融中心的税收制度[①]是至关重要却备受争议的制度因素。税收优惠甚至零税率（Christensen & Hampton，1999；Foad & Lundberg，2017）为投资者的信息收集和信息处理提供激励机制，降低了获取信息的社会成本，吸引了全球证券投资组合趋之若鹜。离岸税收制度则能够使得跨国投资者将低税负、高流动性的双重目标完美结合，显著促进跨国银行的转移定价和预提税收，因而税收优惠制度能够显著促进离岸金融中心的发展。综合全球相关案例可以发现，不同类型的离岸金融市场，在税收制度方面均制定了更为自由和优惠的政策，以吸引国际资金和先进技术流入，促使金融机构集聚。①优惠的税收政策能够降低交易成本。资金的价值通常体现在其流动性，交易成本过大会影响流动性，造成资金价值的损失，不利于离岸金融发展。②低税政策能够吸引外来高新技术。国外高新技术、设备及人才的流入，能够促进这些国家或地区行业的现代化，为发展离岸金融奠定基础。③低税政策形成的一定程度的税收竞争是良性的。金融规则的协调统一还有很长的路要走，只要存在着国内税率、监管准则和保密制度的不一致，就会有国际离岸金融提供“合法套利”的空间。如同一切垄断那样，没有竞争就没有高效的资源配置，来自优惠税制国家的竞争可以让其他当局者有所改观，并促进其改变税收政策，降低赋税以形成自己的离岸金融市场。综观发展中国家的离岸市场，尤其是一些岛屿国家，在税收制度设计上均允许极低的税率；有的国家不征收直接税，只征收少数间接税；有的除征收海关税或所得税外，其他诸如增值税、遗产税、预扣税等全部减免。

4.2.2 完善的法律体系

离岸金融市场自身的发展特性决定其要承担较高的金融风险，而这种风险往往难以防范和管控，所以无论是发达国家还是发展中国家建立的离岸金融市场，都以遵从国际惯例为前提，制定了非常健全的金融法律法规

① 税收优惠是离岸金融市场制度优势的集中体现，离岸金融市场所在国税率水平的高低直接影响其对国际资本的吸引力。大多数离岸金融中心主要实行三个方面的税收优惠政策：①所得税、营业税和增值税优惠，适用离岸金融市场上的金融机构及国际商务公司（IBC），一般适用较低税率，对后者甚至免征所得税；②利息、股息、资本利得佣金、费用所得税和土地使用税、印花税等，减免幅度较大，几乎所有离岸金融中心都对离岸存款免征存款利息税；③死亡、继承、遗产税优惠，多出现在岛国和避税港型离岸中心。

体系。各离岸金融中心除了制定《金融服务法》等母法外，还制定了有关具体离岸业务的子法，如英国、美国、新加坡针对银行、证券所制定的银行法、证券法；马来西亚纳闽岛的离岸信托法；开曼群岛的银行、信托保密法以及避税港型离岸金融中心的免税法；非避税港型离岸金融中心设立的反避税法和反洗钱法等。此外，大部分国家和地区也都有监管机构对离岸金融中心进行监督管理，如英国的金融服务监管局、美国的联邦储备委员会。日本的大藏省、纳闽岛的离岸金融服务局等。上述法律的目的均在于努力营造一个完善公平且充分竞争的金融环境，为各项离岸业务健康有序地开展提供保障，进而促进离岸金融更好更快发展。

一是法律体系。离岸金融中心稳健的司法体系是其得以演进运行的核心要素，雷兴中（2004）总结了发达国家发展离岸金融中心的经验，提出了法律法规制度健全是推动离岸金融市场发展的巨大动力。完善的法律体系不仅使得离岸金融中心开展各项金融活动有法可依，同时减少了政府干预，还能有效控制并防范金融风险，使离岸金融市场健康稳定发展。研究表明，遵循普通法系的国家或司法管辖区更容易演进成为离岸金融中心（Masciandaro，2008）。

二是金融监管。离岸金融中心形成与发展的前提条件还有宽松的金融管制。欧洲美元市场这一离岸金融市场雏形的产生条件之一就是英国采取了比美国更为宽松的管制措施，从而吸收了大量美元存款并且能够从事美元国际交易。伦敦、纽约、东京、新加坡、中国台湾等离岸金融中心均取消了外汇管制，经营离岸业务也几乎都没有准备金制度限制，全面实行利率自由化，放宽甚至取消了离岸银行的信用额度制度。因此主流观点认为加强金融监管、提高风险抵御能力会促进离岸金融发展。Rose 和 Spiegel（2006）的回归结果显示监管因素相比于人口、相对位置、语言、货币等其他解释变量对离岸金融发展的作用更明显。左连村和王洪良（2002）、鲁国强（2008）等指出离岸金融市场自身的特性决定其在发展中需要面临很大风险，而发展中国家的离岸金融市场存在的风险更多更大，因此除了重视所在国（地区）监管制度的实施外，国际间更要加强监管、防控协作。

罗国强（2010）分析了避税港型离岸金融中心的发展特点及影响，提出有必要加强离岸金融中心税收监管的法制建设。也有学者认为加强监管会妨碍一些离岸金融中心的发展，Rawlings（2005）通过从国际监管合作规范对离岸金融市场影响的分析研究，指出加强国际金融监管对较大的离岸金融中心有正面影响，对簿记型离岸金融中心会有负面影响。总之，政府适当的金融监管可以降低离岸金融交易费用（鲁国强，2008）、阻止洗钱并确保金融运行安全，是金融发展必不可少的一项制度安排（江春和王銮凤，2009）。

4.2.3 宽松的政治制度

离岸金融市场是全球化程度较高、市场一体化程度较彻底的国际金融市场，其演进发展的条件不再仅仅局限于一个国家或地区的视角，需要具备全球维度，所以稳定的政治环境与高度的对外开放是国际资本能够自由流动的先决条件。西方发达国家一方面在第二次世界大战以后着力于战后重建和整顿工作，不仅在政治上维护了政局和国家的稳定，同时也在经济上拓展了经济的发展范围；另一方面，发达经济体的对外开放从始至终就与它们的市场经济相生相伴，开放的经济政治环境促成了离岸金融市场的产生和建立。我国学者商世文（1995）对诸多发达国家离岸金融市场的案例进行分析，印证了稳定的政局是离岸金融市场良好发展的基础，在此基础上更高开放度是导致离岸金融市场各种金融机构云集的重要原因。因而对于发展中国家和地区来说，发展离岸金融市场的首要条件是保持本国政局稳定。如以新加坡为中心的亚洲货币离岸市场的建立，以及开曼、菲律宾、马来西亚和泰国等国家离岸金融市场的兴起，都与这些国家社会安定和政局稳定有着密不可分的关系。上述国家彼时的经济增长率大多在10%以上，有着较高的人均收入以及相对健全的社会保障体系，总体来说社会较为安定。另外，它们重视对外开放，认为建立离岸金融市场的另一个重要的先决条件是加大对外开放力度。如中国香港、新加坡、马来西亚、加勒比海区域等各个地区或国家的离岸金融市场的建立均得益于开放的经济和金融政策。特别是众多避税港型离岸金融中心，多数都是加勒比海地区的岛国，孤悬海外与大陆无接壤，但多处于交通枢纽位置，加之远离战乱地区，政局相对稳定和高度对外开放，为投资者创建了一个良好的投资环境。

此外，政府的直接干预或政策干预也会推动离岸金融市场的发展。巴曙松和郭云钊（2008）认为带动离岸金融市场发展的政策分为传统政策和创新政策，传统政策主要指的是优惠的税收政策和放松对金融市场的管控，促进离岸金融市场的发展，如新加坡；创新政策指的是美国和日本通过政策推动作用，建立“在岸的离岸市场”。Hudson（2000）从政治学视角切入对离岸金融市场进行了研究，研究结果表明政府干预对离岸金融市场的发展具有十分重要的意义，同时提出离岸金融中心是被内部因素和外部因素两方面作用塑造的，有着旺盛生命力和良好社会秩序的实体。

4.2.4 良好的诚信文化

非正式制度是个长期演变的过程，其中文化更是经过长时间熏陶和沉淀而形成。文化因“千年不变的时效性”在非正式制度中处于核心地位，Stulz 和 Williamson（2003）认为文化对人们的预期和偏好具有最强的社会约束力，人文环境深刻地影响正式制度的建构过程和理性选择，普遍影响着人们的投资行为。从宏观看，文化趋同可以有效减少外国证券交易成本，双边共同语言（Guiso et al.，2009）、宗教信仰（王伟等，2020）和殖民关系（范小云等，2012）都是离岸金融发展的显著驱动因素，文化距离较小的国家之间将引致更多的外来证券投资（刘威和李炳，2016；Karolyi，2016）。从微观看，李仲飞等（2017）认为文化是影响个体认知和塑造个体行为的根植性原因，人类较高的字词识记和数学能力会增加人们在股票资产上的配置比例（孟亦佳，2014），出色的认知能力往往能斩获超额投资收益（Gruber，1996），有助于金融监管部门构建稳健的风险偏好，增强风险管控能力（王勇等，2019），最终体现为促进离岸金融发展。

由于金融经济本质上是一个信用经济、道德经济，对于复杂的经济活动，双方交易的成功要建立在交易双方诚实守信的基础之上。而离岸金融的服务对象为非居民性质的个人或法人，鉴于其“两头在外，一头在内”的经营方式，服务对象具有广泛的外延性，调查成本畸高，银行很难深入掌握其信用绩效及所属产业的资信状况，由此产生的逆向选择问题使得优质的公司不愿忍受高利率负担，绩效差的公司很难保证按期偿还贷款，甚至从一开始就未曾打算还款，从而使得信用风险进一步扩大。因此信用水平越高，交易成本越低，资金流动性越高，只有在优良信用的前提下才能保证交易的成功，缺乏商业信用，就难以形成离岸金融中心，所以建立良好的信用制度才能保障离岸金融的健康持续发展。

4.3 制度驱动离岸金融发展的实证分析

为了分析制度因素对离岸金融发展的影响，本章选取了中国香港、新加坡、日本、美国、英国、法国、德国、泰国、瑞士、荷兰、爱尔兰、卢森堡、意大利、加拿大、巴拿马共15个典型的离岸金融市场作为研究对象。从地位上来看，英国伦敦是国际上最早形成的离岸金融市场，美国纽约则是最大的在岸离岸市场，中国香港和新加坡也已经跃居世界离岸金融中心的顶级位置，其他如日本东京、卢森堡、瑞士、爱尔兰、巴拿马等均是世界著名的离岸金融市场。从地理位置来看，这些离岸金融市场分布在不同的大陆板块，代表不同类型经济体的金融发展水平。从功能角度来看，15个样本涉及了内外一体型（混合型）、内外分离型、分离渗透型及簿记型（避税港型）等所有类型的离岸金融市场。从发展战略来看，既有自然形成型离岸金融中心，也有政策推动型离岸金融中心。从国家的发达程度来看，既有发达国家，也有发展中国家，还有从发展中国家快速发展起来步入发达国家行列的国家，如新加坡。因此，本节的样本选取广泛而有代表性。

4.3.1 指标选取

由于制度是一个复杂而又抽象的概念，部分可以找到现有评估体系构成的综合性指标来衡量，某些制度尚没有综合评估指标，并且单一指标只能反映该制度的某个方面，为了尽可能全面测度制度水平，本节尽可能采用两个或两个以上的综合指标来进行多角度刻画。有关变量的指标如下。

（1）离岸金融发展

本章利用IMF公布的CPIS统计数据研究全球离岸金融市场的发展，其数据来源于各国向IMF报送的专项证券投资头寸调查数据。现实中，部分国家尤其是离岸金融中心因保密原因未能公布这些数据，所以在计算时需要利用其他指标来代替。CPIS主要统计内容为证券投资资产头寸，由权益类、长短期债务类投资组合组成，由于跨境的每一次经济交易都会导致资产负债头寸的变化，可利用资产头寸的变化来进行调查分析，从而确定居民持有的非居民发行的资产。高比例组合投资资产通常是金融市场的重要特点，各国资产头寸的大小与金融发展程度呈正相关，通过对比资产头寸就可以掌握各国金融服务出口情况，因此 CPIS 可用于衡量离岸金融市场的发展演进程度。

（2）产权制度

本章用“对私有财产的保护程度”作为衡量产权制度的指标。产权制度将利益、责任与权利高度融合，具有清晰明确、保护严格的特点。研究证明，只有当企业家的产权被有效保护时，独立的企业制度才能得以真正确立，形成激励和约束机制。对私有财产的保护是产权保护的核心，Johnson 等（2002）在对经济转轨国家进行实证分析提出产权与金融这一命题时，使用了“对私人产权的保护程度”来衡量产权制度，因而该指标是衡量产权制度优劣最重要也是最直观的标准。中国新制度金融学奠基人江春（2007）采用国家在银行中的持股比例来刻画产权制度，度量标准是一个国家银行业中政府股权占比达到 50%以上的银行资产份额。也有学者认为，产权制度的变迁主要体现在经济的民营化中，因此可以用非国有工业的总产值在全部工业总产值中的占比来测度产权制度（张永辉，2011）。结合数据的可获得性和代表性，本章借鉴 Johnson 等（2002）的做法，选取对私有财产的保护程度这一指标来考察产权制度是否有助于投资者保护，进而是否能够促进离岸金融发展。一般来说，对私有财产的保护程度和离岸金融发展为正向变动关系。

（3）法律制度

当前学者们对法律制度的测度主要基于以下几个角度：从立法效率角度，张永辉（2011）用每年金融法规存量占总量的比重来衡量立法指标；从司法效率角度，蒋水冰（2010）用从业律师数量/总人口（万人）替代之前学者采用的一审结案率（因为法官倾向于受理那些容易结案的案件，结案率不具代表性）来衡量法律执行力，认为万人拥有律师数量是衡量一国司法体系状况的重要指标，能够显示司法在制度体系中的地位。借鉴以上指标选取的原则和要义，本章采用法治指数作为综合指标来全面衡量法律制度。法治指数由美国律师协会、联合国际律师协会、泛美律师协会、泛太平洋律师协会等律师组织发起的“世界正义工程”（the World Justice Project）提出，得到世界各国响应，后来成为国际上判断和衡量一国法治状况及其水平的重要“量化”标准和相对完善的评估体系。法治指数不仅可以衡量法制建设的进度与制度化基础，还可以刻画立法与法律法规的执行和管理细节，因此常被作为客观测量法治运行和法律环境的检验标准。一般来说，法治指数越大，离岸金融发展水平越高，二者呈正向变动关系。

（4）政治制度

本章从对外开放水平、利益集团指数和政治稳定程度三个维度衡量影响离岸金融发展的政治制度。

对外开放水平评估了政府对外开放程度，本章选用“贸易自由度”作为代表政府对外开放程度的指标。贸易自由度从制度层面来刻画对外贸易的开放和难易程度，国内外的很多学者在研究中都使用它作为衡量国家对外贸易强度的有效指标。国家之间进行贸易的时候会受到多种因素的阻碍，如地方保护政策、贸易关税、非关税壁垒等，在这些阻碍因素的影响下，对外贸易的强度会受到制约。贸易自由度越小，对外贸易受到的阻碍越大，对外贸易额将会越小，亦即对外开放水平越低，离岸金融发展水平越低，呈正向变动关系。

本章参考王鸳凤和黄霆珺（2006）的研究，用“银行集中度”（Bank Concentration）来衡量利益集团指数，银行集中度是各国或地区前三大银行总资产占银行业总资产的比重。国家的政治势力主要通过金融利益集团的利益和认知取向作用于金融体系发展。一个分权开放、充分竞争的政治环境相较于集权、封闭式的政治环境，更有利于削弱利益集团势力，从而更有利于离岸金融的长期发展。因此，银行集中度越高，金融利益集团力量越大，越不利于离岸金融发展，二者呈负向变动关系。

关于政治稳定程度，本章用“外来旅游人数”作为刻画的指标。一国政治环境的特征主要反映在国家政治局势的稳定性上，具体体现在政府当局是否不断更迭、政策是否频繁变动等。王鸳凤和黄霆珺（2006）在研究政治环境稳定性时，用暗杀和变革、政变指数等作为衡量标准，然而这些指标多属事件性，缺乏明确的划分标准，本章研究借鉴蒋水冰（2010）的度量方法，选取“外来旅游人数”作为度量政治稳定程度的指标。一般来说，入境旅游人数越多，代表一国政局越稳定，越有利于离岸金融发展，二者呈正向变动关系。

（5）信用制度

正式制度具有强制性变迁的特征，作用效果立竿见影并且非常强大，对离岸金融发展的影响也尤为重要，本章选择产权制度、法律制度和政治制度作为考察正式制度的组成部分；而非正式制度并无成文规定，是得到社会认可的、约定俗成的行为准则，因而其对离岸金融发展的影响是潜移默化的。其中诚信文化作为非正式制度环境的重要组成部分，是离岸金融发展的重要制度特征。特别地，金融建立在信用的基础上，没有一定程度的诚信文化，就不能形成离岸金融中心。因此本章主要考察非正式制度中对离岸金融发展最为重要的信用制度。

国外学者关于诚信的研究一般都采用问卷的方式来收集相关数据，了解被调查人对诚信的看法和自身的诚信情况，由此作为一个地区总体诚信水平的评价。本章从企业和居民，即社会信用和个人信用两个视角来全面考察一个地方的信用制度，主要表现为社会诚信规范和个体行为准则，其中企业信用是现代社会中具有一定代表性的更为高级的社群信用形式，居民信用则是一种广泛存在的普遍的信用形式。

第一，企业信用。本章选取“不良贷款率”指标度量企业信用水平。金融机构不良贷款在总贷款中的占比则为不良贷款率，其作为重要指标可以衡量离岸金融资产的质量。一般来说，不良贷款率越高，说明企业信用越差，越不利于离岸金融发展，二者呈反向变动关系。

第二，社会信用。由于居民的生活水平是人们所处需求层次的体现，按照马斯洛需求层次理论由低到高的五个层次，人们在低层次的需求得到满足后才会去追求更高层次的需求。只有生活水平达到高层次的需求阶段时，人们才更容易形成守信观念，因为此时不守信造成的违约成本巨大。所以生活水平越高，社会信用水平越高，越能促进离岸金融发展，两者呈正向变动关系。本章用“人均国民总收入”（GNI，2010 年不变价美元）来反映居民的生活水平。

第三，个人信用。由于个人信用与人口素质紧密相关，素质高的居民更加倾向于遵守契约，也就是说诚信程度越高，越能促进离岸金融发展，两者呈正比关系。本章用可以量化的“劳动力文化程度”近似反映人口素质，即接受过高等教育的劳动力与劳动力总数之比，该数值越大表示该国家或地区人口素质越高。

第四，考虑到数据资料的可得性，结合科学性、代表性、可操作性原则，本章所有数据均来自官方统计网站：各大离岸金融中心的离岸金融发展指标来源于 IMF；产权制度指标来源于美国传统基金会；法律制度指标来源于世界正义工程；政治制度指标、信用制度指标的数据均来源于世界银行。

4.3.2 模型设计与估计检验

(1) 模型设计

本章选取的样本数据由 15 个国家或地区 2004—2018 年共 15 年的年度数据所组成的面板数据。面板数据是以截面数据和时间序列数据为坐标收集的二维数据，又被称为合成数据，因此它分享了截面数据和时间序列数据的优点，具有更多的观测值，包含更多的维度，可以利用更为丰富的信息，因而推断的可靠性也有所增加。本章选用面板数据来建立模型主要有以下几处优点：①控制异质性；②降低多重共线性；③减少数据偏倚性。面板数据一般有两种类型，包括微观面板数据和宏观面板数据，本章所选数据属于后者。对于宏观面板数据，需要考虑其平稳性和相关性。本章所用处理软件为 Stata13.0。

本章以中国香港、新加坡、日本、美国、英国、法国、德国、泰国、瑞士、荷兰、爱尔兰、卢森堡、意大利、加拿大、巴拿马这 15 个典型的离岸金融中心为对象，离岸金融发展的制度因素中主要包括产权制度、法律制度、政治制度和非正式制度四个维度，本章提取具有代表性的八个指标作为模型的解释变量，分别为对私有财产的保护程度 X_1、法治指数 X_2、对外开放水平 X_{31}、利益集团指数 X_{32}、政治稳定程度 X_{33}、企业信用水平 X_{41}、社会信用水平 X_{42}、个人信用水平 X_{43}，构建以下模型：

$$Y=\beta_0+\beta_1X_1+\beta_2X_2+\beta_3X_{31}+\beta_4X_{32}+\beta_5X_{33}+\beta_6X_{41}+\beta_7X_{42}+\beta_8X_{43}+\mu \quad (4-1)$$

其中，Y 是被解释变量，代表离岸金融发展程度，本章用 CPIS 来表征；β_1、β_2、β_3、β_4、β_5、β_6、β_7、β_8 为回归系数，μ 为误差项。

在计量经济学中，一般对数据取自然对数后再做回归，目的在于消除异方差以及数量级相差很大的情况。基于对数函数在其定义域内是单调增函数，取对数后，函数内各个变量之间的协整关系不会发生改变，因此本章取对数后构造新函数，具体计算公式为：

$$\ln Y=\beta_0+\beta_1\ln X_1+\beta_2\ln X_2+\beta_3\ln X_{31}+\beta_4\ln X_{32}+\beta_5\ln X_{33}+\beta_6\ln X_{41}+\beta_7\ln X_{42}+\beta_8\ln X_{43} \quad (4-2)$$

(2) 变量的统计性描述

本章对各个变量取对数后得到的描述性统计分析如表 4-1 所示。

表 4-1 变量描述性统计分析

变量	平均值	标准差	最小值	最大值
$\ln Y$	13.46	1.970	6.720	16.08
$\ln X_1$	2.060	0.180	1.380	2.260
$\ln X_2$	-0.310	0.160	-0.710	-0.120
$\ln X_{31}$	2.060	0.110	1.750	2.280
$\ln X_{32}$	4.070	0.470	3.050	4.610
$\ln X_{33}$	16.33	1.250	13.16	18.25
$\ln X_{41}$	0.740	1.040	-2.300	3.250
$\ln X_{42}$	10.44	0.760	8.150	11.27
$\ln X_{43}$	3.340	0.350	2.380	4.020
id	—	—	1	15

(3) 变量的平稳性检验

为了避免时间序列中可能存在伪回归现象，有必要事先对序列的平稳性进行检验。对各变量进行面板单位根检验，具体如表 4-2 所示。

表 4-2 面板单位根检验结果

变量	LLC	ADF-Fisher	PP-Fisher	IPS
$\ln Y$	-8.6514*** (0.0000)	96.7913*** (0.0000)	92.5643*** (0.0000)	-4.4847*** (0.0000)
$\ln X_1$	-5.0285*** (0.0000)	50.5160** (0.0110)	41.9853* (0.0718)	-2.0593** (0.0197)
$\ln X_2$	-4.0842*** (0.0000)	40.3960* (0.0974)	49.3153** (0.0146)	-1.4171* (0.0782)
$\ln X_{31}$	-8.5516*** (0.0000)	97.8106*** (0.0000)	81.2530*** (0.0000)	-2.9355*** (0.0017)

续表

变量	LLC	ADF-Fisher	PP-Fisher	IPS
$\ln X_{32}$	-3.6845*** (0.0001)	53.5499*** (0.0052)	77.8191*** (0.0000)	-2.0515** (0.0201)
$\ln X_{33}$	-2.0837** (0.0186)	66.4148*** (0.0001)	40.7305* (0.0915)	-2.1849** (0.0144)
$\ln X_{41}$	-6.0385*** (0.0000)	76.9314*** (0.0000)	40.6932* (0.0921)	-3.2113*** (0.0007)
$\ln X_{42}$	-4.1404*** (0.0000)	40.7222* (0.0916)	47.3274** (0.0231)	-1.9805** (0.0238)
$\ln X_{43}$	-5.9384*** (0.0000)	78.0049*** (0.0000)	45.6865** (0.0333)	-1.7197** (0.0427)

注：H_0 为存在一个单位根，括号内数值为伴随概率 P 值；*、**、*** 分别表示在 10%、5%、1%显著水平检验。

在实验研究中，主要采用四种单位根检验方法来检验各变量的平稳性，分别为 LLC、PP-Fisher、ADF-Fisher、IPS，从表 4-2 中可以看出，被解释变量 Y 和各个解释变量均至少在 10%显著性水平下是平稳的。所以，综合整个面板单位根检验的结果来看，各个序列的平稳性均能得到满足，可以进行后续回归分析，不会出现因不平稳导致的伪回归现象。

（4）面板模型估计结果

面板数据模型主要包含混合效应、固定效应以及随机效应这三种模型，本章接着进一步检验具体应用哪种模型，并对模型是否存在异方差性、截面相关性和序列相关性等问题进行检验，以确定估计方法（见表 4-3）。

表 4-3 面板数据模型的估计结果

模型	(1) 混合效应	(2) 固定效应	(3) 随机效应	(4) 面板广义最小二乘法
$\ln X_1$	-0.556 (-1.180)	-0.600** (-2.394)	-0.517** (-2.113)	0.091*** (150.915)
$\ln X_2$	4.461*** (4.437)	4.860*** (3.151)	3.839*** (2.888)	2.873*** (916.146)

续表

模型	(1) 混合效应	(2) 固定效应	(3) 随机效应	(4) 面板广义最小二乘法
$\ln X_{31}$	-0.323** (-2.508)	0.055 (0.470)	0.075 (0.670)	0.022** (83.151)
$\ln X_{32}$	-1.644*** (-3.187)	-2.516*** (-3.464)	-2.548*** (-3.830)	-2.030*** (-848.872)
$\ln X_{33}$	0.411*** (9.189)	0.451** (2.576)	0.562*** (4.954)	0.393*** (458.083)
$\ln X_{41}$	0.063 (1.135)	-0.023 (-0.655)	-0.040 (-1.178)	-0.018** (-64.650)
$\ln X_{42}$	1.254*** (5.976)	2.061*** (4.563)	1.615*** (5.011)	1.486*** (761.911)
$\ln X_{43}$	0.514** (2.550)	0.773*** (4.664)	0.825*** (5.224)	0.371*** (486.452)
_cons	-0.882 (-0.266)	-10.275*** (-3.170)	-8.113*** (-2.717)	-4.965*** (-201.702)
N	225	225	225	225
R^2	0.889	0.729		
R^2_w		0.729	0.727	
F/wald	217.009	68.012	615.43	3470303
P 值	0.0000	0.2364	0.0000	0.0000
固定效应与混合效应选择	F_ test：F（14，202）=64.01，Prob=0.0000			
随机效应与混合效应选择	Breusch Pagan 检验：Chi2（1）=821.26，Prob=0.0000			
固定效应与随机效应选择	Hausman 检验：Chi2=7.74，Prob=0.4594			
组间异方差检验 FE	Chi2（15）=1700.70，Prob=0.0000			
截面相关检验	BP_ lm_ test：chi2（105）=282.715，Prob=0.0000			
残差序列相关检验	Wooldridgetest：F（1，14）=115.795，Prob=0.0000			

注：括号中报告的是 t 值；**、***分别表示在 5%、1%显著水平检验；随机效应模型 RE 与面板广义最小二乘法估计报告的是 wald 统计量。

通过检查结果可以发现，固定效应和混合效应里的 F 检验的伴随概率是 0.0000，这表示固定效应在 1%范围内比混合效应要好；对比随机效应和混合效应时，BP 检验的伴随概率是 0.0000，表示其随机效应比混合效应要好；通过 Hausman 检验可以看到伴随概率是 0.4594，这表示在 10%显著水平上随机效应模型较固定效应模型更准确。

通过异方差检验，其伴随概率为 0.0000，发现存在异方差；BP 检验显示，在 1%显著水平上认为存在截面相关。用 Wooldridge 检验其残差序列，F 数值是 115.795，P 是 0.0000，表示在 1%显著水平下存在一阶序列相关。所以，对异方差、截面相关、序列相关要全部涵盖在内，使用面板广义最小二乘法对其模型进行补充修正，让模型所检测出的结果更准确真实，之后的解释采用模型（4）来进行。模型（4）显示，各个解释变量对 $\ln Y$ 的影响系数均通过 1%显著性水平检验，模型估计效果较好。

4.3.3 计量结果分析

根据上节回归系数列，对应可以得到以离岸金融发展水平 Y 为模型的因变量，以对私有财产的保护程度 X_1、法治指数 X_2、对外开放水平 X_{31}、利益集团指数 X_{32}、政治稳定程度 X_{33}、企业信用水平 X_{41}、社会信用水平 X_{42}和个人信用水平 X_{43}为相关自变量的回归模型，将相关变量的系数和截距项对应放入回归模型，可有如下结果：

$$\ln Y=-4.965+0.091\ln X_1+2.873\ln X_2+0.022\ln X_{31}-2.030\ln X_{32}+0.393\ln X_{33}-0.018\ln X_{41}+1.486\ln X_{42}+0.371\ln X_{43} \tag{4-3}$$

从该模型中可以看出，全球离岸金融发展的制度影响因素包括对私有财产的保护程度、法治指数、对外开放水平、利益集团指数、政治稳定程度、企业信用水平、社会信用水平和个人信用水平，亦即产权制度、法律制度、政治制度和信用制度都对离岸金融的发展具有一定程度的影响。根据回归结果，结合经济学含义，可以得出以下结论：

（1）对私有财产的保护程度

对私有财产的保护程度与离岸金融发展水平呈正相关，弹性系数为 0.091，通过了 1%显著水平下的 t 检验，说明对私有财产的保护对离岸金融发展有着显著的正效应，即在其他条件不变的情况下，对私有财产的保护增加 1%，则离岸金融发展的水平就平均增长 0.091%。因此，对私有财产的保护不仅有利于金融发展，在离岸金融领域也发挥了同样作用。在私人产权没有得到有效保护或产权容易受到侵犯的情况下，非居民不愿进行外部融资，抑制了资金的流动性，从而阻碍了离岸金融市场的发展。

（2）法治指数

计量结果表明，法治指数与离岸金融发展水平呈正相关，弹性系数为2.873，通过了1%显著水平下的t检验。说明法治指数对离岸金融发展有着显著的正效应，即在其他条件不变的情况下，法治指数每提高1%，离岸金融发展的水平就平均增加2.873%。说明法治指数高的国家，其法制建设进度快、执法效率高，以及健全的法律体系和有效的监管体系，为离岸金融的良好有序发展提供了保障。

（3）对外开放水平

由回归结果可知，贸易自由度与离岸金融发展水平呈正相关，弹性系数为0.022，通过了5%显著水平下的t检验。说明贸易自由度对离岸金融发展有着较为显著的正效应，即在其他条件不变的情况下，贸易自由度每提高1%，离岸金融发展的水平就平均增加0.022%。说明一个国家的贸易自由度越高，对外贸易越活跃，越能促进资金的跨国流动，并使金融机构在离岸金融市场逐渐聚集起来，助推离岸金融的发展。

（4）利益集团指数

由计量结果可以得到，银行集中度与离岸金融发展水平呈负相关，弹性系数为-2.030，通过了1%显著水平下的t检验。说明银行集中度对离岸金融发展有着显著的负效应，即在其他条件不变的情况下，银行集中度每提高1%，离岸金融发展的水平就平均降低2.030%。说明离岸金融市场在银行集中度较低的国家或地区的发展水平更高，可能是由于银行集中度高，垄断性质的利益集团阻碍了资源的合理配置及资金的自由流动，从而抑制了离岸金融的发展。

（5）政治稳定程度

回归结果表明，外来旅游人数与离岸金融发展水平呈正相关，弹性系数为0.393，通过了1%显著水平下的t检验。说明外来旅游人数对离岸金融发展有着显著的正效应，即在其他条件不变的情况下，外来旅游人数每提高1%，离岸金融发展的水平就平均增加0.393%。说明稳定的政治环境十分重要，高度的政治稳定是离岸金融市场顺利发展的前提条件。

（6）企业信用水平

计量结果显示，不良贷款率与离岸金融发展水平呈负相关，弹性系数为-0.018，通过了5%显著水平下的t检验。说明不良贷款率对离岸金融发展有着比较显著的负效应，即在其他条件不变的情况下，不良贷款率每提高1%，则离岸金融发展的水平就平均降低0.018%。说明提高企业信用，降低银行不良贷款率，有利于离岸金融发展。

（7）社会信用水平

由回归结果得到，人均国民总收入与离岸金融发展水平呈正相关，弹性系数为1.486，通过了1%显著水平下的t检验。说明人均国民总收入对离岸金融发展有着显著的正效应，即在其他条件不变的情况下，人均国民总收入每提高1%，离岸金融发展的水平就平均增加1.486%。说明社会信用水平高的国家，国际声誉良好，对离岸金融的发展有着不容忽视的作用。

（8）个人信用水平

由计量结果可知，劳动力文化程度与离岸金融发展水平呈正相关，弹性系数为0.371，通过了1%显著水平下的t检验。说明劳动力文化程度对离岸金融发展有着显著的正效应，即在其他条件不变的情况下，劳动力文化程度每提高1%，则离岸金融发展的水平就平均增长0.371%。说明劳动力文化程度高的国家，人们遵守契约的概率，即诚信越高，离岸金融发展水平也越高。

总的来看，首先说明影响离岸金融发展水平最大的制度因素是法治指数，其系数为2.873，远大于对私有财产的保护程度，由此验证了法与金融学的观点，同时说明在发展离岸金融的过程中，法律制度对离岸金融发展的解释力远高于产权制度；其次，社会信用水平对发展离岸金融的影响较大，系数为1.486；再次，政治稳定程度和个人信用水平对离岸金融发展也有着显著的影响，但稍弱于法治指数和社会信用水平；最后，对私有财产的保护程度、对外开放水平对离岸金融发展也有一定的影响，但影响程度比较小。

在分维度结果里，政治制度中的利益集团指数的负面效应尤为显著，政治稳定程度对离岸金融发展的促进作用比对外开放水平的促进作用大。在信用制度中，社会信用水平对离岸金融发展的促进作用最为显著，个人信用水平次之，企业信用水平最小。值得注意的是，抑制离岸金融发展的两个变量中，利益集团指数的抑制程度很大，其系数达到2.030，影响程度仅次于法治指数的正向作用。比较而言，不良贷款率所代表的企业信用的抑制程度则小得多，仅为0.018，是影响力最微弱的因素。

4.4 中国离岸金融发展的制度特征

4.4.1 产权制度

科斯第二定理认为资源产权应该配置给最具生产性的个人或者组织。中国正处于社会主义初级发展阶段，市场经济虽蓬勃兴起，但在政策方面尚未完全形成有益于现代产权制度发展的宏观环境，尤其是产权保护的制度还很不完善。尽管中央政府为中国经济长远发展，有极大动机改善国有银行治理，推动金融向支持实体经济发展，但是近年来改革的“体制成本重新举头向上”“金融改革实际进展有限，甚至出现了一定程度的倒退”①，尤其是改革开放以来，我国非公有制经济迅速发展，而关于私有财产的保护制度尚不健全，金融发展依然面临一系列问题，如不良贷款比例高、融资结构不平衡、公司治理结构不完善等。

究其原因，主要还在于监管部门对金融业的严格准入管制，造就了金融业主体权利的高度稀缺，行业进入壁垒影响了金融可竞争市场和领域。另外，占比较大的国有股权是另一主因。当政府和企业权责不清时，政府会利用手中的权力，直接过度干预国有银行的内部经营，致其难以按照市场经济规律运作。大量的实证研究也得到了类似的结论，如果国有商业银行在一个金融体系中处于主导地位，不仅对国有企业的市场约束无益，同时还会阻碍资本的合理流动及资源的有效配置。同时，尽管外资对金融控股能够显著提升行业效率，但是对非国有金融机构在市场参与权、地域范围和参与程度等方面施与的政策束缚仍然维系了国有金融机构的垄断地位，产权改革不彻底所产生的外部性与软预算约束问题以及所有者缺位问题没有得到根治，长期抑制了民间资本和外资进入。

4.4.2 政治制度

从我国的发展情况来说，政治局势稳定、社会秩序良好，社会主义民

① 黄益平，等．中国金融开放下半场［M］．北京：中信出版社，2018.

主政治与法制建设正有条不紊地开展推进。从国际形势看，旧的世界格局已不复存在，新的世界格局还没有完全形成，我国的对外开放程度逐步提高，国际地位明显上升。从金融对外开放情况看，我国坚持引导鼓励外资金融在我国境内成立分支机构，拓宽外资银行的人民币业务，保证国内多层次资本市场的健康稳定发展，努力推进人民币实现自由兑换。政治秩序稳定、开放程度提高都有利于维护离岸资金的安全，为外资流入以及离岸金融的发展提供良好的前提条件。

但应该清醒的是，我国现有离岸业务的试点银行只有四家中资银行，股份制商业银行的总体规模偏小，外资银行虽可以战略投资参股，但是所占股份不多，无法有效体现出与国有银行竞争的实力。因此，未来离岸金融体系仍应坚持打破垄断、立足多元化发展的格局。集团利益不利于离岸金融的发展并且增加企业的融资障碍，良好的政治体系有助于缓解利益集团对金融发展以及企业融资的消极影响。

4.4.3 信用制度

文化因“千年不变的时效性”在非正式制度中处于核心地位，Stulz 和 Williamson（2003）认为信用文化对人们的预期和偏好具有最强的社会约束力，深刻地影响正式制度的建构过程和理性选择，普遍影响着人们的投资行为。自 1989 年 6 月招商银行获准在深圳开办离岸银行业务，开创了中国离岸金融服务的先河，到 1999 年初，由于国内离岸银行对信用风险重视不足，对企业的信用资质和还债能力审核不严谨，出现了诸多呆账坏账，导致离岸金融业务资金链出现问题，致使业务发展缓慢，在 1997—1999 年亚洲金融危机的影响下，中国人民银行和国家外汇管理局暂停了所有中资银行的离岸资产业务，进入清理整顿状态。此时随着国际上加强了对离岸金融中心的监管，一系列国际动议的出台，国际上的离岸金融中心处于动荡阶段，国内离岸金融区域停滞，限制了为国民经济提供全方位国际化服务的能力，制约了金融竞争力的提高和金融业的成长。由于信用风险在建设发展离岸金融市场的过程中至关重要，而信息不对称是导致信用风险不可忽视的原因，因此总的来看，当前我国社会信用体系尚不发达，不仅显著加大了金融交易风险，而且明显增加了金融交易成本，加之离岸金融市场交易业务的复杂性和交易对象的非居民性，无形中增加了我国离岸银行在开展客户信用监测过程中的难度。

4.5 中国离岸金融发展的制度障碍

4.5.1 离岸金融法律框架尚不完善

我国离岸金融发展的制度障碍突出表现在离岸法律及其监管体系建设的相对滞后。在离岸银行业务领域适用的法律法规只有数年前制定的为数不多的制度性文件：中国人民银行于1997年10月23日颁布的《离岸银行业务管理办法》，以及国家外汇管理局于1998年5月13日起施行的《离岸银行业务管理办法实施细则》，中国银行业监督管理委员会于2006年1月12日颁布的《中资商业银行行政许可事项实施办法》以及《合作金融机构行政许可事项实施办法》。而外资金融机构在离岸金融业务经营中的制约条件则尚未提及，仅在由国务院颁发2002年2月施行的《外资金融机构管理条例》当中有所涉猎。另外，关于发展我国离岸金融在税收监管、保密制度等方面采取的具体政策措施，在法规中也未提及。上述几部法规对从事离岸银行业务的条件以及离岸银行业务管理等方面做了简单规定，构成了我国目前离岸金融市场监管的法律框架，与离岸金融业务在世界上的蓬勃发展极不相称。

此外，与离岸金融相关的特殊政策无从落实，也是阻碍离岸金融中心建设的主要因素。例如，房地产市场法规不够完善可能会使离岸贷款产生很大风险；中介机构行为缺乏法律约束可能会误导银行对企业经营状况的判断，从而造成贷款损失；专门保密法规的缺乏会使离岸账户的保密性受到怀疑，从而减少离岸存款量。国内离岸金融业务失去了离岸金融的特色，法规的部分内容缺乏操作性，自然也丧失了自身的优势，因而急需修改与完善。

4.5.2 离岸金融市场准入严苛

国内《离岸银行业务管理办法》及其实施细则，就离岸银行业务的性质、服务对象及业务范围的界定、申办办法和管理等方面做了明确的规定和解释，初步规范了我国商业银行开展离岸业务的程序和行为，为国内银行合规经营离岸银行业务创造了条件。但我国离岸银行业务仍受到严格管制，规模难以突破，业务种类单一，演进速度缓慢，并没有达到预期的效果，政府推动力度还远远不够。同时，我国仅仅授权四家银行经营离岸金融业务，市场准入管制让很多中资银行无法进入离岸金融市场，限制了我国离岸业务的发展。其突出表现是，国内个人或机构进行境内外的资金划拨、贸易结算账户的开立和使用均存在诸多不便。如 2009 年、2010 年各商业银行分别设立的 NRA 外币和人民币账户，仅允许境内中、外资银行作为开户金融机构，且只放开境外机构作为开户主体；早期离岸银行开立 OSA 账户，其金融开户机构则只有招商银行、交通银行、浦东发展银行、平安银行四家，同时开户主体则是境外机构和境外个人，大大限制了非居民业务的拓展和深化。

4.5.3 离岸金融制度创新裹足不前

“有效率的经济组织是经济增长的关键”（诺斯，1990），而“在社会所有制度安排中，政府是最重要的一个”（林毅夫，1994）。在离岸金融制度创新进程中，由于基础性制度作为公共物品是公众选择的结果，政府发挥的主导作用主要表现在推动、修改并完善该类制度。政府不仅决定着创新的内容、方向、步骤和进度，影响着创新的总体过程，而且创新的实施也需要通过公权力来保障和贯彻。尽管微观金融主体也具有一定的创新动力，但其创新的举措难以固化并推行致使发挥作用有限，原因在于新制度发布的前提须获得金融监管当局的批准和监督，于是政府实际上掌控着微观金融主体的“创新准入许可证”，所以离岸金融制度创新主要表现为政府供给主导型的强制性制度变迁（黄燕辉，2013）。

20 世纪 90 年代中期以来，离岸金融体系的脆弱性引发了国际社会的极大关注，要求离岸金融中心加强监管的呼声和大规模动议从未停息，面对国际上主权林立的现实，中国与国际上的金融监管协调始终是离岸金融界的主要议题。而我国法律体系的缺失一方面给监管部门实施宏观管理增加了难度，另一方面经营离岸业务的银行遇到实际问题时在政策规定方面难以把握，以至于国内监管环境对发展离岸业务尚有疑虑。特别是国内的政策法规也一直将离岸金融定位于为国内经济发展的需要而服务，一些政策和法律法规没有配套落实，缺乏针对离岸金融发展的专门法律，因而在发展离岸金融业务上推动不到位，国内经营环境不宽松。总之，国内对离岸金融的严苛监管意味着对其的支持力度不够和保障程度不高，提供的动力不足，最终导致我国的离岸金融业务自诞生以来一直处于小规模开展状态。虽然离岸金融在我国较早提上了议程，但我国的离岸业务一直处于试点实验阶段，最终使得离岸金融制度创新裹足不前、难以为继。

4.6 政策启示

按照国际金融中心形成的理论，国际金融中心的产生与发展主要有两种模式——自然形成模式和国家建设模式。自然形成模式来自产业集聚理论的解释，金融机构缓慢集聚在一个或几个特定的地理区域，从而导致国际金融中心的最终形成。国家建设模式也称为政策推动型，即市场所在国政府依靠政府的力量，由政府主观主导或推动而形成，一般采取特殊的优惠政策，其目的是发展经济筹措资金，政策推动已成为世界各国离岸金融市场发展的有效途径，当代国际金融中心的发展趋势逐渐由自然形成型向政策推动型演变。如果人为创设较为合理的制度和规制，就可以建立起本国的离岸金融中心。为保障我国离岸金融市场健康稳定发展，本章结合前文理论和实证分析，基于我国目前离岸金融发展现状，为发展我国离岸金融的国家建设模式提供如下启示及政策借鉴。

4.6.1 推进产权制度改革，奠定坚实的制度基础

（1）我国必须对国有商业银行进行彻底的产权改革，坚持制度创新、组织创新，将商业银行的股份制改造进行到底。只有这样，才能建立起与现代市场经济相适应的现代金融企业制度，才可以形成有效的企业治理结构，为离岸金融业的发展创造充分有利的条件。竞争性的银行结构有助于推动银行稳定发展，引导激励股份制银行同时提高外资银行的股份持有比重，推动我国离岸金融的进一步发展。

（2）对私有财产的保护不仅是金融发展的基础，而且会推动离岸金融发展。离岸金融发展的生命力就在于国际资本的流动，如果私有产权无法获得充分保障，非居民不仅不会把利润进行再投资，也不会开展外部融资，那么离岸金融业的发展就会受到阻碍。因此要对政府在市场经济发展中所具有的基本职能加以改进完善，即政府应加强对产权的全面保障，确

保合约能够如约履行以及保证社会或个人财产不被侵蚀这三方面的内容，将私有财产置于严格的保护之下来促使国际资本的流动加快，进而推动离岸金融发展。

4.6.2 全面推进法治建设，完善法律制度体系

（1）完善和细化离岸金融法律框架，出台新的离岸金融法律法规和相关的实施意见，是当前亟须解决的问题，同时也是离岸金融市场稳定健康发展的重中之重。健全的法律制度是金融市场健康有序发展的有力保障，综观发达的离岸金融市场，均有一套完备的法律法规体系。因此我国应参照国际惯例，借鉴国际经验，结合我国离岸金融发展过程中的经验和教训，以宪法、法律及有关政策作为依据，在现有法规《离岸银行业务管理办法》的基础上，填补和细化离岸金融市场涉及的各项法律制度，加快颁布新的离岸金融法规，使我国离岸金融市场从一开始就置于法律框架之内，并且在市场的运行过程中结合实际进一步完善法律规章制度。离岸金融法是全面调整离岸金融关系的法律制度的总和，离岸金融关系包括离岸金融交易关系与离岸金融监管关系。为了保障离岸金融中心的正常运行和离岸金融业务的顺利实施，尽快制定离岸金融法以确定相关法律原则，其他相关的细节问题以及经常发生变化的问题，则可以由行政法规、司法解释、部门规章、地方法规以及规章来处理。

（2）明确我国离岸金融业务部门的法律地位，加大政策引导力度，改变监管环境过于谨慎的局面，是发展离岸金融市场另一不可忽视的重要方面。目前中国的离岸金融以商业银行的形式自立于国家外汇管理体系之外运营，离岸业务经营规模普遍较小，故监管方面不宜太紧，可以适当给予较为宽松的监管措施，推动我国建立真正意义上的离岸金融市场。管理当局要进一步明确离岸业务权限，及时制定具备可操作性的规则以引导离岸业务健康有序地发展；同时，鉴于目前世界上许多发达的离岸金融市场都很重视自律管理，我国还应引入自律机制，协助试点离岸银行建立自律性组织，加强同业之间的联系、交流与合作，避免无序竞争。

4.6.3 协调金融集团利益，优化政治制度环境

当不同利益集团发育成熟并且形成相互平衡的关系时，利益集团才不会有害于全社会福利。对于新兴经济体和发展中国家来讲，政府必须从本

国国情出发，选择离岸金融中心的发展模式，循序渐进地运用政策优势发挥助推、引导和规范作用。随着中国改革深化，不同利益集团对社会、经济和政治的影响差别加大，离岸金融发展政策导向应该注重保障大众群体利益的关切，削弱金融既得利益集团势力，调和不同利益集团之间的矛盾冲突，使金融机构从维护既得利益转移到金融业务的创新，才能稳步推进金融自由化和双向开放。就我国目前的国情而言，在政局稳定、社会安定、对外开放的大环境下，应加快推进打破垄断的市场化改革，促进非公有制经济蓬勃发展，形成充分竞争的市场环境；应积极完善产权保护制度，加强法治建设和政治透明度等基础制度框架，并坚定不移地持续扩大贸易和金融自由化，用充分自由竞争来协调既得利益集团。

另外，建议提高政府的行政能力和行政效率，发挥政府改善制度环境的积极作用。政府应该精减人员、优化组织结构，实行内部激励机制，从而提高人员的办事效率，节约时间成本。此外，鉴于外来企业的投资选择在一定程度上受到当地政府人员服务质量、服务态度的影响，政府部门需提供优质的服务：①可制定服务准则规范政府人员的行为，利于上行下效，全面提高政府部门的服务水平；②可加强对当地政府官员的教育培训及素质培养，加强为人民服务的意识，从而提高政府人员的服务质量。

4.6.4 加快诚信体系建设，营造良好的诚信文化环境

我国应提高社会总体信用水平，大力推进企业与个人征信体系的建设，充分体现政府在开展诚信文化建设过程中所具有的有利影响。①良好的诚信文化与人口素质息息相关，而人口综合素质有赖于人们物质生活水平的提高。生活水平的提高促进了文化教育普及，人口素质也会随之提升，这就要求我们把经济建设放在第一位，加大改革力度，提高开放水平，发展地方经济，改善人民生活。②需加快建设诚信体系的步伐，打造信用数据库，健全信息共享体系，对失信加大惩处力度。要制定征信统一详细的标准，明确有偿征信的原则，以此保证征信系统能够正常运转，充分体现出其在风险预防中的积极作用。在诚信文件建设方面，上海率先在信用记录、信息产品、失信主体惩处等信用方面出台了一系列地方法规，并大力开展诚信文化创建活动，规范了个人信用征信行为，有效改善了政府的信息公开状况，极大地提高了上海企业与个人征信体系建设水平，人

们的信用意识持续增强，诚信体系得到了充分发展，实现了全新突破。

一般来说，金融市场还必须具备独立权威的信用评级机构。考虑到离岸金融市场与国内在岸金融市场存在着密切关联，信息不对称导致的离岸金融市场“洗钱”等信用风险时有发生，我国应培育一批信誉卓著且具有一定权威性和独立性的第三方中介机构及信用评级机构，降低信息不对称程度，帮助经济主体识别风险、管理风险，从而制约信息优势方的道德风险。

4.7 本章小结

离岸金融中心发展需要区位条件、政府支持和经济基础等一系列基础条件，但决定其竞争力强弱的关键因素是完备的离岸金融制度构建，包括明晰安全的产权制度、完善的法律体系和稳定的政治制度以及良好的信用基础。加强法治与诚信文化建设并重是当今各国离岸金融中心发展的最大共性。

4.7.1 产权制度是基础

私有财产保护力度强，能够提高离岸金融效率，离岸金融发展水平也越高。①在缺乏完善的私人产权保护制度情况下，非居民不仅不会将其利润用于再投资，而且也不愿进行外部融资，如此就会抑制资本的流动性。而离岸金融发展对资本流动有着极强的依赖性，必然因此受到阻碍。②产权制度是影响效率的基础因素。只有非国有经济发展壮大，才能在金融市场竞争中充分博弈，促使扭曲的金融市场逐渐趋于正常，反映市场的均衡状态，确保资源配置更有效率，从而推动金融的进一步发展以及经济的持续繁荣，而明晰安全的产权制度是离岸金融发展的前提。

4.7.2 法律制度是动力

离岸金融与生俱来具有高风险性，离岸金融市场健康有序的发展离不开相关法律的规制和保障。市场经济就是法律经济，市场经济的环境产生了对法治的强烈需求。由于现代市场经济的契约精神体现在合同之中，健康司法体系的优越之处不仅体现在对于契约精神的保护，投资和财富得到其有力的保障，而且强有力的司法制度对企业和个人、对股东和投资者体现出一种平等的关系，而离岸法律体系的建立和实施对离岸金融中心的金融稳定的作用更是不言自明。健全的法律法规能够在离岸金融的发展过程中发挥有效的促进作用，为投资方提供更加安全的保障。

4.7.3 政治稳定是前提

竞争、稳定、开放的政治结构是离岸金融长期稳定发展的前提。强大的金融利益集团会抑制竞争，成为制约离岸金融市场发展的不利因素。离岸金融发展往往会受到政治环境、对外开放程度和金融利益集团三者的综合作用，金融利益集团的影响尤为明显，政治环境次之，对外开放最后。金融利益集团为了维护其自身的既得利益，一般会通过困难群体反对自由市场这一实际情况，以此对政府所做决定加以干预，从而阻碍金融实现持续创新和进一步发展，而离岸金融市场本身就是一种金融创新。随着中国改革不断深化，应提高政府机构的行政水平，在符合法律法规的基础之上简政放权，改革行政审批制度，提高行政人员的基本素质和管理水平，通过对政府部门行政能力的全面提升，提高服务质量，改善政府形象，为离岸金融发展提供更好的制度环境。

4.7.4 信用制度是保障

信用水平越高的国家或地区，离岸金融发展水平相对越高。其中，社会信用的促进作用最为显著，个人信用次之，企业信用最小。社会资本作为一种非正式制度，有助于社会成员的信任与共同认知，可以推动信用机制的完善，减少交易费用，以此推进离岸金融市场实现进一步的发展。一般素质高、生活水平高的居民，遵守契约的概率也高即诚信状况良好，建立良好的诚信文化体系必须从提高居民的生活水平和人口素质着手。社会诚信良好，银行的不良贷款就会减少，交易费用就会降低，金融机构就会大量集聚，最终逐步发展成为金融中心，从而为离岸金融市场的发展提供有利条件。

5 离岸金融发展的政治嵌入
——基于利益集团视角

纵观全球离岸金融的发展历程，发展离岸金融业务、构建本国离岸金融市场都离不开一国政府的政策引导。离岸金融中心的建立与发展都是东道国政府为顺应经济金融全球一体化的时代要求，通过一系列的政策手段，以强制性制度变迁推动而形成的。对一个有抱负的发展中国家政府而言，参与全球化意味着承担多重责任（汪永成，2002）。但是，参与国际金融体系不仅要专注于治理国内市场的失灵，还要参与治理世界金融市场失灵的“全球集体行动”，这意味着政府需要承担更大的责任，具备更强的治理能力。

与此同时，由于离岸金融中心的形成和发展是一个长期的过程，只有东道国政府提供具有竞争力的政策和政治环境以保障制度的实施，才能吸引各国金融机构前来开办离岸业务，有助于加快金融机构聚集。鉴于各国政府在作出政策决策时，不仅会受到自身决策能力的影响，来自利益集团的推动或干扰作用，也是一股不可忽视的力量。公共选择理论的代表曼瑟尔·奥尔森（Mancur Olson，1982）在其著作《国家的兴衰》中指出，任何一个国家只要保持长期的政治稳定，就会出现特殊的利益集团，而其力量往往左右着一国金融的发展。无疑，利益集团作为政府决策过程中的干扰力量，也应纳入对离岸金融发展的研究范围。因此，深入研究政府能力与利益集团之间的相互作用机制以及它们对离岸金融发展的影响具有极强的现实意义。

本章从政府能力和利益集团两个角度入手，探究影响离岸金融发展的制度因素。在回顾国内外文献后，针对全球部分离岸金融中心的政府能力和利益集团情况进行现状分析，并基于此提出本章的研究假设，然后选取

64个国家和地区2001—2017年的面板数据进行实证分析。此外，本章还研究了其他影响离岸金融发展的因素，如经济发展水平、收入水平、地域特征、城市化水平与贸易开放程度等。最后基于以上研究结果，本章针对性地从政治嵌入方面提出推动我国离岸金融发展的相关政策建议。

5.1 理论与文献回顾

5.1.1 相关概念和理论

(1) 政府能力

亨廷顿（1989）曾指出“各国之间最重要的政治差异不是政府形式，而是政府水平”。这里的“政府水平”指的就是政府能力。对于政府能力的含义解读，部分学者从政府制定政策方面进行阐释，如谢庆奎（1995）将政府能力定义为政府制定出合理的现代化政策并有效推进和贯彻的能力；阿尔蒙德（1987）则在制定和执行决策能力之上，更强调政府维护其合法性和社会公共秩序的能力；也有学者将政府能力与国家能力等同，如辛向阳（1995）将政府能力定义为“国家（中央政府）将其意志和目标转化为现实的能力”。金太军（1998）则进一步将政府能力与政府职能相联系，提出政府能力就是指政府利用其公共权力来制定政策、组织动员，从而实施职能、贯彻意志、实现目标的能力。

由此可见，政府能力的概念是十分复杂的，其中较为合理的注解是从政府职能角度解释政府能力，原因在于任何行政职能的履行，都需要一定的政府能力来作为保证条件（汪永成，2001），而政府能力又恰是在行政职能的实现过程中得以外显的。另一具有代表性的概括是陈国权（1999），他将政府能力视为政府在社会管理中实际所具有的能量和能力，假如将政府职能比作政府“想干什么”和“要干什么”，而政府能力就是其“能干什么”“会干什么”。也就是说，“政府职能框定了政府能力的基本内容和发展方向，政府能力的大小强弱则决定了政府职能的实现程度”（金太军，1998）。由此可见，政府职能与政府能力之间存在着一定的对应关系。

对于政府能力的结构组成，汪永成（2004）指出可以从性质上将其分为政治统治能力和社会管理能力；类似地，方盛举（2004）也将其划分为政府对自身的治理能力和对社会的治理能力两大能力系统。政府的统治能力是指政府为了维护其统治地位，通过其所拥有的公共权力来管理社会事务、调控社会秩序、维持社会稳定所具有的能力，是政府最基本的能力，同时也是其存续的基础。在现代国家中，政治统治能力最直接的体现便是一国政局的稳定与否（黄毅峰，2011）。

政府对于社会的管理能力反映在政府实现其职能的过程中，其中政策能力是政府能力的核心和命脉（张国庆，2001）。这是因为公共政策作为政府职能实现的手段，是实现政府能力的一道桥梁和一种重要工具（王骚和王达梅，2006），所以政府能力在一定程度上可以集中地体现为其政策制定与执行能力（方盛举，2004），同时在管理社会活动时还必须拥有维护社会秩序的能力。政府担负着市场管理者的职能，有责任维护市场的公平、秩序，保证市场交易活动能有序进行，而政府维护社会秩序的能力，即为维护典则或法律的能力（金太军，1998）。为了保证政府职能的有效实现，政府往往需要良好的形象支撑。而事实上，基于政府形象而产生的政府公信力或权威，本身就是政府能力的有机构成部分（汪永成，2001）。所以完善政府能力可以树立良好的社会公共形象，而良好的政府形象也有利于政府能力的更好发挥。在现代社会中，廉洁是政府树立良好形象的一个重要方面，政府能力是对政府管理所具有的手段、方法和力量的评价，廉政则是对政府行为的方向性评价。

（2）利益集团的概念和内涵

利益集团又称为压力集团、利益团体等，其概念界定涉及多门学科的交叉，包括经济学、西方政治学甚至社会学等学科，属于综合性范畴，因而学术界对利益集团的界定众说纷纭。

政治学者们偏向于从相对狭窄的含义上进行解释，如被誉为美国“宪法之父”的詹姆斯·麦迪逊认为“最普遍、最持久的党派来源是不平等的财产分配，拥有财产的群体和没有财产的群体形成了不同的社会利益集团”。阿尔蒙德将其定义为“因兴趣和利益而联系在一起，并意识到这些共同利益的人的组合”；罗伯特·达尔认为“任何一群为了争取或维护某种共同的利益或目标而一起行动的人，就是一个利益集团”；美国著名学者戴维·杜鲁门 1951 年在其《政治过程》一书中提出利益集团是指“在其成员所持的共同态度的基础上，对社会上其他集团提出要求的集团”；

《布莱克维尔政治学百科全书》将其定义为“利益集团是致力于影响国家政策方向的组织，它们自身并不图谋组织政府。”

经济学者则更多地从共同利益以及政策影响的层面上来界定利益集团。刘伟忠（2006）认为利益集团是“在社会生活中，一些有着某种共同利益要求的社会成员，为了实现共同的目标而组织起来的正式的或非正式的社会组织”；邹进文和高华云（2007）认为利益集团是由具有共同利益的众多当事者所组成的群体，并通过采取各种方式来对政府施加影响，从而获取有利于自己的政府决策以实现自己的利益。段秀芳（2008）则发现利益集团为了争取或维护其共同利益，以一定方式组织起来，是致力于影响国家政策的人或团体的集合。

学者张弛和杨帆（2007）总结出了利益集团一般应该具备的基本要素，包括以下三个特征：①集团成员之间必须具有共同利益与价值认同；②集团成员必须有组织地通过某种方式进行活动；③利益集团的成员为了共同的利益间接地介入立法、行政、司法过程，从而影响公共政策的制定。

综上，政治学方面研究的是制度均衡状态下的利益集团，其中美国的利益集团发展较早，而经济学方面研究的则是理性个体形成有组织的集体行为的原因、利益集团间的博弈以及利益集团对社会福利的影响。正是由于政治、经济等多方面的利益集团研究，催生了利益集团理论并推动其蓬勃发展。

（3）利益集团的存在学说

根据“利益集团为什么会存在”这一问题的揭示可将利益集团理论大致分为三类：①以戴维·杜鲁门和罗伯特·达尔等为代表，其利益集团理论观点是集团的存在是为了增进其成员的利益，具有共同利益的个人或企业组成的集团通常具有进一步增进共同利益的倾向，个人可以通过利益集团来实现或增加其个人利益。②以美国著名经济学家奥尔森为代表，其对第一种利益集团理论提出了质疑。奥尔森 1965 年在《集体行动的逻辑》一书中指出，在大集团中普遍存在着“搭便车”行为，所以小集团在集体行动时的优势更为明显，效率更高，因而代表少数人利益的“特殊利益集团”可以攫取大多数人的利益。同时他还于 1982 年出版了另一大作《国家的兴衰》，书中提出一个重要的假说，认为“利益集团会阻碍投资和资本积累，不利于经济增长”。这是因为从原则上讲，任何集团都可以通过以下两种途径为其成员谋取福利：一种是增加全社会的生产，从而使其成员能按原有份额取得更多的产品；另外一种是在原有的总产量内为其成员争取更大的份额。小规模的“特殊利益集团”往往热衷于收入再分配而非创造财富，其非生产性的政治活动耗费资源，从而降低了经济效率。③以罗伯特·萨利兹佰里（Robert Salisbur）等为代表，其政治企业家理论认为这里的政治企业家即利益集团的组织者。其观点是集团提供给成员的利益可分为物质利益、观念利益和团结一致的利益，然而奥尔森模型忽视了后两种非物质利益。该理论认为政治企业家愿意作为集团行动组织者的原因在于其不但可以从集体行动中获得物质利益，而且还可以从集体行动中获得成就感、名声和荣誉等非物质利益。

除上述三种利益集团理论外，Rajan 和 Zingales 所提出的关于金融发展的利益集团理论亦值得深入探究。他们认为利益集团对金融发展的态度，是影响各国金融发展水平的关键所在。工业既得利益集团并不依赖发达的金融市场，因为他们可以通过留存收益、抵押资产或商誉等方式轻松地筹得资金。金融既得利益集团在传统的方式下，在市场中拥有着相对优势和足够的垄断权力。金融发展所带来的市场竞争，会降低这些既得利益集团的相对优势以及垄断程度。而这些既得利益集团，往往都是小而集中的群体，因此具备限制金融发展的能力。面对金融发展他们往往采取消极的态度，通过一些限制手段维护既得利益，故意忽略金融发展所提出的要求。因此，综合学者们的讨论，利益集团可以被认为是一种由于相同利益诉求的存在而聚合起来的团体，通过组织化的活动形式积极地参与政府决策的过程，并以此获取有利于实现集团的共同利益的政府政策。

（4）管制俘获理论

管制俘获理论起源于对公共利益假说的质疑，并在 20 世纪 70 年代开始兴起。自斯蒂格勒于 1971 年在其发表的《经济管制论》中首次运用经济学理论分析利益集团对政府公共政策的影响，并开创性地提出了“管制俘获理论”以来，大批经济学家开始投入政府管制理论的研究。在一系列假设基础之上，斯蒂格勒通过实证研究发现“受管制产业并不比无管制产业具有更高的效率、较低的价格”。此外，管制俘获理论假定管制机构也存在着利益导向，并不是以追求社会公共利益为目标，而是追求自身利益的最大化。因此得出结论，某些特殊利益集团能够通过活动来“俘获”政府，从而提供有利于他们的管制决策。

被管制企业中存在着三种利益集团：生产者利益集团、进入者利益集团和消费者利益集团。假定管制机构的决策者和利益集团成员都是理性人，皆追求利益的最大化。政治决策追求的是政治利益最大化，即将获利集团和受损集团保持在一定的平衡，而利益集团为了追求利益最大化就必须付出两种成本：一种是外部成本，即俘获成本；另一种是集团内部的组织成本，是决定利益集团净收益的内生变量，小集团的组织成本相比大集团更有优势，因此管制政策往往偏向较小的利益集团。

继斯蒂格勒之后，经济学家 Peltzmanm 于 1976 年对管制俘获理论做了进一步研究和发展，其突出贡献在于从三个层面更全面地解释了该理论：①与市场失败相联系，无管制时垄断企业可独占垄断利润，而受管制时政府管制者有权处置垄断利润。因此，被管制产业有动机去影响政府立法管制者以及政府执法管制者，以期建立有利于被管制产业的管制制度。如此一来，各利益集团为各自的利益相互竞争，导致在不同层次上都存在一个“政府管制市场”。②对政府管制的结果做出预期，政府管制者通常会被受管制企业所“俘虏”，而管制与否对被管制企业的得失影响较大，故被管制企业会通过与政府管制者分享垄断利润的方式来维护其自身利益。被管制企业的“寻租投资”在政府管制者所得利益不超过垄断利润的情况下都是值得的。③对政府管制结果做出进一步预期。尽管政府管制存在俘获问题，但其在经济上依然有效。管制者是否获利主要影响的是收入在各利益集团之间的分配而非被管制产业的产量和价格。政府管制能让具有不同市场力量的消费者、企业在进行外部交易时更为高效。

5.1.2 文献综述

（1）政府能力与离岸金融发展

Roussakis 等（1994）认为一个国家或地区要建立离岸金融中心，国内及周边的政局稳定、税率优惠、相关法律法规及其监管有效是先决条件。对于一国政府能力是否是驱动离岸金融中心形成的因素，Rose 和 Spiegel（2007）选取了世界上 69 个离岸金融中心并利用 OLS 法分离出影响离岸金融中心形成的因素，其中参照 Kaufmann 等（2003）理论从法治、政治稳定、监管质量三个方面来衡量治理质量，研究发现政局稳定的国家或地区很有可能成为离岸金融中心，而政治不稳定的国家的资金更有可能投向海外。同样，Masciandaro（2006）选取了222个国家样本并以不同类型的离岸金融中心进行实证检验，也发现离岸金融中心主要形成于政治稳定性较高、犯罪率相对较低、在国际上行事更低调的国家或地区。Dharmapala等（2006）指出一国成为避税天堂的可能性与其治理质量有着显著的相关性，国土面积小而富裕、法律健全、社会公共秩序好的国家或者地区通常更能吸引逃避税收和监管的跨国公司或企业前来投资，并逐渐成为避税天堂。

国内学者往往更侧重于分析国际著名成功离岸金融中心的发展历程及市场演进，少有通过实证去检验影响离岸金融发展的因素。如饶余庆（1998）分析了中国香港地区成为亚太地区金融中心的成功经验，认为政治与社会的安定、健全的法制、有效率和负责的政府、优惠的税收政策等，都是金融中心形成的基本条件。商世文（1995）、史薇（1999）、雷兴中（2004）和巴曙松等（2008）国内学者在总结了一些成功离岸金融中心的发展经验后，提出了全球离岸金融中心的共同特征，即稳定的政局是离岸金融市场顺利发展的前提条件，动荡的社会环境只会赶走投资者；法律法规制度的健全是推动离岸金融市场发展的巨大动力和保障；优惠的税收政策则是导致金融机构云集各离岸金融市场的重要原因。

（2）利益集团与金融发展

随着LLSV的法与金融理论的问世，学者们开始将制度因素引入金融发展的研究中。相比于法律因素对金融发展的影响，许多研究者认为政治因素的作用要优于法律因素（North & Weingast，1989），即政治因素推动金融发展的作用力更大。这是因为金融制度在一定程度上决定了金融发展，而金融制度的性质则取决于统治阶级（易宪容等，2005）。政治因素为金融的发展提供了制度支持，反之，金融制度必须与政治制度相适应，因此一国的金融发展与其政治制度息息相关（Verdier，1999；Beck et al.，2001；Pagano & Volpin，2001）。

在研究金融发展的政治因素时，学者们较为关注的焦点是利益集团理论。该理论最早由奥尔森（1965）提出，他认为由于“搭便车”的现象普遍存在，小而集中的利益集团在社会经济活动中的话语权更大，并在政治决策过程中发挥着重要的作用。假如由某一个利益集团掌权，必将会形成为其自身利益而服务的政策和制度（North，1989）。Rajan 和 Zingales（2001）将之运用到金融发展中，指出利益集团的力量往往左右着一国的金融发展，来自金融业和其他产业的既得利益集团出于维护其自身优势的考虑，势必会采取阻挠金融发展的措施，而这恰恰是各国金融发展呈现显著差异的内在原因。特别是在经济衰退的时候，既得利益集团常常利用贫困人群对自由市场的反对来抵制金融的创新和发展。Rajan 和 Zingales（2001）还进一步指出贸易开放能削弱利益集团的力量，Baltagi 等（2008）也发现贸易项目和资本项目的开放会给封闭的经济体带来更大的收益。通常在一个集权的政治体系中，金融体系往往并不发达。Beck 等（2003）的研究说明，一国政治结构如果是开放竞争的，则能够更有效地削弱利益集团的力量，促进金融发展。Kroszner 等（1999）研究分析了美国各州放松对银行设立分支机构的管制，发现各地放松监管的先后顺序与其利益集团的力量有关，进一步证明了利益集团对金融发展的影响。

国内研究中王鸾凤等（2006）、江春等（2007）学者采用跨国面板数据对金融发展的政治经济学进行了实证检验，他们将利益集团的力量用银行集中度来衡量，研究结果表明，一国金融利益集团的力量，对金融发展有着显著稳定的负向作用；即使在控制其他变量的条件下，该变量也有着较强的显著性，由此说明一国利益集团的力量越大，金融发展水平越低。对于利益集团为什么总是倾向于阻碍金融发展的疑问，学界研究认为，由于特许经营权的存在，金融业相较于其他行业往往表现出更强的垄断性特征，从而具备形成特殊利益集团的基本条件，所以他们可能会通过各种途径向政府施加压力，使得政府的政策有利于其实现更大的超额收益。进一步探究表明，由于金融发展所带来的收益是未知的，但其所导致的市场垄断利润下降程度是已知的，为了维持自身的总体权益，既得利益集团通常会以消极的态度去面对金融的发展（谭小芳等，2010）。

国外学者在扩展金融发展的利益集团理论的同时，认为不同的部门既得利益集团对于金融发展的立场是存在差异的，这主要与其对信贷市场的依赖程度有关。一个经济体内有一些部门本质上对信贷的依赖程度更高，虽然金融发展可能通过促进竞争而损害它们的利润，但也可以为它们提供更低价的资源以便扩张业务从而提高利润。当这些部门在市场中所占的比重足够大时，那么 Rajan 和 Zingales（2001）所描述的现有企业对金融发展的阻碍效应就会更弱。因此总的看来，某一国内对于金融发展的反对程度取决于那些更加依赖金融信贷的经济部门的相对规模。

（3）政府能力与利益集团

学者们还将政府能力作为影响因素引入研究，发现政府决策能力和利益集团一样，都是金融发展的必要条件，并且在政府能力较弱的国家中，政府官员更多地直接以信贷为自己提供运营资金，从而削减了私人部门的信贷流动，导致金融发展水平低。所以在那些利益集团阻碍动机较低，以及政府利用金融系统为其业务提供资金需求较低的国家，其金融发展水平应该更高。换言之，只有具有较高政府能力的国家，其对金融发展的阻碍程度较低，才会促进信贷市场的有效发展。

Woo（2015）比较分析了伦敦、香港、新加坡和上海四个国际金融中心，认为金融政策一般是由政府机构和其他国家行为者共同制定的，行业参与者（利益集团）能够影响政府决策的程度不同，从而形成了不同的金融政策制度与金融中心的发展模式。由于企业和金融家之间的相互作用部分应由政治家来协调，因而政治决策会影响金融中介的结构。利益集团的目标和行为在金融中介演变过程中居于中心位置（Roe，1994），Jervis（1988）分析指出政府在做出政策决策过程中，利益集团会通过各种手段向政府施压，进而通过与议员的合作影响政策结果。私人利益集团的力量越大，影响金融政策的能力就越强（Underhill & Zhang，2008）。正是由于这些公共和私人行为的不同配置，导致了不同的金融决策安排（Worsham，1997；Williams，2009）。而政治问责制（Perott & Volpin，2007），以及由公共部门效率和政治自由等变量衡量的政府质量等（Porta et al.，1999），也是决定金融部门发展的重要因素。

（4）文献评述

综上所述，离岸金融中心往往形成在那些政局稳定、法律完善、政府高效、声誉更好的国家（地区），因此可以认为一国政府的能力对离岸金融发展有着重要影响。另外，现有关于政治与金融发展的研究强调利益集团对金融发展的影响，一国国内利益集团对于金融发展的态度是导致各国金融发展水平差异的原因。由于金融市场发展给利益集团所带来的收益是不固定的，而现有既得利益的损失是明确的，因而利益集团并没有较大的动机去促进金融发展。当金融市场的发展危及其垄断利润时，利益集团就会利用其影响力给政府施压，以获取偏向于它们的金融政策，但这并不利于金融的发展。

首先，离岸金融的发展意味着金融一体化不断深化，境外投资者特别是机构投资者进入会给国内金融业带来冲击，必然危及国内利益集团的既得利益。然而现有文献对离岸金融的研究多停留在对离岸金融中心形成与发展的历程分析上，忽视了制度因素的影响，尚鲜见利益集团对离岸金融发展影响的深入研究。因此本章试图借助金融发展的政治经济学，探究政府能力、利益集团与离岸金融发展之间的影响机制，进而弥补现有研究的不足。

其次，利益集团理论强调利益集团通过各种措施和手段影响政府政策，从而间接影响金融的发展。一国利益集团的力量越大，金融发展水平应该越低。既然利益集团影响金融发展的渠道是间接的，那么利益集团对于金融发展所起的作用就应该还会受到其他因素的影响。当一国政府在做出金融政策决策时，除了受到利益集团的干扰，其本身的决策能力也是其中的核心因素。现有研究通常认为利益集团与政府能力作为能够影响政府决策的两个因素是相互独立的，对于两者之间的交互博弈及其对于金融发展的影响的研究还有所欠缺。因此本章从政府能力入手，不仅考察政府能力与利益集团作为独立变量对于离岸金融发展的影响，而且也研究两者之间的相互作用对离岸金融发展的影响，同时在实证分析研究中，进一步通过引入交互项来研究政府能力是如何影响利益集团的作用以及作用效果的，从而丰富既有研究的维度和层次。

最后，现有研究主要偏向于通过传统的金融学理论去解释离岸金融的形成与发展，而鲜有结合政府能力与利益集团进行研究的相关文献，也少有通过计量分析对离岸金融发展进行实证分析研究的。本章将新制度金融学和利益集团的相关理论引入离岸金融发展的研究中，探讨政府能力、利益集团对离岸金融发展的影响作用机制，并通过跨国面板数据对三者之间的关系进行实证检验，在一定程度上拓展了离岸金融发展理论的研究视野。

5.2 离岸金融中心政府能力与利益集团

5.2.1 政府能力

综观离岸金融发展的成功经验，其不仅是金融创新和金融全球一体化的产物，而且在伦敦之后的现代离岸金融中心，无一例外都是东道国政府为顺应经济增长和金融发展的客观要求，以强制性制度变迁推动形成的。作为金融交易活动所必须遵守的规则秩序，能否设计出合理的金融制度、制定并推行有效的金融政策，促进本国离岸金融发展，是建设离岸金融中心和发展离岸金融业务的先决条件和基础，与一国或地区的政府能力是密不可分的。

政府能力与离岸金融发展的关系是：政府的政治统治能力是离岸金融发展的基础，政策能力是手段与动力，法治能力与政府廉洁程度则是保障。具体来说：①政局稳定是离岸金融发展的前提与社会基础，政治环境越稳定，政府的各项措施越能得到顺利落实和长期执行。②政府的政策能力是推动离岸金融发展的方式与手段，而政策能力与行政机构以及行政水平相关，这是因为政策的制定、执行与贯彻都要依靠政府的行政机构来实现。③法律体系与政府的廉洁程度将决定政府能否有效制定并实施切实可行的离岸金融发展政策，腐败控制能力越强，寻租行为越少，政府越能够依法办事，从而影响离岸金融的发展。尽管从离岸金融中心的发展历程和类型来看，各国或地区选择的发展模式和战略存在着差异，但在众多成功的离岸金融中心背后，所在东道国的政府能力存在着共有的特性。

5.2.2 政局环境

从全球资本流动的角度来看，稳定的政治环境是国际资本自由流动的基础条件，也是离岸金融市场顺利发展的先决条件。一国（地区）政局的稳定对于该国的金融发展有着不容忽视的影响力，动荡的社会环境只会让投资者纷纷远离，成功的离岸金融中心往往都处于较为稳定的政治环境中。如伦敦成为最早的离岸金融中心，与彼时英国良好的政治环境密不可分，英国政府即使是在战时也十分注重保护外资权益，给予投资者高度安全感，因而在国际上享誉盛名。以新加坡、中国香港、马来西亚纳闽岛等为代表后兴起的亚洲离岸金融中心，大多也保持着较高的经济增长率，拥有较高的人均收入，健全的社会保障体系等，社会环境和政局环境都处于十分稳定的状态，为投资者创建了一个良好的投资环境。

政治风险是企业和投资者们选择是否进入离岸金融市场的重要乃至首要的考虑因素，不稳定的政局环境会增加企业的经营风险，因此投资者更愿意将资金投入稳定的地区，而金融机构的高度聚集效应则逐渐促进了金融中心的形成。表 5-1 中列举了部分开办离岸金融业务的国家（地区）2001—2017 年政局稳定情况，衡量指标取自国家风险国际指南（International Country Risk Guide，ICRG）数据库中的政府稳定性（Government Stability）评分，该评分从政府统一性、民众支持等方面对一国的政权稳定做出了评价。

表 5-1　部分开办离岸金融业务的国家（地区）政府稳定性情况（2001—2017 年）

国家（地区）	政府稳定性	国家（地区）	政府稳定性	国家（地区）	政府稳定性
阿根廷	7.25	希腊	7.31	挪威	7.51
澳大利亚	8.25	匈牙利	7.42	巴基斯坦	7.31
奥地利	7.54	冰岛	8.26	巴拿马	8.11
巴哈马	9.38	印度	7.48	菲律宾	7.34
巴林	8.56	印度尼西亚	7.31	波兰	7.14
比利时	7.80	爱尔兰	7.86	葡萄牙	7.43
巴西	7.52	以色列	7.27	罗马尼亚	7.32
保加利亚	7.11	意大利	7.47	俄罗斯	9.81
加拿大	8.24	日本	8.00	新加坡	10.38
智利	7.51	哈萨克斯坦	9.89	斯洛伐克	7.54
中国香港	8.47	韩国	7.22	斯洛文尼亚	8.09
哥伦比亚	8.20	科威特	7.85	南非共和国	7.89
哥斯达黎加	6.57	拉脱维亚	7.78	西班牙	7.63
塞浦路斯	8.11	黎巴嫩	7.14	瑞典	7.56
捷克	6.83	立陶宛	7.54	瑞士	9.14
丹麦	7.71	卢森堡	9.29	泰国	7.80
埃及	8.54	马来西亚	8.07	土耳其	8.21

续表

国家（地区）	政府稳定性	国家（地区）	政府稳定性	国家（地区）	政府稳定性
爱沙尼亚	8.10	马耳他	8.06	乌克兰	6.99
芬兰	8.22	墨西哥	7.35	英国	8.08
法国	7.51	荷兰	7.50	美国	8.53
德国	8.30	新西兰	7.86	乌拉圭	8.17

数据来源：ICRG 数据库。

表 5-1 中，政府稳定性评分范围为 0~12 分，评分越高表明一国（地区）政局环境越稳定。动荡的政局往往会造成社会不安定，国家难以得到长期发展，只有政治环境稳定才能保障离岸金融市场发展。从表 5-1 可以发现，总体上超过一半的国家平均评分在 7.8 分以上，说明在这些国家中政府对于既定政策的执行能力较强，政权十分稳定，能够得到民众的广泛支持。其中新加坡的政府稳定性平均评分最高，为 10.38 分，居世界首位。同时 2018 年全球金融中心指数（GFCI）排名报告显示，新加坡是全球第四大国际金融中心，其在 2017 年所持有的跨境投资组合资产达 1.25 万亿美元，位居全球第 14 位。作为一个多元文化的移民国家，新加坡是全球国际化的国家之一，该国政府十分注重国内社会稳定，以促进种族和谐作为治国的核心政策，不仅形成了开放的政治环境，有力地带动了民众的政治积极性和参与性，所产生的普遍认同感又进一步稳固了政府的政治统治能力。上述因素都是新加坡政局长期稳定的保证条件，因而对国际投资者极具吸引力。

哈萨克斯坦平均评分达到 9.89 分，仅次于新加坡，其执政党“祖国之光”人民民主党拥有广泛的群众基础，长期以来政局稳定。评分紧跟其后的是俄罗斯、巴哈马、卢森堡和瑞士，平均得分均在 9 分以上。由于税收正义网的全球金融保密指数（FSI）构成中，跨境资产占据了较高权重，能够反映全球免税资金和隐匿财富聚集于离岸金融中心的程度，因而其排名可以用于表达离岸金融发展的水平。2018 年该指数排序里，仅排名第一的瑞士和排名第六的卢森堡，两国离岸金融服务规模合计占据全球市场的 17%以上。此外，其他世界著名离岸金融中心所在的东道国（地区），如美国、中国香港、巴拿马、英国、德国、日本等得分也都在 8 分左右。

在评分较低的国家中，如乌克兰仅为 6.99 分，就存在着国际关系较为紧张、国内政局不稳定现象。2013 年 11 月底，乌克兰政府宣布暂停与欧盟签署联系国协议，引发了大规模的抗议示威活动，并进一步发展为流血事件，反对派暴力夺权导致了国内战争的混乱局面，直到 2017 年在国际社会调解下才趋于缓和。2018 年 9 月乌克兰政府宣布废除与俄罗斯签订的友好伙伴关系条约，同年 11 月双方海军发生军事冲突，乌克兰国防部宣布进入全面战备状态。相应地，该国 CPIS 持有量自 2014 年以来逐年下降，截至 2017 年仅为 9800 万美元，居全球末位，可见动荡的国内环境导致了离岸资本的纷纷出逃。

5.2.3 法律制度环境

从各离岸金融中心演进的发展历程来看，稳健完备的法律法规体系是各离岸金融中心得以顺利运行的核心要素。离岸金融中心的金融法律法规都与国际标准相统一，同时保持着较高的执法水平，伦敦更是以坚决保护投资者权益而闻名。完善的法律体系、严格的执法流程为离岸金融发展提供了强有力的制度保障条件，使得离岸金融中心开展各项金融活动有法可依，可以有效防控金融风险，保障了离岸金融市场稳定健康发展。同时，离岸金融中心聚集了较高比例的风险投资资产，要求东道国政府必须提供足够强的法律制度支撑和法治环境，能够充分保护离岸金融交易主体的产权和法律地位。新加坡离岸金融中心就是在严格的政策和新币管制条件下，由政府主导推动形成和发展的，在严格规范金融业行为的同时，又通过各种法规手段为境外金融机构提供优惠条件，高效的执法水平和良好的法治环境为其提供了充分的安全保障，从而更容易吸引外资。

一般而言，成功的离岸金融中心除了拥有管制本国金融市场和金融活动的母法外，还需根据自身实际情况制定关于具体离岸业务的子法，从而有效地推动离岸金融市场发展。如马来西亚的离岸信托法、开曼群岛的银行保密法、免税法等，皆是针对离岸金融业务的各个方面进行的专门立法。卢森堡虽然只是欧洲西北部的一个内陆小国，却是当今世界著名的离岸金融中心之一，截至 2017 年底，其跨境资产投资组合头寸持有量达 4.71 万亿美元，位列世界第二，是同期 GDP（620 亿美元）的 76 倍左右。相对于其他金融业务，卢森堡的国际私人银行业务也十分繁忙，是欧元区内最重要的私人银行中心以及全球第二大投资信托中心，业务量仅次于美国。究其原因，仍然在于卢森堡以立法形式设立了严格的代客保密制度，各银行没有权力向任何机构泄露客户的私人资金信息，为国际高净值人士提供了安全并且私密的金融服务。

表 5-2 中列示了部分开办离岸金融业务的国家（地区）2001—2017 年的法治水平情况，其衡量指标取自 ICRG 数据库中的法律与秩序（Law & Order）评分，是对一国（地区）立法能力以及执法公正性、法治状况的评价。

表 5-2 部分开办离岸金融业务的国家（地区）法律与秩序情况（2001—2017 年）

国家（地区）	法律与秩序	国家（地区）	法律与秩序	国家（地区）	法律与秩序
阿根廷	2.46	希腊	4.16	挪威	6.00
澳大利亚	5.64	匈牙利	4.00	巴基斯坦	3.13
奥地利	6.00	冰岛	6.00	巴拿马	3.00
巴哈马	4.35	印度	4.08	菲律宾	2.37
巴林	4.84	印度尼西亚	2.72	波兰	4.34
比利时	5.00	爱尔兰	6.00	葡萄牙	5.00
巴西	2.02	以色列	5.00	罗马尼亚	3.83
保加利亚	3.08	意大利	4.05	俄罗斯	3.58
加拿大	5.74	日本	5.00	新加坡	5.13
智利	4.77	哈萨克斯坦	3.81	斯洛伐克	4.00
中国香港	4.89	韩国	4.86	斯洛文尼亚	4.54
哥伦比亚	1.63	科威特	4.80	南非共和国	2.25
哥斯达黎加	3.48	拉脱维亚	5.00	西班牙	4.86
塞浦路斯	5.00	黎巴嫩	4.00	瑞典	6.00
捷克	5.00	立陶宛	4.00	瑞士	5.05
丹麦	6.00	卢森堡	6.00	泰国	2.82
埃及	3.49	马来西亚	3.80	土耳其	3.88
爱沙尼亚	4.00	马耳他	5.00	乌克兰	4.00
芬兰	6.00	墨西哥	2.16	英国	5.42
法国	4.95	荷兰	6.00	美国	5.08
德国	5.00	新西兰	5.63	乌拉圭	2.53

数据来源：ICRG 数据库。

表5-2中部分国家（地区）法律与秩序评分分值为0~6分，得分越高则意味着一国（地区）立法能力越强，执法更为公平公正，公民守法情况也越好。从中可以看到，共有33个国家（地区）平均评分高于4.5分，意味着法治环境优良，特别是卢森堡、爱尔兰、荷兰、挪威的评分皆为6分，而这四个国家截至2017年底的CPIS持有量均超过了1万亿美元，位于世界前列。样本中瑞典、丹麦、芬兰三个国家CPIS持有量还超过了同期GDP，离岸金融市场规模相对经济体量而言属于较大规模。全球四大国际金融中心纽约、伦敦、中国香港、新加坡都有着较为完备的法律法规体系，能够有效地保证法律的公平性，为离岸金融活动提供良好的法治环境，其相对应的国家（地区）评分均为5分左右。反之，评分最低的国家为哥伦比亚，仅为1.63分，在2017年其CPIS持有量仅为383.6亿美元，约占同年GDP的12.2%，表明离岸金融业务规模相对较低。

5.2.4 行政机构水平

离岸金融发展离不开政府金融政策的引导和支持，而行政机构的行政水平对于政策制定和推行至关重要。如果缺乏强有力的行政机构支持，则政府政策的制定和日常行政职能都会受到影响。此外，高效的政府机构也是促进离岸金融市场快速发展的重要因素，当外资金融机构进入一国（地区）内部开展业务时，必须首先向当地政府提交申请并履行审批手续。如果存在相关行政程序复杂苛刻、政府机构行政效率低下、服务人员缺乏专业素养等问题，甚至缺乏透明的营商环境，不仅会给外来企业和投资者带来不良印象，贻误其投资选择，还可能导致企业运行效率低下、股东撤资等，从而影响离岸金融机构的聚集。

离岸金融发展也对政府的行政能力提出了更高的要求，能否制定出合理有效的离岸政策，能否有效率地履行相关职能都是影响离岸金融发展的重要因素。如伦敦城在1986年引入金融证券法后，提升了金融开放程度，经历了“第一次金融爆炸”，逐渐形成复杂而稳定的制度环境，使伦敦金融中心更具竞争力。但随着金融发展的不断深化，当英国原有的金融监管体系无法与之相适应时，英国政府于20世纪90年代末进行了第二次金融改革，通过改革行政监管机构，成立英国金融服务监管局，取代英格兰银行的金融监管职能，从而大幅提高了金融监管效率，奠定了伦敦全球性金融中心地位的现实基础。同样，中国香港、新加坡和卢森堡等离岸金融中心的成功，也都得益于其政府高效的行政效率。

表 5-3 中列举了全球部分开办离岸金融业务的国家（地区）2001—2017 年的行政机构行政水平情况，其衡量指标取自 ICRG 数据库中的行政机构（Bureaucracy Quality）评分。

表 5-3　部分开办离岸金融业务的国家（地区）行政机构评分情况（2001—2017 年）

国家（地区）	行政机构	国家（地区）	行政机构	国家（地区）	行政机构
阿根廷	3.00	希腊	3.00	挪威	4.00
澳大利亚	4.00	匈牙利	3.20	巴基斯坦	2.00
奥地利	4.00	冰岛	4.00	巴拿马	2.02
巴哈马	3.00	印度	3.00	菲律宾	3.00
巴林	2.00	印度尼西亚	2.02	波兰	3.00
比利时	4.00	爱尔兰	4.00	葡萄牙	3.00
巴西	2.00	以色列	4.00	罗马尼亚	1.00
保加利亚	2.00	意大利	2.51	俄罗斯	1.00
加拿大	4.00	日本	4.00	新加坡	4.00
智利	3.00	哈萨克斯坦	2.00	斯洛伐克	3.00
中国香港	3.00	韩国	3.00	斯洛文尼亚	3.05
哥伦比亚	2.00	科威特	2.00	南非共和国	2.00
哥斯达黎加	2.00	拉脱维亚	2.49	西班牙	3.19
塞浦路斯	4.00	黎巴嫩	2.00	瑞典	4.00
捷克	3.00	立陶宛	2.49	瑞士	4.00
丹麦	4.00	卢森堡	4.00	泰国	2.00
埃及	2.00	马来西亚	3.00	土耳其	2.00
爱沙尼亚	2.51	马耳他	3.00	乌克兰	1.00
芬兰	4.00	墨西哥	2.90	英国	4.00
法国	3.02	荷兰	4.00	美国	4.00
德国	4.00	新西兰	4.00	乌拉圭	2.00

数据来源：ICRG 数据库。

在表 5-3 中，行政机构的评分范围是 0~4 分，得分越高则说明一国（地区）的行政机构的政策执行力越强，行政水平越高。可以看出，大部分离岸金融中心的评分普遍较高，达到了 3~4 分，而黎巴嫩和巴拿马的评分仅为 2 分左右，说明这两个离岸金融中心的政策执行水平和行政水平与其他离岸金融中心还存在着一定差距，相应地，两个国家的 CPIS 持有量分别为 41 亿美元、121 亿美元，在总量绝对值上与其他离岸金融中心之间存在着较大的差距。此外，乌克兰的行政机构评分仅为 1 分，可能与其国内不稳定的政治环境有关。

5.2.5 政府廉洁程度

离岸金融中心的发展还需要良好的政府形象来提高竞争力。政府形象是政府在运行过程中所呈现出来的总体表现与客观效应，以及公众对其所做出的公认评价。廉洁的政府形象能提升离岸金融中心的国际声誉，吸引跨境资本流入，加剧金融服务产业聚集。反之，若一国（地区）的腐败控制力度不足，则会纵容政治权力与经济利益的交换，增加离岸金融企业的成本压力，影响资源的配置效率，破坏市场公平环境，不利于离岸金融市场的发展。腐败问题尤其关乎一个国家（地区）的廉政形象，随着全球一体化进程的不断深化，反腐败已然成为国际社会的一项共同事业。经合组织（OECD）在 2014 年发布的《跨国行贿报告》显示，由于发达国家案件调查水平和侦破能力较强，在 427 起海外行贿案件中，发达国家占比 43%，其中 57%的案件都是通过贿赂以获取政府项目，12%的起因是为了疏通海关，6%是意在得到更优惠的税收。可见对于离岸金融中心来说，能否有效地控制腐败同样是政府的工作重点。

中国香港为了树立廉洁的地区政府形象，打击贪污腐败，曾于 1974 年 2 月 14 日成立了专门的独立执法机构香港廉政公署（简称廉署，Independent Commission Against Corruption，ICAC）。ICAC 平均每年接到群众举报的案件超 3000 件，经过 20 多年的努力，ICAC 铲除了大量政府机构中的贪污集团，其中 1/3 涉及警方及政府机构公务员。ICAC 为香港的廉政建设做出了巨大贡献，香港的反贪成绩也得到了国际社会的一致认可，廉洁的政府形象使其在国际社会上广受好评，投资者们往往更愿意选择这样的投资环境。类似地，新加坡也设立了贪污调查局，坚决打击贪污受贿行为，同时还建立了公务员进修学院，廉洁清明的金融环境已蔚然成风。政府依法办事，程序规范，企业也不会存在游说、行贿等不必要的成本负担，经营成本的降低更能吸引外资投入。

英国在实施《2010年反贿赂法》后，规定向境外官员行贿也被定为刑事犯罪，是欧盟国家反腐败立法中最严格的国家。英国还致力于公民道德教育，在教育体制里加入了针对腐败的一系列思想教育，以达到全社会形成反腐共识的目标。同样，丹麦也十分注重廉洁教育，大学生毕业后如想要成为公务员，必须先参加国家开展的相关密集培训。

表5-4列举了部分开办离岸金融业务的国家（地区）2001—2017年的政府清廉情况，其衡量指标取自ICRG数据库中的腐败（Corruption）评分。

表5-4 部分开办离岸金融业务的国家（地区）腐败状况（2001—2017年）

国家（地区）	腐败	国家（地区）	腐败	国家（地区）	腐败
阿根廷	2.33	希腊	2.37	挪威	5.17
澳大利亚	4.63	匈牙利	3.01	巴基斯坦	1.85
奥地利	4.79	冰岛	5.20	巴拿马	2.00
巴哈马	4.09	印度	2.32	菲律宾	2.09
巴林	2.35	印度尼西亚	2.46	波兰	2.65
比利时	4.36	爱尔兰	3.68	葡萄牙	3.87
巴西	2.48	以色列	3.27	罗马尼亚	2.40
保加利亚	2.13	意大利	2.54	俄罗斯	1.67
加拿大	4.94	日本	3.84	新加坡	4.50
智利	4.20	哈萨克斯坦	1.52	斯洛伐克	2.66
中国香港	4.05	韩国	2.79	斯洛文尼亚	3.22
哥伦比亚	2.69	科威特	2.62	南非共和国	2.52
哥斯达黎加	2.51	拉脱维亚	2.33	西班牙	3.83
塞浦路斯	3.98	黎巴嫩	1.36	瑞典	5.28
捷克	2.69	立陶宛	2.53	瑞士	4.69
丹麦	5.49	卢森堡	5.00	泰国	1.79
埃及	1.87	马来西亚	2.52	土耳其	2.45

续表

国家（地区）	腐败	国家（地区）	腐败	国家（地区）	腐败
爱沙尼亚	3.34	马耳他	3.41	乌克兰	1.67
芬兰	5.83	墨西哥	2.06	英国	4.45
法国	4.03	荷兰	5.05	美国	4.15
德国	4.78	新西兰	5.48	乌拉圭	3.49

数据来源：ICRG 数据库。

表 5-4 中，腐败程度评分设置为 0~6 分，评分越高则代表该国（地区）的政治体制内的腐败程度越低，政府也就越清廉。从表 5-4 可以发现，得分最高的国家为芬兰，平均评分达到了 5.83 分，是全球较清廉的国家之一。自 1957 年反贪腐运动后，芬兰仅 29 名市议员以上级别的官员涉及贪腐，其清廉的政府形象被国际社会所肯定，声誉的不断提升使其吸引的投资不断增长。此外一些排名靠前的离岸金融中心，如卢森堡、瑞士、新加坡、英国等，其评分大多保持在 4~5 分，可以看出这些离岸金融中心十分注重腐败问题，通过一系列的手段与措施持续将腐败控制在较低水平。同样我们也可以发现巴拿马和黎巴嫩的评分仍然处于较低的水平，分别为 2 分和 1.36 分，相较于其他国家有着明显的差距，两者也都曾被国际社会列入“黑名单”，作为避税天堂的典型代表。另外，离岸企业在避税天堂没有开展实质的业务，而是为了获取税率的优惠和政策的便利，容易诱发寻租行为可能是滋生腐败的重要原因。

5.2.6 离岸金融中心的利益集团

一国（地区）的离岸金融发展与金融政策密切相关，离岸金融中心的建立和发展往往是靠政府政策推动的，能否有效地制定和推行合理的离岸金融政策是发展本国离岸金融的关键先决条件。同时，相关既得利益集团对待政策的态度和影响力度，也成为离岸金融市场能否顺利运行的关键因素。一方面离岸金融发展是建立在金融自由化的基础之上的，由于相关既得利益集团的存在使得国内金融市场呈现出少数垄断的特征，市场竞争机制难以发挥作用，使金融资源难以得到合理有效的配置，进而影响资本的自由流动；另一方面强大的利益集团往往具有较大的话语权，为了维护自身利益而采取的各种措施也是影响政府决策顺利实施的一大阻碍。

（1）伦敦

以伦敦为代表的传统西方国际金融中心，其金融政策的决策往往更容易受到行业参与者的影响。各国政府出于保护自由主义的根本信念，放开了投资者直接参与金融市场的门槛，导致市场自由化以及管制的放松。在此博弈过程中，各种利益集团纷纷发挥自身影响力，通过所谓的“规制俘虏”来影响与自身利益有关的政策决策。事实上，当前伦敦作为国际金融中心的优势的确立，与1986年英国引入金融证券法的证券市场自由化有关。伦敦金融政策制度向来坚持自由主义原则，比如竞争的重要性、市场放松管制、资本账户自由化、有效率和自我纠正的市场以及极少的国家干预（Prasad，2006）。1983年，英国政府和伦敦证券交易所签订了协议，并给予了三年的改革缓冲期，政府要求伦敦证交所的会员放弃固定佣金制，实行自由议定佣金制，同意国外公司申请加入成为会员，此举结束了伦敦证交所自身的垄断地位，对本土证券公司的影响巨大，使其几乎丧失了控制权。然而，这次改革大幅度地扩大了金融开放，引进了国际竞争机制，伦敦金融中心也变得更具有竞争力。

正是因为英国政府克服了利益集团的阻碍，结束了国内证券市场的垄断，持续扩大金融开放，改革了行政机构，提高了行政效率，才逐渐形成了更加完备的金融体系，加之法律法规不断完善，为外资权益提供了良好的保护，凡此种种都成为推动伦敦金融中心发展的重要动力。同时，伦敦在不断推动金融开放的同时，监管也在不断放松，其后的发展证明了伦敦的“缺乏监管”也通常被认为是国际金融中心的重要比较优势。鉴于其开放性和最低限度的国家干预，伦敦的金融服务行业已经被“由少数自封式的突出支柱公司和无数小型高度专业化公司”所主导。也正是因为行业游说团体的物质、政治、观念能够影响银行等大型行业参与者在伦敦金融服务业中的主导地位，以及“旋转门”① 在公共和私营部门间的人才流动引起了“规制俘虏”，导致2008年全球金融危机前伦敦“宽松的监管环境”，抑制了离岸金融的进一步发展。

① “旋转门”指个人在公共部门和私人部门之间双向转换角色、穿梭交叉为利益集团牟利的机制。

（2）中国香港

同样，中国香港作为国际金融中心，其成功植根于政府自由放任的金融治理模式。香港早期坚持“积极不干预”政策，以确保“公务员和商人利益分离”。此后长期以来坚持“自由市场的良好原则，以及最小的政府干预”政策，促进了经济自由和市场稳定。因此中国香港特别行政区政府作为裁判角色时，与私营公司作为经济活动参与者的角色明显分离。

尽管政府和行业分离，但香港金融管理局作为该地区主要金融监管机构，仍然可以通过其咨询机制，获得行业对其金融政策制定和实施过程中的反馈意见。香港金融管理局设有三个咨询委员会，即外汇基金咨询委员会、银行业务咨询委员会及接受存款公司咨询委员会。这些委员会通常包括政府机构、银行和其他金融机构的代表，以及非行业参与者，如学者和其他独立专家。即使如此，香港金融管理局仍然具有较高的独立性，表现在香港的业界人士对香港金融管理局的金融政策影响甚微，曾经参与政府磋商的学者指出，“咨询（在香港）只是一个程序，是政府通知业界计划采取什么样的政策和方法去做，而不是完全采纳业界代表声音的政策咨询”。也就是说，在香港行业的反馈意见不太可能直接转移或影响香港金融管理局的金融政策，咨询也因此成为政府向行业人士通报即将发生的政策的一种方式，因为政策制定针对的是地区目标而不是行业利益。

总的来说，中国香港特别行政区政府在金融决策上拥有唯一控制权，意味着行业利益集团并不能大幅度或直接影响香港金融管理局的金融政策。同时香港金融市场对金融机构的业务性质要求十分严格，虽然金融机构可能通过参与金融市场，从而间接影响香港作为金融中心的发展，但是无法直接影响香港金融管理局的金融条例和政策。

（3）新加坡

与伦敦和中国香港相比，新加坡之所以能发展成为离岸金融中心，是基于其富有远见的政策，其政府在指导和推动金融业发展方面发挥了重要作用。然而实际上，在金融政策的决策过程中，除了有新加坡政府的参与，还存在着其他私人部门行为者，包括官僚、政治和商业行为者在内的非正式的“管理精英”，他们通过新加坡金融管理局广泛进行的行业咨询等形式参与决策的制定过程。因此，新加坡的金融政策体系，是在确保私营部门与监管机构合作的过程中，由政府和企业之间制度化的“互动规范”所决定的。除了参与执政的精英外，在进行政策决策时，私营部门行为者还通过新加坡金融管理局、各种委员会以及正式机构，进行有组织的、全行业的磋商。新加坡金融管理局通过公众咨询，尽量减少意外后果，降低企业的合规成本，并确保政策切实可行。因此，新加坡的金融政策体系，实际上是由一个既定的国家和行业参与者所组成的网络来“共同创造”制定政策，这使得国家的高度干预与行业利益集团的影响力互相结合，最终成功地形成了一个国际金融中心。

尽管私营部门对政策的影响力很大，但新加坡通过一系列非正式的管理机构避免了“规制俘虏”，这些机构外部化了政府部门的诸多惯例和规范，例如对精英政策的承诺、灵活性和以绩效为基础的评价指标等，使行业参与者坚定不移地接受了政府的管理。同时，构成新加坡金融政策制度的国家和行业行为者的紧密网络，可以使政策的协调和国家价值观与影响力相互渗透。由此表明，当国家和行业利益趋于一致，国家主导的执政精英会积极参与管理金融部门，从而促进金融中心的发展。

总的来说，由于行业参与者已经参与了政策的制定，新加坡的金融政策走势必会受到行业利益集团的影响，但是新加坡通过行政管理避免了被管制俘获，同时公共部门与私人部门的相互渗透，使得国家利益与行业利益趋于一致，因此利益集团并不会做出阻碍金融发展的决策，从而促进了离岸金融的发展。

从伦敦、中国香港和新加坡三个离岸金融中心的发展可以发现，在政府做出政策决策的过程中，其背后往往都存在着利益集团的身影，它们通过各种手段和措施，积极参与政策制定当中，以期获得自利的超额收益。成功的离岸金融中心所在东道国都十分注重金融市场的自由开放，一个充分自由竞争的金融环境更有利于削弱利益集团的力量。在衡量利益集团力量的研究中，国内学者王鸾凤和黄霆珺（2006）、江春和许立成（2007）使用“银行集中度”来描述一国（地区）金融利益集团的大小，即一国前三大银行总资产占银行业总资产的比重。一般来说，银行集中度越高，金融利益集团力量越大，金融市场也就越趋于垄断，开放程度相应也会较低，往往不利于离岸金融发展，因此离岸金融市场在银行集中度较低的国家或地区的发展水平会更高。表 5-5 列出了部分开展离岸金融业务的国家

（地区）2017年的银行集中度水平，数据来源于IMF发布的全球金融发展数据库（GFDD）。

表5-5 部分国家（地区）2017年银行集中度

国家	银行集中度（%）	国家	银行集中度（%）	国家	银行集中度（%）
阿根廷	41.4395	希腊	75.1538	挪威	89.2725
澳大利亚	70.9691	匈牙利	58.8873	巴基斯坦	44.1188
奥地利	62.4959	冰岛	98.4425	巴拿马	66.0974
巴哈马	63.5239	印度	37.2868	菲律宾	47.4546
巴林	80.5360	印度尼西亚	40.6930	波兰	42.1773
比利时	67.6514	爱尔兰	59.3597	葡萄牙	87.5813
巴西	56.6052	以色列	64.8710	罗马尼亚	61.1211
保加利亚	49.8138	意大利	71.0987	俄罗斯	60.5954
加拿大	60.4646	日本	47.4718	新加坡	89.3264
智利	42.6380	哈萨克斯坦	38.0543	斯洛伐克	78.1510
中国香港	56.4525	韩国	52.3950	斯洛文尼亚	61.6504
哥伦比亚	63.5960	科威特	81.4564	南非	76.7470
哥斯达黎加	58.8759	拉脱维亚	49.1250	西班牙	73.1603
塞浦路斯	76.0261	黎巴嫩	38.7121	瑞典	91.1067
捷克	60.2255	立陶宛	88.6782	瑞士	71.5236
丹麦	89.6135	卢森堡	42.4407	泰国	44.2723
埃及	59.3057	马来西亚	55.3660	土耳其	39.3522
爱沙尼亚	93.1940	马耳他	91.5371	乌克兰	39.1809
芬兰	94.1695	墨西哥	49.4400	英国	49.1076
法国	57.1034	荷兰	87.5350	美国	34.8436
德国	70.3639	新西兰	59.7970	乌拉圭	70.0921

数据来源：IMF官网。

从表5-5可以看出，大部分国家（地区）的银行集中度在63%左右。少数国家（地区）的银行集中度差距较大，处于最低水平的有美国（34.8%）、卢森堡（42.4%）等国家，说明这些国家的金融市场更加开放，竞争更为充分，金融利益集团的影响力也就更小。相应地，在2017年底美国 CPIS 持有量为 12.4 万亿美元、卢森堡为 4.7 万亿美元，离岸金融发展都处于较高的水平。而冰岛的银行集中度最高，达到了 98.4%，在冰岛的金融体系中，所有的金融业务基本上都由三家银行所控制，分别为 Glitnir 银行、冰岛国家银行（Landsbanki）以及 Kaupthing 银行。令人瞩目的是，三家银行的控制权在 2008 年金融危机以后都相继转为国有。

5.3 离岸金融发展的政治嵌入机理

5.3.1 政府能力与离岸金融发展

一国（地区）政府能力是影响离岸金融发展的重要因素，政局的稳定、较高的行政水平、完善健全的法制体系和廉洁的政府等都是离岸金融中心形成和发展的基本条件。政府能力越高，则意味着该国制度质量越好，同时也意味着较好的政府治理和基础设施水平，从而可以有效地提高外来企业的生产效率，进而吸引更多的外来资本。政府能力水平的提高，能够带来制度环境的完善，有利于减少社会的不公平、保障信息披露的质量等，从而保障投资者的利益，增强投资者的信心，最终促进资本的流入，而较差的制度环境则会给跨国公司造成额外的运营成本。基于此，本章提出如下理论假设：

H_1：一国（地区）政府能力能够促进离岸金融发展。

一国（地区）政局稳定决定了政治环境以及社会安定，影响了离岸金融市场上参与者的投资选择以及投资信心。从全球资本流动的角度来看，稳定的政治环境是国际资本自由流动所必要的基础条件，为投资者们创造了良好的投资环境，是一国（地区）建立离岸金融中心的前提条件和基本保障，也是离岸金融中心成功经营的核心要素。跨国金融机构往往选择进入政局稳定的地区开展业务，金融机构的进驻可以为该地区的金融产业发展奠定坚实的基础。金融服务产业总是以企业集聚的方式呈现，金融企业高度集聚的结果形成了金融中心。政治环境越稳定，政府的统治能力也就越强，政府建设离岸金融中心以及推进离岸金融发展的各项措施也就越能够得到顺利落实和长期执行。而不稳定的政局则容易引发不安定的社会因素，进而使政策的长期实施无法得到保证，影响本国投资者和外国投资者的信心，带来经济负增长。同时如若居民消费欲望降低，投资也会变得保守，对金融的需求减少，降低了境外金融机构进入的积极性，从而不利于离岸金融的发展。由此提出理论假设：

H_{1a}：一国（地区）政局越稳定，离岸金融发展水平越高。

从各离岸金融中心的演进发展历程来看，稳健完备的法律法规体系是其得以顺利运行的核心要素。完善的法律体系为离岸金融的发展提供了强有力的制度保障，使得离岸金融中心开展各项金融活动有法可依，能有效防控金融风险，从而推动离岸金融市场稳定健康发展。同时离岸金融中心往往集聚了高比例的风险投资，作为一种高风险活动，如果缺乏健全完备的法律法规体系，离岸金融活动的合法性以及安全性则无法得到保障，理性的投资者也不会选择聚集在这样的投资环境下。健全的法律体系，优良的法治环境，能为离岸金融交易主体提供制度层面的有力保护，保障其投资和财富安全，也能给予境外投资者平等的法律地位。通过健全的法律体系，既可以为离岸金融业务的健康有序开展提供制度保障，还可以改善金融市场环境，通过公平自由竞争的市场作用机制，有效地促进离岸金融业务的创新，为离岸金融的发展增添活力。由此本章提出如下理论假设：

H_{1b}：法律体系为离岸金融发展提供保障，一国（地区）法制体系越完善，离岸金融发展水平越高。

政府的行政能力在一定程度上也会影响离岸金融的发展。离岸金融的发展离不开政府金融政策的引导和支持，离岸金融中心的建立与发展都是东道国政府通过一系列的政策手段，以强制性的制度变迁而推动的。而行政机构的行政水平对于政策制定和推行发挥了至关重要的作用。如果缺乏强有力的行政机构，则政府政策的制定和日常行政职能都可能会受到影响。同时一国政府的行政水平也体现在行政机构的服务水平上，它关系到政府建设离岸金融中心的态度和力度。成功的离岸金融中心往往拥有高效的行政部门，只有组织机构精简高效、服务意识和服务水平较高，才能为前来开办离岸金融业务的机构提供全方位、高水平的政策支持，从而吸引更多的跨境金融机构，金融服务产业得以聚集，从而推动离岸金融中心的形成与发展。由此提出如下理论假设：

H_{1c}：政府的行政水平影响离岸金融政策的制定与执行，一国（地区）行政水平越高，则越能够促进离岸金融发展。

廉洁的政府能提升离岸金融中心的国际声誉，从而对跨境资本的流入更具吸引力，而反映一国政府是否廉洁的重要指标便是腐败程度。离岸金融是国家通过政策手段以强制性制度变迁推动形成的重要创新，政府对其应该有着强大的政策干预能力。最直观地，政府有权对离岸金融机构设定准入门槛，如此强化了政府对于资源配置的控制力，自然也更有可能赋予政府官员通过设租来获取利益，金融准入门槛越高，市场监管者参与寻租的动力越大。同时由于政府干预对市场施加了一定的限制，市场参与者为了规避管制、获取市场特权而进行的寻租行为进一步提供了腐败滋生的土壤。

总之，腐败破坏金融秩序环境，扭曲资源配置机制，打破公平自由竞争的原则，甚至导致严重的逆向选择和道德风险，从而引发金融系统危机。由于金融特许权、寻求本地贷款保护等因素的存在，腐败一方面加剧政治权力与经济利益的交换，使得政府能通过其独有的政治权力扭曲资源配置机制、降低资源配置的效率；另一方面则会引发寻租行为，给跨境金融机构在东道国的投资或业务开展带来额外的成本压力，增加离岸金融企业的运营成本，不利于离岸金融市场的发展。长此以往，恶劣的国际声望可能会给本国离岸金融发展带来不可挽回的损失。因此东道国的政府廉洁程度越高，即腐败程度越低，越能够有效地降低企业的寻租成本，从而提高商业运行效率，促进离岸金融的发展。由此提出的理论假设为：

H_{1d}：一国（地区）政府的腐败程度会影响政府形象以及跨境金融机构的运营成本，一国（地区）腐败程度越低，离岸金融发展水平越高。

5.3.2　利益集团与离岸金融发展

从与国内在岸金融的对比来看，离岸金融具备独特的优势和特征，如宽松监管、优惠税率、银行无须缴纳存款准备金等，投资者资产转移的成本更低，在国际金融市场上也能为融资者提供更加优惠的贷款。离岸金融中心还能够辐射到周边国家（地区），为投资者们提供交易成本更低、资金融通更为便利的金融中介服务，因此与国内金融部门相比，离岸金融中心拥有更强的竞争力。Rose 和 Spiegel（2007）构建了一个国内垄断银行业的理论模型，研究离岸金融中心对于周边地区内部金融体系的影响，其实证检验表明，离岸金融发展对于相邻国家或地区意味着金融交易的挤出效应和金融市场的冲击效应。一国（地区）与离岸金融中心的距离越近，国（地区）内银行业的竞争就越激烈，如果本国（地区）就是离岸金融中心，则对国（地区）内银行形成的竞争效应更为强烈。

因此，建立离岸金融中心会加剧东道国国内银行业的竞争，在一定程度上还降低国内金融业的垄断程度。同时，离岸金融中心实施更加优惠的税收制度、宽松的资本管制均减少了交易成本，激励更多外部投资不断流入，导致周边国家或地区内优质客户以及商业银行体系内的总贷款减少，从而加剧在岸市场与离岸市场间的金融替代效应，威胁在岸金融机构的潜在微观收益（张谊浩等，2009）。可见，离岸金融发展所引致的新竞争机制势必给国（地区）内金融体系带来冲击，降低国（地区）内银行业的垄断程度，而既得利益集团在面对金融开放时，获取的利益是未知的，但其市场垄断地位下降而导致利润下降是明确的。因此既得利益集团为了维护自身的利益，避免由于新的竞争损害其现有利益，便会阻碍离岸金融发展。一个国家的银行集中度越高，其金融业的垄断程度越大，金融利益集团的力量就越突出（陆磊，2000），因而阻碍金融发展的能力和动机就越强。由此，本章提出的相关待验证假设为：

H_2：利益集团的力量对离岸金融发展具有阻碍作用。

5.3.3 利益集团与政府能力

利益集团为了维护自身既得利益，会采取一系列的手段和措施实现自己的利益诉求。为了避免“搭便车”现象，相对较小的集团往往具有更大的驱动力。一旦当事人达成利益共识，形成集合团体后，利益集团便会通过一系列手段和措施，对政府施加压力，迫使其做出有利于利益集团的政策选择。利益集团通常会采取的手段有三种。

（1）*游说活动*

此为利益集团最常见、最重要的一种方式。利益集团或通过金钱或通过提供信息，选择政治议员进行游说，争取自身利益。如果直接与议员接触的游说活动不理想，或缺少直接游说的渠道，利益集团就会通过寻找委托人、投递信件、公布投票记录等间接方式来达到目的。

（2）介入政治选举过程

利益集团会通过政治捐款、收集政策信息等方式，为政党候选人提供选举活动支持，从而影响选举结果。或者通过与候选人建立和维护良好的关系，以便为以后的游说活动提供渠道。

（3）司法诉讼

当利益集团认为某项政策会给其带来不利影响时，可能会寻找理由直接向法院提出诉讼，或者为具有相同诉讼目标的个人或组织提供帮助和支持，从而间接达到自己的利益诉求。

此外，利益集团也可能采取非法手段如贿赂，通过向相关立法人员或决策人员行贿，从而间接影响金融政策的制定。不过无论利益集团采取何种方式，最终都是通过对政府决策施加影响来满足自身的利益诉求，从而对金融发展产生影响，而在此过程中，一国政府的能力必然发挥了重要的作用。由于政府能力是政府能够履行职责和功能的程度，一国政府能力越强，其政府组成也就更加稳定，政府机构部门的行政效率就越高。特别是在规范治理环境下，官员必将受到严格的约束，腐败程度势必降低，政治生态也会更加透明和民主，自然地，政府在进行决策时所受到的干扰也就越小。如此，利益集团对政府施加压力的影响力可能没有发挥的余地，自然也削弱了其对金融发展的阻碍作用。反之，在政府能力较低的国家，政府更容易被利益集团所“俘获”，其为了获得租金或者广泛的政治支持，更倾向于做出有利于利益集团的决策。因此对于离岸金融发展来说，政府能力越强的国家，在进行推动离岸金融发展的决策、加大金融开放力度时，利益集团的阻碍就越低。于是，我们提出的相关假设为：

H_3：提高政府能力能够降低利益集团的影响作用，促进离岸金融发展。

5.4 研究设计与结果分析

5.4.1 指标选取

随着金融一体化，目前全球大部分国家和地区均或多或少地开办并经营离岸金融业务，本章依据主要研究变量的数据可获得性选定样本数据。截至 2017 年，IMF 已公布了 90 个经济体的 CPIS 数据，本章在该全样本中剔除了研究变量的数据缺失值，确定研究区间为 2001—2017 年，最终选定了 64 个国家或地区作为研究对象，即样本国家（地区）数 $N=64$，时间 $T=17$。总体上看，样本国家（地区）具有较为广泛的地域分布，包含中国香港、卢森堡、新加坡、巴拿马等世界著名离岸金融中心，样本数据的丰富使研究结果更具说服力。

（1）离岸金融发展水平

本章参照 Rose 和 Spiegel（2007）、张谊浩等（2009）的研究，本章选取 CPIS 数据作为衡量各国家或地区离岸金融发展的指标。CPIS 以居住地原则统计了各经济体所持有的证券投资组合的资产头寸，包括了股票和投资基金份额、长短期债务证券，是由非居民发行并由居民持有的资产。由于每项跨境资本的流动都将导致相应国家与之相匹配的资产或负债头寸的变动，可以预期一个国家所持有的头寸越多，其流经的离岸金融中心所提供的金融服务流量越大，从而在一定时期内向非居民出口的金融服务也就越多。由于离岸金融中心所具有的重要特性就存在着高比例的组合投资资产，通过分析各国的这些资产头寸，就能够以 CPIS 来衡量各国离岸金融的发展水平。

（2）政府能力

政府能力体现了政府能够履行其职责与功能的程度，本章从美国 PRS 集团所公布的 ICRG 数据库中选取部分子指标作为代理变量。ICRG（International Country Risk Guide）通过政治、经济、金融三类风险指标对 140 个国家进行风险评估，本章选取的指标来源于其中的政治风险数据库，选择指标变量及说明如下：

政府稳定性（Government Stability）：用以评估一国（地区）政府对于既定政策方案的执行能力及其政权稳定性，分值为 0~12，分值越高，政府稳定性越好。从理论上来说，稳定的政权对金融发展有着积极的正面影响。

腐败（Corruption）：用以评估一国（地区）政治体系内部的腐败程度。腐败的负面影响表现为，扭曲经济和金融环境，降低政府和商业效率，容易导致不稳定的政治进程。金融行业常见的腐败形式通常与特许权证、进出口许可证、税收、贷款等方面相联系，若腐败盛行会使企业难以有效开展业务，致使商业效率低下，甚至造成外来投资暂停或撤离。该指标分值为0~6，分值越高，腐败程度越低。

法律与秩序（Law and Order）：用以评估一国（地区）立法能力和公正性以及公民守法情况，分值为0~6分，分值越高，法律的执行力与公正性越强，公民的守法程度也就越高。

行政机构（Bureaucracy Quality）：用以评估一国（地区）行政机构的制度力量与质量。行政机构质量会影响政府提高财政收入的能力、财政管理能力和财政立场，进而对其发展金融市场的动机产生影响。行政机构质量的提高并不是一蹴而就的，而是在实施长期承诺过程中不断磨砺而来的，因而与其他长期决定因素如政治稳定性和政治制度的包容性密切相关（Besley & Persson，2009）。行政机构的制度力量和质量可视为一种“减震器”，对于政策制定有着至关重要的作用。当政权交替时，能够减少政策的过度修订。如果缺乏强有力的行政机构缓冲效应，则政府的变化就会对政策的制定和日常行政职能造成不利影响。该指标分值为0~4分，分数越高，表明执行力和行政水平越高。

（3）利益集团

本章参照国内学者王鸾凤等（2006）、江春等（2007）等的研究，将利益集团的力量用银行集中度来表示，银行集中度的计算为一国（地区）内最大的三家商业银行资产在整个银行业中所占的比重。一个国家的银行集中度越高，说明金融利益集团的力量越大（陆磊，2000），它也就越有动力采取各种手段来影响政府的金融政策。

（4）控制变量

人均GDP（*pergdp*）：用以衡量一国（地区）经济发展水平，用GDP除以总人口表示。金融业作为经济发展中重要的组成部门，经济水平的提高能够对金融发展起到良好的推进作用，也能吸引更多的外资进入，对于离岸金融的发展具有重要的影响。

人均收入（*income*）：以按购买力平价（PPP）衡量的人均国民总收入来估计人均收入水平。人均收入水平代表了国内居民的富裕程度，富有的投资者拥有的可支配金融资产越多，越有可能多样化配置，持有更多的跨境资产，从而影响离岸金融的发展。

贸易开放度（*openness*）：用以衡量一国（地区）的开放程度，以一国商品和服务的进出口总额与 GDP 的比值表示。贸易开发程度越高，其对于金融服务的需求也就越大。

城市化水平（*urbanization*）：衡量城市化发展程度的数量指标，用一国或地区的城市人口占总人口比例来表示。城市化水平反映了一国的社会发展水平，城市化程度越高的地区往往也越发达，有着更良好的基础建设以及社会环境，更容易吸引非居民或境外金融机构来投资，从而促进离岸金融的发展。

海岛或沿海国家（*island*）：设置为关于一国或地区的地域特征的虚拟变量，若国家为岛屿国家，则指标变量为1，否则为0。岛屿国家由于其独有的地理区位特征，资源相对匮乏，天然具有不同的经济发展模式以及特殊的业务种类，更倾向于制定离岸金融发展战略，提供灵活便利的金融服务，相比于内陆国家更具资金吸引力。

本章所有使用的变量指标说明见表 5-6。

表 5-6 变量说明

变量符号	变量名称	变量说明	数据来源
cpis	协调证券投资调查	某一经济体所持有的以权益、长短期债务证券形式存在的组合证券投资资产头寸	IMF 官网
conc	银行集中度	一国或地区内最大的三家商业银行资产在整个银行业中所占的比重	世界银行 GFDD
gs	政府稳定性	一国或地区政府对于既定方案的执行能力及其政权稳定性	美国 PRS 集团 ICRG 数据库
corrupt	腐败程度	一国或地区政治体系内部的腐败程度	同上
law	法治水平	一国或地区立法能力和公正性以及公民守法情况	同上
burea	行政机构	一国或地区行政机构的制度力量与质量	同上
pergdp	人均 GDP	GDP 除以总人口	世界银行世界发展指标（WDI）数据库
income	人均收入	按购买力平价衡量的人均国民总收入	同上

续表

变量符号	变量名称	变量说明	数据来源
openness	贸易开放度	一国或地区商品和服务的进出口总额与GDP的比值	同上
urban	城市化水平	城市人口占总人口比例	同上
island	海岛或沿海国家	虚拟变量：即如果该国是海岛或者沿海国家，指标变量=1	CIA（美国中央情报局）世界概况

5.4.2 模型构建与计量结果

本章将采用面板数据分析方法进行研究，构建如下基本模型：

$$Y_{it} = \alpha + \beta_1 INTE_{it} + \beta_2 GC_{it} + \beta_3 INTE_{it} {}^* GC_{it} + \sum \beta_j control_{jit} + \mu_{it} \tag{5-1}$$

$$\frac{\partial Y_{it}}{\partial INTE_{it}} = \beta_1 + \beta_3\ GC_{it} \tag{5-2}$$

$$\frac{\partial Y_{it}}{\partial GC_{it}} = \beta_2 + \beta_3\ INTE_{it} \tag{5-3}$$

其中，下标 i 表示第 i 个国家或地区（i=1，2，…，64），为横截面单元；下标 t 表示第 t 年（t=1，2，…，17），为时序期数。Y 表示一国或地区的离岸金融发展水平；*INTE* 表示衡量一国或地区的利益集团力量的代理变量；*GC* 表示政府能力的代理变量；*control* 表示一组影响一国或地区离岸金融发展的控制变量。$INTE^* GC$ 则作为一个交互项引入，表示两者之间的相互作用，对基本模型（5-1）求偏导数后得到模型（5-2）和模型（5-3），通过偏导系数 β_3 的大小与方向来判断两者之间的影响作用。在面板数据分析时，由于横截面单元大于时序期数，即 $N(64)>T(17)$，为避免横截面的异方差性与序列的自相关性，故取用截面加权估计法（Cross Section Weights，CSW）来进行回归分析。

5.4.3 实证检验及解释

（1）变量描述性统计

各变量 2001—2017 年描述性统计结果见表 5-7。

表 5-7　2001—2017 年变量描述性统计结果

变量	观察个数	均值	标准差	最小值	最大值
cpis	987	481563. 3	1103530	7. 737471	9576214
conc	1022	64. 00561	19. 04952	20. 84640	100
gs	1040	7. 975125	1. 510005	4. 04	11. 5
corrupt	1040	3. 258019	1. 272827	1	6
law	1040	4. 344692	1. 230057	1	6
burea	1040	2. 904375	0. 922576	1	4
pergdp	1036	23693. 79	21135. 30	447. 0139	119172. 7
income	1032	26617. 84	16650. 97	2070	101140
openness	1032	99. 43343	73. 45294	19. 79813	442. 62
urban	1040	73. 64076	16. 34785	27. 918	100

通过观察样本国家或地区 2001—2017 年各变量指标可以发现，样本内各国或地区发展水平之间也存在着较大的差异，如 CPIS 最大值达到了 9576214，而最小值仅有 7. 737471，远低于平均值。

（2）数据平稳性检验

在进行面板数据回归分析之前，首先要进行数据的平稳性检验，若各序列数据并非同阶单整则不能直接进行回归，需要进行序列变换后得到平稳的序列，才能进行回归分析。由于少数国家或地区的部分数据缺失，对非平衡面板数据取用 ADF 检验进行平稳性检验，所得结果如表 5-8 所示。

表 5-8　面板单位根检验结果

变量	ADF 值	P 值	是否平稳
cpis	114. 086	0. 8054	不平稳
ln*cpis*	290. 702	0. 0000	平稳
conc	192. 995	0. 0003	平稳
gs	187. 454	0. 0007	平稳
corrupt	182. 077	0. 0000	平稳
law	191. 013	0. 0000	平稳
burea	27. 7249	0. 0005	平稳
pergdp	62. 4645	1. 0000	不平稳
L*npergdp*	302. 262	0. 0000	平稳

续表

变量	ADF 值	P 值	是否平稳
income	69.5966	1.0000	不平稳
ln*income*	229.133	0.0000	平稳
openness	329.768	0.0000	平稳
urban	204.247	0.0000	平稳

从表 5-8 可以看出，原变量序列中 *cpis*、*pergdp*、*income* 三者 P 值分别为 0.8054、1.0000、1.0000，均接受了原假设，即原数据序列并不平稳，在对其进行了取对数化处理后，所有的变量数据序列均在 1%的显著性水平下拒绝了原假设，即序列变换后转变为了平稳序列，因此在回归分析时取对数化处理后的 lncpis、lnpergdp、lnincome 序列。

(3) 检验结果及解释

为了避免横截面的异方差性与序列的自相关性，所采用的截面加权估计法（Cross Section Weights，CSW）所得到的回归分析结果如表 5-9 所示。

表 5-9　回归分析结果

变量	模型 1	模型 2	模型 3	模型 4	模型 5
C	-18.74365*** (-26.32841)	-17.17431*** (-17.00584)	-17.43334*** (-20.03986)	-18.64233*** (-18.73130)	-16.88140*** (-23.65682)
conc	-0.025117*** (-19.72364)	-0.016796** (-2.198969)	0.010026*** (2.746400)	0.019152*** (2.858537)	-0.019702*** (-3.783933)
gs	0.052845*** (3.293683)				
conc×gs		2.90×10^{-5} (0.038126)			
corrupt	0.068125* (1.819453)		0.980824*** (13.91576)		
conc×corrupt			-0.009173*** (-10.05785)		
law	-0.478456*** (-14.34909)			0.360649*** (4.063656)	
conc×law				-0.007475*** (-5.660665)	
burea	1.165165*** (20.60421)				1.215921*** (12.04283)

续表

变量	模型 1	模型 2	模型 3	模型 4	模型 5
conc×burea					-0.002965** (-2.052443)
pergdp	0.394719*** (3.890615)	1.174125*** (11.00875)	0.695446*** (5.703318)	1.229939*** (11.06036)	0.314465*** (3.018994)
income	2.619906*** (16.97666)	1.875599*** (9.828654)	2.084527*** (10.75477)	1.858763*** (10.03307)	2.323242*** (14.41230)
openness	-0.002724*** (-8.426793)	-0.001658*** (-4.322465)	-0.003735*** (-8.506776)	-0.002253*** (-5.412245)	-0.002981*** (-8.833353)
urban	-0.012363*** (-5.162277)	-0.023095*** (-8.822434)	-0.015113*** (-6.381459)	-0.021590*** (-7.855649)	-0.005539** (-2.179392)
island	0.298269*** (5.193938)	0.228943*** (3.338154)	0.303430*** (4.243958)	0.190072*** (2.616608)	0.290449*** (4.237830)
observations	961	961	961	961	961
R^2	0.925	0.89	0.899	0.896	0.919

注：*、**、***分别表示在10%、5%、1%的水平下显著，回归系数括号内数字为对应参数标准差值。

表5-9中的模型1是将银行集中度与政府能力代理变量作为自变量的总体回归结果，模型2、模型3、模型4、模型5分别引入了政府稳定性、腐败程度、法治水平、行政机构等代理变量与银行集中度的交互项后所得到的回归结果，所有模型的 R^2 值都处于较高的水平，说明模型拟合程度较好。从各模型的回归系数结果中，本章可以得到以下结论：

1）从控制变量组的结果来看，首先，在所有模型中人均GDP的系数都在1%显著性水平下为正值，说明一国或地区的经济发展水平对于该国或地区的离岸金融发展具有促进作用。离岸金融中心作为金融业务和机构的聚集中心，必然会受到东道国经济状况的影响。一国或地区如果有着较高的经济发展水平，其资金需求也会表现得更加旺盛，较高的投资回报能够更好地吸引资本流入，吸引跨国投资机构和个人进入该国开展离岸业务，从而促进本国离岸金融的发展。其次，人均收入水平在所有模型中的系数都在1%显著性水平下为正，其系数在方程中的贡献也相对较大，从模型1来看，人均收入水平每提高1个单位，*cpis* 就提高2.62个单位，作用十分明显，由此说明一国或地区的人均收入水平是影响离岸金融发展的重要因素，在人均收入水平较高的国家，居民或投资者能更积极地进行财富分配，持有跨境资产的动机与能力也更强，同时更高的消费水平也产生更多元化的金融服务需求，这些都能积极地推动离岸金融的发展。再次，城市化水平与贸易开放度则在1%的显著性水平下为负，与通常所认为的观点并不相符，因其作用系数很小，说明其可能并不是影响离岸金融发展的关键性因素。最后，海岛或沿海国家的系数在1%的显著性水平下为正，说明海岛或沿海国家作为一种先天的区位特征，在离岸金融的发展中具有独特的优势。

2）从模型1中政府能力的代理变量来看，首先，政府稳定性在1%显著性水平下显著为正，政府稳定性的评分每提高1个单位，*cpis*就提高5.28%。一国或地区稳定的政治环境是金融市场顺利发展的先决条件，政局稳定也能保证经济的持续平稳发展，能够成为推动离岸金融发展的巨大动力。其次，腐败程度的系数在10%的显著性水平下显著为正，由于本章测度指标的数值越大表明腐败程度越低，因此结果意味着对离岸金融的发展水平有着促进作用。一国或地区政治体系内的腐败程度越低，越能有效地降低企业的寻租成本，从而提高商业运作效率，促进金融发展。行政机构的质量系数在1%显著性水平下显著为正，且作用系数最大，说明一国或地区行政机构的执行力与行政水平对于其离岸金融发展有着重要的影响。再次，行政机构的质量对于政策的制定与执行有着至关重要的作用，其分值较高的国家或地区对于政策变化的反应能力也越强，这些国家或地区的金融中介和金融市场也更加发达。总的来说，各制度变量都对离岸金融的发展有着比较明显的影响，具体表现在一国或地区政局越稳定腐败水平越低，行政水平越高，即政府的能力越强，其所持有的*cpis*头寸也更多，离岸金融也发展得更好，"H_{1a}-H_{1d}由此得证"。从而验证了H_1。

3）在模型1中银行集中度的系数在1%的显著性水平下显著为负，银行集中度每提高1个单位，则*cpis*下降2.51%，说明利益集团的力量对于离岸金融发展存在着显著的负向影响。一国或地区的银行集中度越高，银行业也就更为集中，政府在银行中的所有权也往往越大，运行效率也更加低下。利益集团的力量越大，其对于金融市场的影响力也就越强，通过各种措施和手段限制金融政策的动机和能力也越大，比如要求实施更严格的准入限制，从而保持自身在市场竞争中的有利地位。同时金融利益集团的力量越大，对金融市场的垄断性越强，进行金融创新的动力也越小，利益集团更倾向于维护自身的既得利益，这会阻碍离岸金融的发展。回归的结果与我们的预期相一致，从而验证了 H_2。

4）观察模型 2~模型 5 的回归结果，除政府稳定性的交互项系数并不显著外，其他交互项的系数均在 1% 的显著性水平下明显为负（-0.009173^{***}、-0.007475^{***}、-0.002965^{**}），具体结合偏微分方程（5-2）和模型 1 来看，腐败程度的降低、法治水平以及行政水平的提高，使得每一单位银行集中度所引起的离岸金融发展的变化程度更小，由此说明政府能力越高，利益集团对于离岸金融发展的负向影响越小；反之，在政府能力较低的国家，其在做出金融决策时，更容易受到利益集团的影响，离岸金融发展水平也更低。这是因为在政府能力高的国家，行政机构质量更高，腐败程度更低，意味着政治越民主，经济决策越不易受到政治干扰，其进行政府决策时更具独立性，更多的是考虑社会公众的福利，而不是满足特殊利益集团的利益诉求。反之，利益集团通过游说、介入政治选举、行贿等方式来获取利益的可能性也相应降低，对金融发展的影响力减弱，该结论从模型中银行集中度的影响系数的变化中也得到了证明。同时当腐败程度较低时，企业的寻租成本也就越低，对于投资者的吸引力就越强。而在行政机构质量越差、腐败程度越高的国家，官僚与利益集团之间的利益交换更加频繁，部分官僚甚至成为利益集团的代言人，通过利益与权力的交换，既得利益集团获得强大的政治影响力，以合法的手段参与政府政策的制定，从而为自己谋求利润，官僚们也会因为有利可图，缺乏动力去改变现状，此时他们并不会倾向于开放的金融政策，而是不断地攫取国内利润，阻碍离岸金融的发展。因此本章 H_3 也得到了证明。

5.4.4 稳健性检验

为了检验实证结果的稳健性，本章采用不同金融市场的金融规模进行检验。CPIS 由股权和债务证券头寸构成，表征离岸金融中心的直接融资市场规模，本文采用国际清算银行的各国银行外部贷款（External Loans）作为替代变量代入模型。在各离岸金融中心银行和其他金融机构提供的金融服务中，外部贷款即其银行部门向非居民发放的贷款，代表了离岸金融中心的间接融资市场规模，其形式包括贷款给非居民企业、金融机构和其他地区银行及市场参与者。作为反映离岸金融中心提供国际金融服务的一部分，外部贷款亦能够直接反映离岸金融的发达程度。所得的回归结果如表 5-10 所示。

表 5-10 稳健性检验结果

变量	模型 1	模型 2	模型 3	模型 4	模型 5
C	−0.476126 (−0.583004)	1.359937* (1.762904)	−0.089151 (−0.110091)	1.021371 (1.348132)	0.647207 (0.836260)
conc	−0.024851*** (−15.60468)	−0.017412*** (−2.663501)	−0.008844** (−2.332607)	−0.014058*** (−2.751821)	−0.033997*** (−6.659366)
gs	0.069624*** (4.098619)	0.114174** (2.364465)			
conc×gs		−0.000480 (0.5187)			
corrupt	0.118724*** (3.004599)		0.56167*** (6.646771)		
conc×corrupt			−0.004368*** (−4.056802)		
law	−0.160904*** (−4.623123)			0.188624*** (2.766743)	
conc×law				−0.001658 (−1.633151)	
Burea	0.467588*** (9.010130)				0.328435*** (3.528001)
conc×burea					−0.002663* (−1.860221)
pergdp	0.966286*** (9.436153)	1.474626*** (21.29066)	1.013857*** (9.973377)	1.293473*** (17.90266)	0.843112*** (9.108495)
income	0.414673** (2.490700)	−0.209855*** (−1.652317)	0.329153** (1.995780)	0.016878 (0.128130)	0.468355*** (3.075465)
openness	−0.000263 (−0.610786)	−0.000604 (−1.526912)	−0.000636 (−1.482099)	−0.000819** (−2.092690)	−0.000367 (0.1953)
urban	−0.033855*** (−15.25020)	−0.032515*** (−17.16472)	−0.035373*** (−16.65073)	−0.032908*** (−18.59837)	−0.029702*** (−15.84644)
island	0.742336*** (11.08488)	0.626867*** (9.927000)	0.567358*** (8.297313)	0.588534*** (9.018387)	0.674541*** (9.867839)
observations	809	809	809	809	809
R^2	0.782	0.795	0.764	0.821	0.836

注：*、**、***分别表示在10%、5%、1%的水平下显著，回归系数括号内的数字为对应参数标准差值。

从表5-10结果可知，在替换了被解释变量后，所有模型较为显著，拟合程度较好。从系数上来看，银行集中度对于外部贷款的影响在 1%的显著性水平下显著为负，每 1 单位的银行集中度的上升，会引起外部贷款下降 2.4%，说明了利益集团对于离岸金融发展有负向影响，这与表 5-9 所得出的结论一致；交互项的系数影响方向也并没有发生改变，得到了与前述结果较一致的结论，说明原模型回归稳健性良好，进一步证明了假设。

5.5 研究结论与政策建议

5.5.1 研究结论

本章依据全球离岸金融中心国家或地区的数据，从政府能力与利益集团视角探讨二者在离岸金融发展中所发挥的作用，并选取了 64 个国家和地区 2001—2017 年的数据进行实证检验。研究结论如下：

1）一国或地区政府的能力对于其离岸金融的发展具有显著的影响。一国或地区政局的稳定性、腐败程度与法治水平的高低、行政机构质量的优劣，都是影响离岸金融发展的重要因素，其中以行政机构的执行力与行政水平的影响力最为突出。

2）金融利益集团的力量对于离岸金融的发展有着显著的负向作用，国内利益集团为了维护自身的既得利益，有动机和能力去阻碍离岸金融的发展。

3）政府能力的提高能够弱化利益集团对于离岸金融发展的负向影响，具体表现为，法治水平和行政水平的提高以及腐败程度的降低，使得每一单位银行集中度所引起的离岸金融中心发展水平变化程度更小。

另外，本章还发现了其他影响离岸金融发展的因素。经济发展水平与收入水平对离岸金融发展有着良好的带动作用，其中人均收入水平对于离岸金融发展的影响尤为显著；从地域特点上来看，岛屿国家作为一种先天的地理区位特征，在离岸金融的发展中具有独特的优势；而城市化水平与贸易开放程度并不是影响离岸金融发展的关键因素。

5.5.2 政策建议

（1）完善相关法律制度

健全的法律制度是金融市场健康发展的保障，我国推动离岸金融发展首要解决的问题就是要完善相关法律框架，进一步细化和完善相关法律制度，使离岸金融活动有法可依。目前我国仍沿用1997年颁布的《离岸银行业务管理办法》及其实施细则，且适用对象为中资银行。2006年，中国银行业监督委员会发布并实施了《外资银行管理条例》，该条例允许外资银行可针对居民和非居民开展各项业务，极大地促进了外资银行的发展。然而，随着中国金融双向开放步伐不断加快，特别是建设自由贸易实验区重大战略举措的实施，相关部门需要与时俱进，健全法律制度体系，加快颁布实施新的离岸金融相关法律法规，明确管理法规的适用对象，统一中外资银行的法律规范；明确离岸金融机构的准入条件，针对不同机构合理划分离岸业务范围；明确相关离岸金融监管机关，采取统一化、专一化的科学监管措施；明确对离岸账户的保密，同时参照国际惯例制定反洗钱措施。为离岸金融发展提供良好的法治环境，使投资者和金融机构对于我国离岸金融的发展树立长远信心。

（2）加强反腐力度

在提高政府能力的同时，我国还应持续加大反腐力度，减少政府官员参与寻租的机会。在制度改革方面，要努力从源头建立健全治理腐败的长效机制，明确政府与金融业之间的界限，消除政府行政权力对于金融业自主经营的不利影响，从而减少由于权力干预而滋生的经济需求，为金融业的经营发展营造一个公平的市场环境。对于公务员队伍，要采取多种方式加强反腐倡廉教育，提高公务人员遵纪守法的自律性；加强职业道德教育，树立社会防腐共识；宣传廉洁勤政的先进典型，营造风清气正的社会环境。加强腐败监督，要合理运用多种监督手段，形成程序严密规范、结构科学合理、控制管理有效的监督机制。还应扩展监督渠道，加强舆论监督。在惩治预防方面，加大惩处力度，使贪腐成为一种高风险的行为。通过对腐败的控制，一方面减小利益集团通过贿赂形式影响政策的可能性，另一方面也有助于树立廉洁的政府形象，提升我国的国际声誉，提高对外资的吸引力，从而促进跨国金融机构以及国际投资者的进入和国际资本的流入，推动离岸金融的发展。

（3）提高行政水平

提高政府机构的行政水平，为离岸金融发展提供更好的营商环境。外资金融机构想要进入开展业务，必须先向当地政府提交申请并等待审批，如果存在相关行政程序复杂苛刻、政府机构行政效率低下、服务人员缺乏专业素养等问题，就会给外来企业和投资者带来不良印象，进而影响其投资选择，甚至还可能会导致企业运行效率低下、企业撤资等，从而影响金融机构的聚集。从目前来看，我国政府机构的行政水平相比于其他发达国家还存在着一定差距，外商投资办理所需证件涉及的程序不仅繁杂，而且效率低下。为此，政府应该继续推进“放管服”改革，在符合法律法规的基础之上简政放权，进一步改革行政审批制度，优化组织结构，适当精简程序流程，从而提高办事效率，节省企业时间成本。此外还应提高行政人员的基本素质和管理水平，为离岸金融机构提供更加优质的服务，在人才招聘上保证录用人员具有较高的综合素质；在人员提拔上公正公开，确保岗位与能力相匹配；完善对政府在职人员的培训体系，提升服务意识与服务素质；设立更为合理的考核机制，规范行政人员的行为准则。通过对政府部门行政能力的全面提升，来达到提高服务质量，改善政府形象，创造更为优质的服务环境的目的，从而为离岸金融发展奠定更为坚实的基础。

（4）削弱金融利益集团

从我国银行业市场份额所占比重来看，银保监会2018年数据显示，五大商业银行占比为36.67%，而外资银行占比仅为1.29%，外资银行市场地位偏低，尚未对我国银行业造成威胁。从目前我国离岸金融业务发展现状来看，持有离岸业务牌照的中资银行只有交通银行、浦发银行、招商银行、平安银行四家，外资银行总体比重较小，并不能在市场上充分发挥竞争作用。当前银行业竞争主要表现在资产规模上，根本原因就在于缺乏开展业务创新的动力。一直以来，国有商业银行在我国金融市场结构中占据着主导地位，离岸金融业务的牌照又被严格限制发放，给离岸金融市场设置了较高的准入门槛，导致市场竞争环境不公平，有限的市场形成了实质上的垄断，这些都与离岸金融市场发展所要求的高度自由化不相适应，因此严重限制了我国离岸金融的进一步发展。

为解决上述问题：①需要进一步大力推动对国有商业银行的股份制改革，降低政府在银行中的产权，打破国有商业银行行政性垄断的局面，在此基础之上提高银行业的竞争水平。适当弱化政府通过行政手段来进行资源配置的作用，将政治权力与商业利益相分离，从而削弱金融利益集团的影响力，为我国离岸金融发展提供良好的制度环境。②进一步加大金融市场的开放力度。合理放宽金融机构的准入条件，引导民营银行进入或加大国外战略投资者进入我国市场的力度，以此建立充分竞争的市场环境，让金融机构从维护既得利益转移到金融业务的创新，为境内离岸金融业务的发展增添活力。③稳步推进贸易自由化和金融自由化，通过全方位开放来促进国际资本流动，从而改善利益集团的行动态度，促进离岸金融发展。

5.6 本章小结

离岸金融发展离不开政策的引导和推动，政府能力作为政府决策的关键一环，是促进离岸金融发展的重要因素。同时利益集团作为市场经济发展和民主政治协同作用的产物，也对政策决策存在着不可忽视的影响力。本章从政府能力和利益集团两个角度入手，研究影响离岸金融发展背后的制度因素，在阐述与离岸金融发展相关的研究文献的基础之上，结合全球离岸金融中心的相关现状进行分析，从理论和实践两个方面来研究政府能力和利益集团对一国（地区）离岸金融发展的作用机制以及效果。

1）本章通过对全球离岸金融发展的相关状况进行概览，分析这些离岸金融发展成功背后的制度因素，厘清实践过程中政府能力、利益集团与离岸金融发展的互动机制，为本章研究提供了现实经验证据。

2）本章在全球范围内选取了64个国家或地区作为研究对象，设计能合理表达政府能力、利益集团以及离岸金融发展水平的变量指标，同时加入其他可能影响离岸金融发展的因素作为控制变量，建立面板数据模型对研究假设进行实证检验，并通过替换主要代理变量进行稳健性检验，使分析结果更具有说服力。

3）在已得到的相关研究结论之上，结合具体实际情况，从政府能力和利益集团两个方面针对性地提出相关政策建议，为进一步发展离岸金融业务、构建国内离岸金融中心提供了有价值的借鉴和参考。

6 离岸金融发展的认知嵌入
——基于风险偏好视角

新制度经济学认为非正式制度对正式制度具有扩展、丰富和完善的作用。认知水平和风险偏好作为非正式制度，不仅扩展和丰富了正式制度，而且对正式制度的实施都发挥着决定作用。本章结合制度经济学和行为金融学知识，从风险偏好视角、认知能力水平层面对离岸金融制度变迁和演进作出解释。由于非正式制度已经渗透到社会生活的各个领域，调节了人们的大部分行为，其作用范围要比正式制度更为广泛，因此在离岸金融发展的过程中，作为非正式制度的认知能力和风险偏好对离岸金融正式制度的税收、监管和保密等均会产生重要影响，同时也成为离岸社会不可或缺的驱动因素。

本章结合行为金融学相关理论，利用跨国面板数据，分别从理论与实证方面分析认知能力、风险偏好对离岸金融发展的影响，阐释认知能力通过风险偏好作用于离岸金融发展的内在机理。本章利用 43 个国家和地区 2001—2017 年面板数据构建联立方程模型，采用三阶段最小二乘法对认知能力差异、风险偏好水平与离岸金融发展的关系进行经验检验，研究发现：①离岸金融市场中的风险偏好作为非正式制度能够影响正式制度的制定和实施；②较高的风险偏好水平能够提升离岸金融管理当局的政府效能，增加离岸金融市场的参与度从而促进离岸金融发展；③认知水平较高的地区显著提高当地风险偏好水平，证实了“聪明管理者”和“聪明投资者”现象。本章研究为理解风险偏好影响离岸金融发展的传导路径提供了制度金融学解释，也为金融开放背景下提高民众认知能力，促进离岸金融发展提供了经验证据，最后还为加快推进离岸金融发展提供了非正式制度方面的政策建议。

6.1 理论与文献回顾

6.1.1 相关概念

(1) 认知能力

认知能力是人们最基本的心理能力，主要是指人们获得知识和应用知识的能力，或对信息进行加工的过程。它包括记忆能力、语言能力、想象能力和思维能力等与人们心理活动相关的能力。认知的过程与信息加工的过程基本一致，人脑会首先收到外界的刺激接收到信息和信号，并通过个体的加工与处理做出判断和决策，进而指导人们的行为。

美国心理学家 Gagne（1965）首次提出认知能力这一概念，Jensen（1998）认为认知能力是人拥有的一项稳定并且能遗传的行为能力。孟亦佳（2014）认为认知能力是指人脑加工、储存和提取信息的能力，反映了人所具备的“内在”能力。Schmidt 和 Hunter（2004）认为认知能力可以预测个体的重要社会表现，比如预测个体接受教育的能力、获取收入和健康的能力（Deary et al.，2012）及合作的能力（黄少安和张苏，2013）。同时，认知能力还会对个体的很多行为如社会偏好形成（Carpenter et al.，2013）、自我控制和社会修养（Trentacosta et al.，2006）产生影响，从而进一步影响个人决策。后来大量的研究将认知能力归结为语言能力、记忆能力和计算能力三类（Christelis et al.，2010），它被视为一种人力资本和生产要素（Smith et al.，2010），在经济学中有着重大的研究意义。

(2) 风险偏好

风险偏好有两层含义：①表示个体承担风险的基本态度，是个人感知决策情景及制定风险决策的重要前导因素；②个体对风险的主动追求。本章研究的风险偏好均采用第一种含义，即用于度量个体对风险的承受能力，其中高风险偏好水平表示对风险的喜好与追求，低风险偏好水平表示对风险的厌恶与规避。借鉴刘健和陈剑（2013）的研究，根据人们面对风险时的不同态度，可将人们分为风险爱好者、风险规避者与风险中立者。

行为金融学和制度经济学的学者对风险偏好分别有着不同的看法。从行为金融学来看，卡尼曼和 Tversky（1982）将风险偏好称之为“认知偏差”，两位学者提出的前景理论认为，人们并不会完全按照贝叶斯法则进行决策，而是存在“框架效应”和“参考点效应”。框架效应是指在人们面对逻辑意义上相似的不同说法时，会引发决策者选择偏好的改变，参考点效应是指不同的投资者在面对风险时会有不同水平的参考点，获得的收益或损失都依赖于这个参考点，参考点不同，人们的风险态度也就随之改变。

(3) 非正式制度

从制度经济学来看，Hayek（1949）从制度形成的角度深入地进行了分析，认为不管是演进而来的制度，还是人为构建的制度，都反映了人们对世界、社会运作方式和人与人之间互动方式的认识。North（1990）认为是认知差异导致了心智模型的异质性，而制度就是组织为解决社会互动中反复出现的问题而产生的一种集体的心智模式。熊必军（2005）将风俗习惯、道德文化、价值观念和意识形态等纳入了非正式制度的范畴中。North（1990）把它们分成三类：对正式制度的扩展、丰富和修改；社会所认可的行为准则；自我实施的行为标准。

风险偏好水平作为自我实施的行为标准，可以被视为一种非正式制度。风险偏好是决策者面对信息不完全时个体承担风险的基本态度和心理状态，体现为个体在决策过程中的风险收益权衡。非正式制度具有以下四个特征：①自发性，人类依靠自身认知能力形成了对金融环境和未来金融风险的独特理解，在个人感知决策情景及制定风险决策时能够自发主观判断；②非强制性，风险偏好是个体心智模式不断向外界学习和交流，通过反复博弈和演化形成的集体心智模式，其变迁与实施并非靠强制执行；③持续性，人们多次在同一风险水平上交易时就会产生思维定式，长期积累则成为交易习惯；④风险偏好具有广泛性，个体风险偏好经由与社会的交互作用传递并影响其他非居民个体，渗透到社会生活的各个领域，进而形成较为一致的群体风险偏好，遂成为非正式制度。

6.1.2 理论基础

(1) 心智模型理论

心智模型理论是苏格兰心理学家肯尼思·克雷克在1943年提出的。心智模型是指主体运用认知能力根据自身的经验和知识进行判断与分析，并逐渐形成的一种惯性化心理机制或既定的认知框架。其形成过程是主体先被外界的信息刺激，然后根据自身的经验得到进一步的信息回馈，若这个回馈被主体所承认或接受就会被保留下来成为心智模型，如回馈不被接受，主体就会放弃。心智模型会不断地接收新信息的刺激，这种刺激的过程可分为“强化”或“修正”。

如图 6-1 所示，人们在通过直接经验或实验与自然世界交流的过程中，自然世界会不断地产生反馈信息，人们接收反馈信息后会形成自己的心智模式。个体的心智模式即通过与外界沟通交流想法影响他人心智模式，又经由教学或向外界学习改变自己的心智模式，最终通过使用认知和科学的方法形成推论的心智模式。

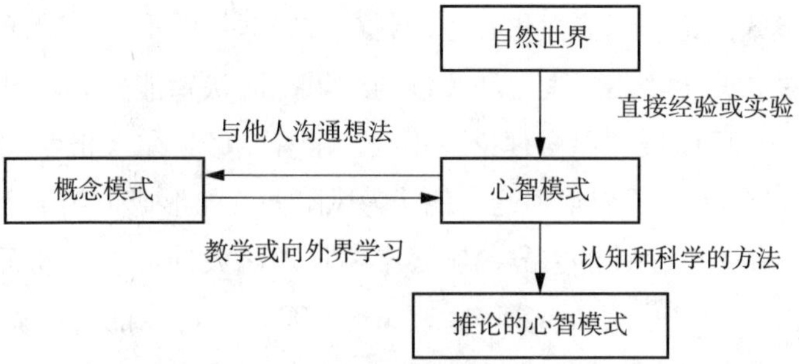

图 6-1 心智模式的形成

心智模式有以下三个方面的作用机理，如图 6-2 显示的是考夫曼提出的“见—解—思—行”循环（即 OADI 循环），“见”是指个体通过各种渠道获得感受的过程，“解”是指个体对所获得的感受进行理解，“思”是通过思考后形成概念、理论或模式，“行”是行动或实践的意思，指将上述行为中所得到的理论加以实践。

随后，North（2000）进一步对心智模型理论进行了发展，提出了共享心智模型。其认为个体的心智模型可以在集体间转递，当集体的心智模型被固定下来就形成了制度，制度本质上就是在社会互动和反复博弈中形成的一种集体心智模式。具体地，当这一集体所在地为离岸金融中心时，风险偏好会进一步形成离岸金融中心的风险偏好水平。

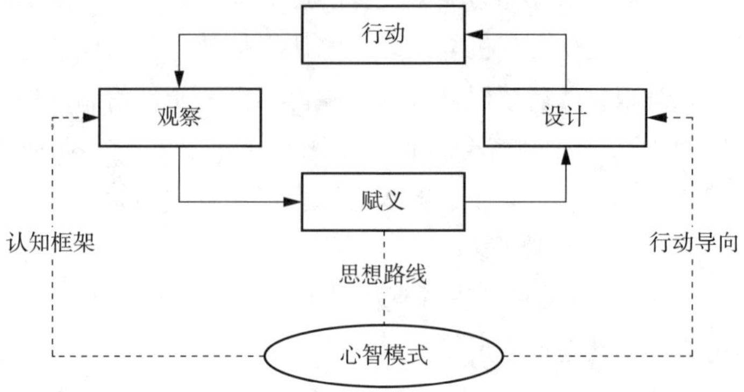

图 6-2 心智模式的作用机理

(2) 前景理论

心智模式理论强调惯性化心理机制与认知框架的形成依赖于个体的认知能力，是认知主体不断学习和改进的结果，而认知能力影响风险偏好形成的具体路径可以从“前景理论”中找到解释。诺贝尔经济学奖获得者卡尼曼在 2002 年提出了前景理论，他认为风险偏好的形成依赖于个体的价值函数和权重函数，个体的差异确实会影响权重函数的形成，进而产生不同程度的风险偏好水平（Fehr-Ducla et al.，2004）。认知能力的差异会导致人们产生不同的“框架”① 和“参照点”②，同时在根据价值函数和主观概率的权重函数对信息进行评价时也依赖于自身认知能力水平。认知能力差的人在以上思维阶段可能做出较低水平的判断，从而导致个体的风险偏好水平较低。

前景理论是心理学及行为科学的研究成果，后被逐渐应用到行为金融学等经济学领域。前景理论最主要的成就是提出了人们预期效用的决定因素在于个人的价值函数，而并非效用函数。在预期效用理论中，效用函数与价值函数的区别在于，价值函数中存在一个由个人主观意愿决定的参考点，价值函数在参考点以上曲线下凹，在参考点以下曲线上凸。同时，权重函数的非线性形式也表明了人会高估小概率，低估中大概率。尤其是当

① 框架效应是指一个问题在逻辑意义上相似的两种说法却引发决策者选择偏好的改变，从而导致不同的决策判断。

② 参考点依赖是指人的选择行为与当前的状态有关，会依赖于某个参考点。

概率无限接近0和1两个极值时，个体对于概率的认识将发生重大变化。价值函数和权重函数表明个体间认知能力的差异将会对行为人的风险偏好产生影响。图6-3和图6-4分别给出了价值函数及权重函数。

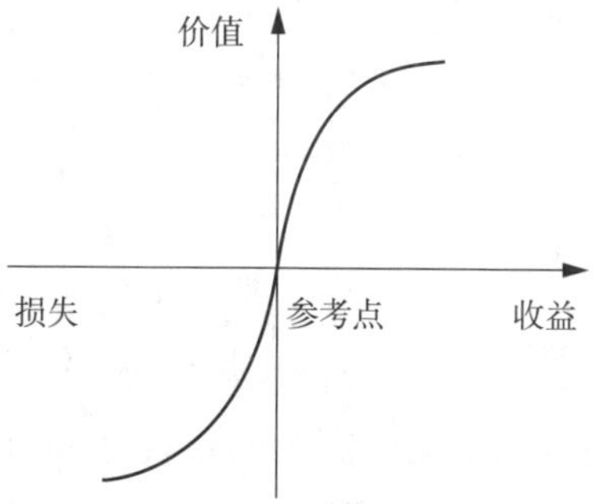

图6-3 价值函数

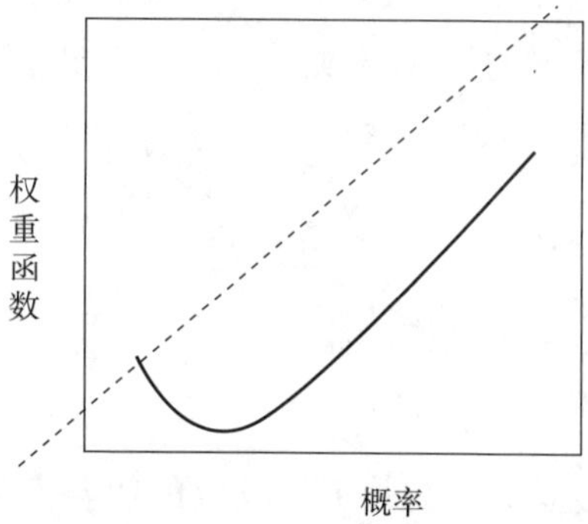

图6-4 权重函数

前景理论假设风险决策分为编辑和评价两个过程，而认知能力在其中都发挥着不可忽视的作用。在编辑阶段，个体首先要依据自身的认知来设定自身的框架和参照点，个体凭借框架和参照点等采集和处理信息，如果个人过于自信，可能会设立一个较高的框架和参照点，在评价阶段需要个体根据价值函数和主观概率的权重函数对信息予以判断，依据则有赖于个体的主观认知能力。

（3）资产组合理论

哈里·马科维茨提出的均值—方差模型具有开创性意义，为现代金融学、投资学甚至财务管理学奠定了理论基础。

风险资产投资需要解决预期收益与风险这两个核心问题，而如何测度投资风险与收益并使两者达到最佳平衡是市场投资者最为关注的问题。在此背景下，马科维茨在1952年提出了均值—方差风险度量模型，首次将数理统计方法应用到投资组合选择的研究中，把风险定义为预期收益率的波动率，从而使相互制约的目标能够达到最佳的平衡效果。

在马科维茨的模型中，假设给投资者一定资金用于投资，研究投资者应该如何去分配这笔资金，使得在自身的风险限度内获得最大收益。这个活动中投资者的决策目标有两个，一个是尽可能多地获得收益，另一个则是保持投资组合风险在所能承受的最高风险水平内。此时对于投资者来说，最好的情况应是使这两个相互制约的目标达到最佳平衡，换言之，最佳投资组合应当是图形上具有风险厌恶特征的投资者的无差异曲线与资产的有效边界线的交点，由此建立起来的投资模型即为均值—方差模型。模型中，马科维茨确立了证券组合预期收益和风险的计算方法及有效边界理论，建立了资产优化配置的目标函数：

$$\min\sigma^2(r_p) = \sum\sum x_i x_j \text{Cov}(r_i - r_j)$$

$$r_p = \sum x_i r_i$$

限制条件：$1 = \sum Xi$（允许卖空），或 $1 = \sum Xixi \ >\geqslant 0$（不允许卖空）。

其中，r_p 为组合收益，r_i 为第 i 只股票的收益，X_i 和 X_j 分别为证券 i 和证券 j 的投资比例，$\sigma^2(r_p)$ 为组合投资方差（组合总风险），$\text{Cov}(r_i-r_j)$ 为两个证券之间的协方差。上述方程在限制条件下，用拉格朗日函数进行求解，可以得到不同风险水平下的最优证券投资组合。在均值—方差模型中目标函数 $\sigma^2(r_p)$ 为投资者所能容忍最大限度的风险水平，不同风险偏好的个体所能容忍的风险水平并不一致，风险偏好水平较高的投资者会持有更多的证券类风险资产。

6.1.3 文献综述

(1) 认知能力与风险偏好

人们的风险偏好与认知过程存在着不可忽视的关联。丹尼尔·卡尼曼（Daniel Kahneman）认为现实中的人具有认知偏差，往往会在风险规避上产生不同的行为。卡尼曼和 Tversky（1982）发现是认知偏差导致了风险偏好的产生。卡尼曼（1992）认为易变的情绪和感觉等心理因素的存在会对行为主体对待风险的态度和认知产生影响，进而使得风险偏好随之变化，从而导致风险偏好的不稳定性，而细究认知发生偏差的原因，最大的可能是在认知过程中发生了信息的合成谬误。

现有研究将认知能力对风险偏好的影响分成三个方面，认知能力的差异会造成人们识别风险、获取信息和学习知识能力的不同（Christelis et al.，2010），这些差异会进一步影响风险偏好的形成：①认知能力越低，识别风险能力越差。认知能力低的人，往往会过度自信，从而低估风险，对自身风险偏好水平的形成产生影响。②认知能力低导致个体处理信息低能。认知能力的差异会使人们获取信息的成本不同，认知能力较低的人会存在信息障碍，导致人们形成不同的风险偏好类型。③学习知识的过程中，认知能力（如语言能力、计算能力和记忆能力等）起到了重要的作用，金融知识的提升可以显著增强人们对金融风险的承受能力（Van et al.，2011）。

（2）认知能力与金融发展

近年来，认知能力与金融发展之间的关系引起了经济学家的关注。Andreas 和 Patrick（2009）发现，人们在认知能力上的差异会导致个体行为偏差，而认知能力的差异主要体现在计算能力、记忆能力与语言能力上。同时他们使用 Frederick（2005）的方法进行认知能力测试，发现认知过程合成谬误引起的行为偏差会对经济金融行为产生巨大的影响，对此国外和国内的学者分别进行了相关研究。

在决策质量上，Vissing 和 Jorgensen（2004）研究发现认知能力低的人，往往在过度自信状态下会低估风险，以至于持有回报率不高的金融产品，产生收益损失；认知能力高的人收集和处理信息的成本较低，容易发现并持有回报率较高的金融产品。在投资比例上，Dimitris（2010）发现个人认知能力对低风险产品的持有倾向影响很小，但对高风险的股票的持有倾向影响很大，这是因为较之股票，债券只需要记忆更少的信息，处理更少的条件概率（Taylor，1975）。Christelis 等（2010）利用计算能力、记忆能力和语言能力这三个指标来测量认知能力，发现认知能力与股市参与之间存在着显著的正向关系。Grinblatt 等（2011）利用智商作为认知能力的代理变量，发现居民的智商越高，其持有共同基金和股票的概率越大。

国内学者也得到了类似的结论。人们的认知能力会影响家庭金融决策，其中金融知识的增加会提升人们在高风险市场的参与度（尹志超等，2014）。饶育蕾和朱锐（2014）通过研究认知能力对信息密集型资产的影响，发现认知能力的差异会使人们获取信息的成本不同，认知能力较低的人容易产生信息障碍，进一步导致人们形成不同类型的资产选择偏好。孟亦佳（2014）在控制了受教育年限和金融知识水平的情况下发现，字词识记能力和数学能力的增强都会提高人们在股票资产上的配置比例。

（3）风险偏好与金融发展

风险偏好对金融发展影响的研究一直都是经济学中的热门话题，国内外学者分别在个人风险偏好程度与企业风险偏好程度对金融发展的影响进行了大量的研究。Kumar 和 Persaud（2002）研究了投资者在股票市场上的投资行为，发现风险偏好者持有大量的股票或债券等金融类资产，而风险厌恶者更倾向于投资房地产等非金融类资产。Graham 等（2013）考察了相同规模和行业的企业，管理者由于风险偏好的差异，即使面对相同的投资机会也会做出不同的决策。

（4）文献评述

综观已有文献，可以看出认知能力对一国的金融发展发挥了不可忽视的作用，其影响人们在金融市场的参与度，认知能力高者比认知能力低者在学习金融知识、识别风险和获取信息等方面表现更优异，如此可以降低他们获取信息时的成本，促使其更愿意参与金融市场，持有更多的股票等金融产品，进而推动金融发展。

认知能力与风险偏好之间有不可忽视的关联性，认知能力越高的人所能接受风险的程度也就越高。风险偏好水平较高地区的居民购买力更强，交易频率更高，会更多地买入金融类资产，于是金融产品购买力与交易频率的上升可以带动本地金融市场的发展。同时，离岸金融机构管理者风险偏好的差异也会影响离岸公司的金融决策，发展离岸金融会给当地的金融市场带来冲击，风险偏好水平较高地区的居民接受风险的能力更强，更容易支持离岸金融市场做大做强。

大量研究证实，认知水平与风险偏好水平对金融市场有十分重要的影响，但其在离岸金融发展中的作用尚不明确。笔者发现以下值得深入探讨之处：①既有研究还未能将个人的认知能力、风险偏好与离岸金融的发展联系起来，且鲜见以全球视角进行的国家层面大样本研究；②风险偏好水平作为一种非正式制度，在认知能力与离岸金融发展中发挥作用的机制尚未得到全面的解释。因此，本章试图从制度经济学的非正式制度视角，探讨认知能力通过风险偏好作用于离岸金融市场的具体路径和影响效果，从而弥补上述不足。

6.2　离岸金融中心认知能力与风险偏好

为了分析本章研究主题各变量之间的关系，笔者先对世界上主要国家或地区的认知能力和风险偏好现状进行综合概览。

6.2.1　认知能力

正式制度的好坏是由其本身的制定目的（是否符合公众的利益）和实际的实施效果两个标准来决定的，其实施离不开认知能力，认知水平直接影响当地正式制度的实施。大量事实表明，一项完善的正式制度从一个国家移植到另一个国家后有可能会“水土不服”，无法发挥其原本的作用，其中的重要原因就是两地的认知水平差异。离岸金融制度的实施同样会受到认知水平的限制，关于在一个地区发展离岸金融是否适宜，首先应当考虑当地的认知水平。在认知水平较高的地区，居民更容易接受和推进离岸金融相关制度的实施，能够最大限度地发挥离岸金融制度的效能。

显而易见，人的认知能力是较难量化的指标。由于认知能力主要包括记忆能力、计算能力和语言能力，而其中的记忆能力与计算能力在人们的日常学习中起到了关键性作用，因此学业教育水平可以反映当地的认知水平，当地的教育水平越高，认知能力越强。而且，认知能力的三种技能在日常学习中发挥了关键性作用，认知能力越强，越有利于提高学习成绩，因此学业水平与认知能力水平的正相关关系得到了较多文献证实（徐芬和李春花，2015）。鉴于横贯古今中外的“读书有用论”最终很大程度体现为考取大学的概率，各国高考不仅有时间积累，而且集中统一考核，排除了人为因素，相对较为公平和科学，本章采用高等院校入学率作为考察当地认知水平的变量。

表 6-1 列示的高等院校入学率数据来自 2017 年离岸金融较为发达的国家和地区，其中美国、韩国和西班牙等国的高等院校入学率超过 85%，而同时期世界平均水平仅为 35.69%。

表 6-1　2017 年离岸金融较发达的国家（地区）高等院校入学率

国家（地区）	高等院校入学率（%）	国家（地区）	高等院校入学率（%）
美国	88.17	中国香港	73.76
日本	64.40	爱尔兰	77.78
西班牙	88.85	意大利	61.93
法国	65.80	奥地利	85.06
英国	60.00	比利时	79.66
卢森堡	19.15	澳大利亚	113.14
葡萄牙	63.94	百慕大	17.83
马耳他	54.29	韩国	94.35
毛里求斯	38.84	荷兰	84.98
瑞士	59.56	挪威	81.99
智利	99.46	塞浦路斯	75.94

数据来源：国际清算银行，IMF 官网。

进一步地，比较样本国家或地区的认知能力数据与世界平均水平，本章制作了其随时间变化的折线图（见图 6-5）。图 6-5 表明，样本国家或地区的高等院校入学率明显高于世界平均水平，并且离岸金融中心高等院校入学率的年增长速率为 1.28%，明显高于世界的年增长速率 1.04%的平均水平，说明了相较于其他国家和地区，离岸金融中心更加重视提升本地认知能力水平。

6.2.2　风险偏好

风险偏好作为投资者面对风险时的一种态度很难在集体层面进行度量，根据预期效用理论，投资者的风险厌恶程度与对风险资产的需求有密切联系，人们的风险偏好水平决定了其资产组合的选择（易宪容和赵春明，2004），特别是家庭资产分布可以相对精确地计量风险偏好水平。根据资产组合的定义，家庭的净财富应该包括风险资产和无风险资产两类。

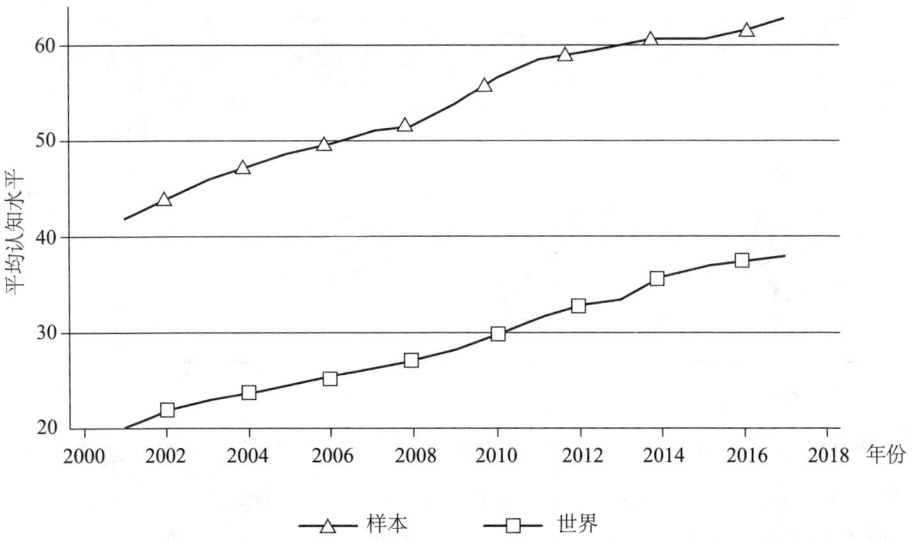

图 6-5　2001—2017 年世界平均认知水平与样本国家（地区）平均认知水平

行为资产组合呈现为金字塔结构，从顶部到底端按照风险程度高低排列，金字塔底部是风险程度最低的货币市场基金和银行存款等，金字塔顶端则是高风险金融资产，如投机性极强的股票及其衍生品。风险偏好水平较高者往往持有大量的股票或债券等金融类资产，风险偏好水平较低者则会倾向于投资低风险资产。

1）借鉴高超（2012）的研究，风险偏好水平与股票交易量显著正相关。本章以世界银行数据库中的“股票交易量占 GDP 的比重”，分析离岸金融中心投资者的风险偏好水平。表 6-2 列出了主要国家或地区 2017 年股票交易量占 GDP 的比重。其中美国、日本和中国香港等地股票交易量较多，卢森堡、百慕大、马耳他及塞浦路斯等地的股票交易量不足 GDP 的 1%。

表 6-2　2017 年主要离岸金融中心股票交易量数据

国家（地区）	股票交易量	国家（地区）	股票交易量
美国	203. 8	中国香港	572. 35
日本	118. 73	爱尔兰	8. 61
西班牙	56. 51	意大利	62. 50
法国	41. 01	奥地利	9. 58

续表

国家（地区）	股票交易量	国家（地区）	股票交易量
英国	78.60	比利时	20.17
卢森堡	0.15	澳大利亚	60.88
葡萄牙	20.38	百慕大	0.55
马耳他	0.80	韩国	123.89
毛里求斯	3.39	荷兰	54.13
瑞士	139.47	挪威	29.57
智利	13.75	塞浦路斯	0.30

数据来源：世界银行数据库。

2）本章还将储蓄存款视为无风险资产，则投资组合中的剩余部分对应的就是风险资产，此时储蓄率即可用来表示某一国家或地区居民的风险偏好水平。鉴于风险厌恶程度越高的家庭更愿意将大部分收入用于储蓄，风险偏好水平较高者往往会持有较小份额的储蓄，可将一国或地区总储蓄占 GDP 的比重作为另一种衡量风险偏好的数据，且储蓄率数据更适合跨国间的横向比较。如表 6-3 所示，2017 年美国、英国、塞浦路斯、葡萄牙和毛里求斯的储蓄率均处于 20% 以下，而同一时期的世界平均储蓄率为 25.03%，高于大部分主要国家或地区的储蓄率水平。

表 6-3　2017 年部分国家或地区人均储蓄率占 GDP 的比重

国家（地区）	人均储蓄率（%）	国家（地区）	人均储蓄率（%）
美国	18.71	中国香港	26.69
日本	28.10	爱尔兰	33.63
西班牙	22.11	意大利	20.59
法国	22.79	奥地利	26.67
英国	14.04	比利时	25.33
卢森堡	17.62	澳大利亚	21.87
葡萄牙	18.03	百慕大	40.48
马耳他	31.32	韩国	36.12
毛里求斯	17.97	荷兰	31.41
瑞士	66.38	挪威	34.12
智利	19.40	塞浦路斯	14.83

数据来源：世界银行数据库。

图 6-6 2001—2017 年世界风险偏好平均水平与样本风险偏好平均水平

图 6-6 对储蓄率数据进行了适当的处理，使其可以体现出世界与所选样本的风险偏好平均水平间的差异。可以看出，样本国家或地区的风险偏好平均水平明显高于世界平均水平，多出了 1 个百分点，其中在 2007—2008 年世界金融危机时最大差距接近 2 个百分点。同时，从图中还可以发现，平均风险偏好水平的变化趋势并非一直上升，而是在一定范围内波动，2008 年金融危机是一个转折点，危机过后开始呈现下降趋势。

6.2.3 相关性分析

结合本章 6.2.1 节和 6.2.2 节，本节综合考察离岸金融发展、认知能力与风险偏好数据之间的时间变化趋势。由于认知能力和离岸金融发展总体上有相对明显一致的变动趋势，显示二者之间可能存在相关关系，但是风险偏好具有非正式制度的相对稳定性，除了 2006—2008 年“非理性繁荣”时期稍走高，总体上波动趋势并不明显。于是本章通过拟合样本国家（地区）2001—2017 年认知能力、风险偏好和离岸金融发展数据，得到了散点图，见图 6-7 和图 6-8，从数据散点和拟合线可以看出，离岸金融发展水平随着认知能力和风险偏好水平的提升有逐步增加的趋势，但二者之间的关系还需要进一步实证分析。

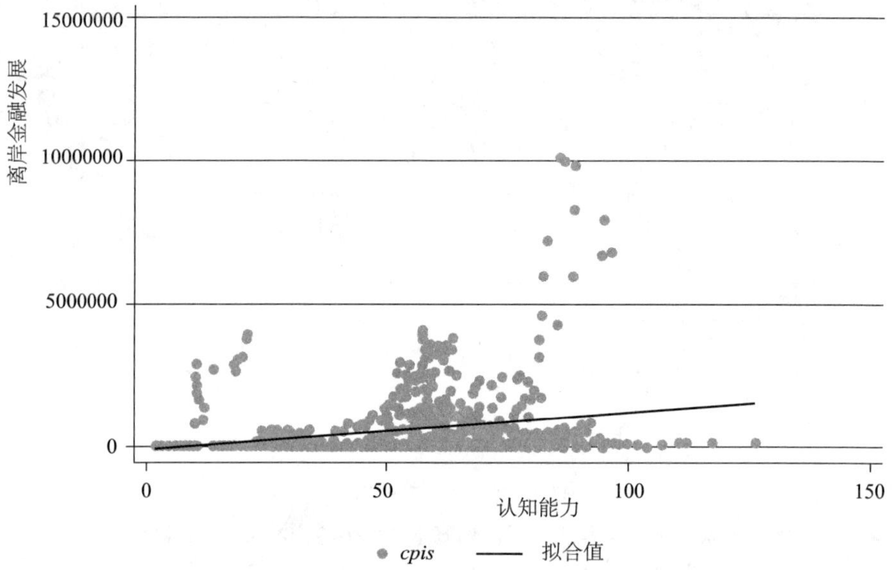

图 6-7　认知能力与离岸金融发展散点图

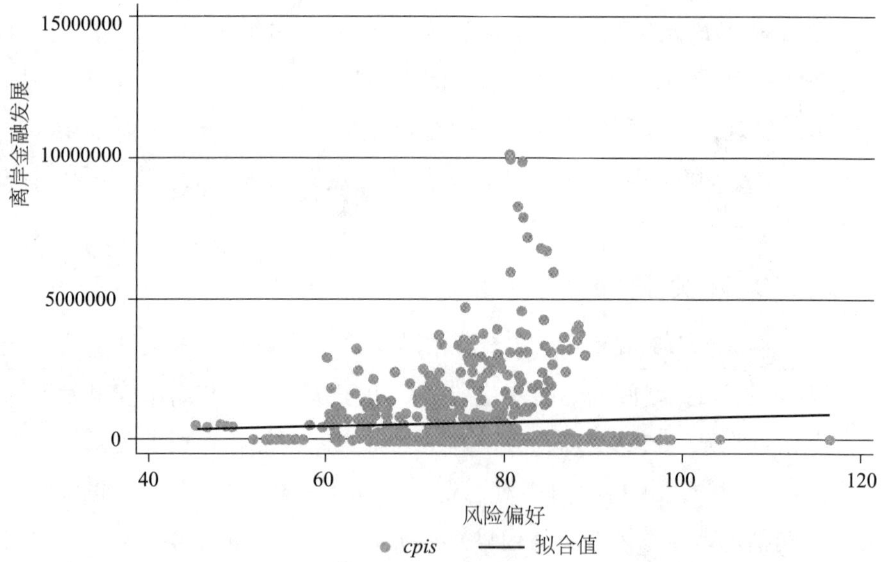

图 6-8　风险偏好水平与离岸金融发展散点图

6.3 离岸金融发展的认知嵌入机理

6.3.1 风险偏好与离岸金融发展

金融发展的终极目标是有效配置稀缺的金融资源，其中政府和市场是博弈的两个主体，而不完善市场和不完美政府之间次优组合决定了配置的效率。从政府“有形之手”和市场“无形之手”来看，离岸金融中心风险偏好实际上反映了东道国政府金融管理当局与市场参与者的角力，具体表现在管理者对正式制度的决策以及离岸市场主体行为特征的风险态度和风险偏好。

（1）金融管理当局

在离岸金融市场发展过程中，离岸金融衍生工具盛行和对冲基金的兴起，给离岸金融创新带来了活力与繁荣。然而，离岸金融自由化和金融体系的脆弱性极易受到短期资本的冲击，在它们促进金融和经济发展的同时，纷繁复杂的金融衍生品也加剧了金融体系的内在不稳定性和系统性管理风险（Alstadsæter et al.，2017），因此防范金融风险是离岸金融发展函数最主要的变量，金融监管更始终是离岸金融发展的主要议题。金融管理当局代表一国政府对离岸金融基础制度进行设计和监管，负责金融机构和交易主体的市场准入、业务和产品经营范围的准入审批，管理当局的风险偏好对离岸金融发展的影响主要体现在管理者对风险的容忍度和对离岸产品的监管强度上。

第一，由于离岸创新涵盖所有金融类业务，交易对象的非居民特性导致信息不对称和市场失灵广泛存在，加剧了逆向选择和道德风险，其突出表现在国际金融天然的汇率、利率和法律风险以及信用风险，给国际社会三个层次的离岸监管①带来了前所未有的挑战。金融监管在本质上是一种

① 国际社会对离岸金融中心的监管体现在三个层次：第一个层次是国际经济组织，包括IMF、金融稳定论坛（FSF）、金融行动特别工作组（FATF）、OECD、国际清算银行等，这是众所周知的标准制定者；第二个层次是区域经济组织和某些国家，由于加勒比海和太平洋的不少离岸金融中心属于欧洲国家海外领地，欧盟和英国等欧洲国家对其监管影响较大；第三个层次是离岸金融中心自身。

隐性税赋（尤其是准备金要求、存款利率上限、分支机构和投资限制），监管当局的风险偏好决定了规避监管成本的多寡，从而决定了离岸金融创新的收益。规避监管型金融创新理论（Kane et al.，1981）认为，如果金融管制加强，被监管者会合理地或被默许地规避管制措施以获取更多利润，于是金融创新就会发生从而促进金融发展。离岸金融管理当局的风险偏好和监管智慧直接决定了创新空间，它们不仅要准确评价金融机构的稳健程度，而且要以较低的筹资成本和较高的授信额度鼓励合规金融机构，从而有助于保持金融系统必要的活力和竞争力。此外，合理的管理者风险偏好决定了如何将金融监管作为一种公共产品和金融保障机制，制定切实的离岸金融交易制度和组织制度，合理解决主要由垄断、外部性和公共产品等原因引起的市场失灵问题，实现资源配置的帕累托优化，确保离岸金融体系安全和金融秩序稳定。

第二，管理当局的风险偏好决定了监管激励机制的有效实施。金融监管主体基于行业发展理念存在“监管竞次”（徐忠，2018），当监管者与被监管者存在共谋可能时，监管者激励会变得扭曲（Agarwal et al.，2012），导致监管失灵。风险偏好还决定了金融当局能否建立激励相容的监管体制，通过明确的监管职责、严厉的惩戒机制和合理的薪酬回报等正面激励措施，抑制监管者偏离公共利益，实现监管者与监管整体目标的统一。高风险偏好的管理者会制定更为宽松的市场准入机制，这些机制包括但不限于法律、税收、金融政策，敢于为离岸金融提供宽松的监管制度，严格的保密制度以及更优惠的税收政策，为离岸辖区设立金融机构以及为离岸公司大开方便之门。同时，风险偏好较高的管理者倾向于增强当地居民的政策满意度和提高政策的执行效率，进而促进离岸金融发展。而较低风险偏好水平的管理者往往更加保守，喜欢墨守成规，金融创新和监管能力不足。

（2）市场参与主体

清晰明确的风险偏好是离岸金融中心金融机构风险管理战略的核心。金融风险的成因大都隐含了金融资产价格波动的因素，亦即金融资产价格波动引发金融风险进而影响金融体系稳定。从个人投资者特征看，行为金融学视风险态度为影响资产组合的关键因素，甚至认为个体资产配置差异仅反映为风险态度差异，人们即使面对相同的投资机会也会做出不同的决策。卡尼曼和Tversky（1992）研究发现，投资者对风险的态度并非严格按照财富水平，而是在某一水平内确定自己的收益和损失，从而得到不同的风险偏好水平。在均值—方差模型中，$\min\sigma^2(r_p)=\sum\sum x_ix_j\text{Cov}(r_i-r_j)$，如果将投资者所能容忍的最大风险值$\sigma^2(r_p)$缩小为原来的1/2，求解出来的投资组合大多为低风险资产。因此通常在一定范围内，风险承受能力强的投资者实施的投资组合更多也更灵活，由此持有更多的高风险金融类资产。高风险偏好投资者会积极参与金融市场，导致股票交易频率和交易总量较高。

从机构投资者角度看，离岸金融机构根据各自风险偏好，建立健全自身风险治理体系，进行相应风险偏好下的风险资本分配，由此决定了其代替境外客户管理巨额证券资产、交易非居民发行的股票和债券持有的数量和头寸，最终成就了离岸金融的繁荣与衰落。风险偏好者持有大量的股票、债券等金融类资产，而风险厌恶者更倾向于投资房地产等非金融类资产（Kumar & Persaud，2002）。股票交易频率高、购买力强大的金融市场自然更加活跃。此外，金融交易频率的增加易诱发金融集聚效应，吸引境外投资者进入、促进跨地区支付效率的提高和金融资源跨地区配置（Berger et al.，1974），进而带动离岸金融中心的金融业务发展。综合以上，本章提出如下理论假设：

H_1：风险偏好作为非正式制度对离岸金融发展具有积极正向影响。

H_{1a}：风险偏好水平决定管理当局金融监管水平和监管激励。风险偏好水平较高的管理者能够合理把握监管强度和提升政策执行质量及市场满意度，从而促进离岸金融发展。

H_{1b}：风险偏好影响市场主体投资意愿。拥有较高风险偏好水平的投资者倾向于选择更灵活的资产组合，增加金融市场交易频率和交易总量，提升金融市场的活跃度，进而促进离岸金融发展。

6.3.2　认知能力与风险偏好

美国心理学家R. M. Gagne（1965）首次提出认知能力（Cognitive Ability）是人脑加工、储存和提取信息的能力。认知能力部分蕴藏在基因中，因而相对稳定，其为人类所拥有并且能够遗传（Plomin & Craig，2001），反映了人们所具备的“内在”能力（孟亦佳，2014）。学者们将认知能力归结为语言能力（Verbal Ability）、记忆能力（Memory Ability）和计算能力（Numerical Ability）（Christelis et al. 2010；谢宇等，2014），这三种能力均有助于人类学习金融知识，能够显著提升风险承受水平（Van et. al，2011），与风险偏好存在着不可忽视的关联。

行为金融学奠基人丹尼尔·卡尼曼解释了认知能力决定风险偏好形成的过程。按照前述前景理论，人们在决策时依赖的是个体价值函数和权重函数，而不是完全的贝叶斯法则。根据该理论，离岸金融中心的居民个体通常将风险决策分为编辑和评价两个过程。在编辑阶段首先要依据自身的认知设定“框架”和“参照点”，并据此采集和处理离岸金融相关信息。然后在评价阶段，个体根据价值函数和主观概率的权重函数对信息进行判断和计算，这必然依赖于个体的主观认知能力，可见离岸金融中心个体的差异会影响权重函数的形成，产生了不同程度的离岸金融风险偏好水平（Fehrduda，2004）。此外，认知能力差异还导致人们获取信息的成本不同，高水平的认知能力减少了金融交易的信息不对称。因此认知能力越强的人可能越偏好风险（Dohmen，2010），越能斩获超额投资收益，被称为获取“聪明钱效应”（Smart Money Effect）的“聪明投资者”（徐龙炳和张大方，2017）。认知能力差的人在编辑和评价阶段可能做出低于自身真实水平的判断，识别风险能力差，从而导致个体的风险偏好水平较低。而且认知能力的匮乏会导致金融机构和投资者的过度自信，使得投资者高估自己所掌握知识和信息的准确性（Fischhoff et al.，1977）。离岸金融的国际性无论对金融管理当局还是对参与主体的素质和认知能力都提出了较高的要求，因而市场中的管理者需要足够“聪明”，能审时度势并立足国情进行制度设计和论证，反映市场的真实需求，才能推出恰当的金融制度安排。此外，市场参与者是否足够“聪明”，是否具有优秀的信息收集能力和理解能力，对识别和控制离岸金融风险和获取优异的投资绩效至关重要。进而提出理论假设：

H_2：较强的认知能力能够提升风险偏好管理水平从而促进离岸金融发展，因而具有“聪明管理者”和“聪明投资者”效应。

6.3.3 离岸金融发展与认知能力

人类能够实现基于经验的学习、归纳学习、模仿学习和推理学习，后天努力对认知能力的提升作用也不容忽视，由于金融发展会显著影响认知能力，可能存在着内生性问题。一是认知理性是通过交换信息和不断学习等方式在其所掌握的信息范围内做出的理智行为，人们未必是在拥有一定的认知能力后才去参与金融市场，因此认知能力本身会受投资行为的影响，何况人们在参与金融市场交易过程中，尚可以通过不断学习积累金融知识，继续提高认知能力；二是金融认知能力和市场参与可能同时受到其他外生因素的影响，如当地的经济发展和受教育程度等，教育投入无疑能够提升人们的认知水平；三是金融发展还有可能带来风险偏好水平的提升，所谓"吃一堑长一智"，风险偏好也会反向强化人们金融知识的学习能力。总体来看，认知能力这种在一定程度上表现人类"聪明"程度的"内在特征"与金融发展之间有着密不可分的关联，而风险偏好则是这种关联的重要纽带。为此提出理论假设：

H_3：离岸金融发展能够正向提升离岸金融中心的认知水平。

6.4 研究设计与结果分析

6.4.1 变量选取与模型构建

(1) 变量选取

1) 离岸金融发展指标。

本章借鉴张谊浩等（2009）的研究，采用 IMF 协调证券投资调查（Coordinated Portfolio Investment Survey，CPIS）作为离岸金融发展的代理变量。CPIS 的特点在于根据居住地原则记录统计经济体持有的组合证券投资资产头寸，包括股本证券、长期和短期债务证券（IMF，2002）①。各经济体在 IMF 倡导下自 1997 年申报 CPIS 数据，2001 年开始涵盖所有跨境持有证券投资信息。由于每一项跨境资本流动都会使相应国家或地区有一个匹配的资产负债头寸变动，可以预期，头寸越多的国家或地区经手的资本流量越巨大，从而在一定时期内向非居民出口了越多的金融服务。

① IMF. Coordinated Portfolio Investment Survey Guide (Second Edition) [M]. International Monetary Fund Publication Services: Washington, 2002.

2）风险偏好。

经济学对储蓄率的解释有多种理论。国内学者把储蓄与总产出的比重作为储蓄率，在研究金融发展与储蓄率之间的关系时，将国内总储蓄率定义为 GDP 减去最终消费总额后占 GDP 的比重。因此宏观意义上的储蓄指一国可支配总收入去除最终消费总额后的余额，而世界银行专项统计的总储蓄率指标，即国民总收入减去总消费额再加上净转移支付后的总储蓄额与 GDP 的比例，居民对收入的分配情况反映了其自身的风险偏好情况。

3）认知能力。

世界银行数据库中有对各国高等院校入学率的统计指标，该指标在进行全球数据研究时具有口径的一致性，比较适合跨国数据分析，因此本章使用高等院校入学率作为认知能力水平变量。

本章使用的其他变量、简明定义和数据来源如表 6-4 所示。

表 6-4　变量定义与说明

变量符号	变量名称	变量说明	数据来源
offshore	离岸金融发展	CPIS，经济体持有的以权益、长期和短期债务证券形式存在的组合证券投资资产头寸	IMF
risk	风险偏好	风险资产比例，即总资产 1 去除无风险资产的比例（总储蓄率）	世界银行
cog	认知水平	总入学率，大学入学百分比	联合国教科文组织
gov	政府效能	反映对公共服务质量的认识，公务员素质和独立于政治压力的程度，政策制定和执行的质量以及政府对这些政策承诺的可信度	Worldwide Governance Indicators
market	市场活跃度	股票交易总量占国民 GDP 总产量的比值	世界银行
pergdp	经济发展	人均 GDP，GDP 除以总人口数	世界银行、OECD
urban	城市化	城市人口占总人口的比重	世界银行
law	法律绩效	反映了代理人对信任和遵守社会规则的认识程度，特别是合同执行、产权、警察和法院的质量以及犯罪和暴力的可能	Worldwide Governance Indicators
open	经济开放度	进出口之和占 GDP 的比重	世界银行、OECD
edu	教育投入	教育公共开支总额占 GDP 的比例	联合国教科文组织
income	人均收入	基于购买力平价的人均国民总收入	世界银行

（2）模型构建

认知能力、风险偏好与离岸金融发展相互影响和联系，存在的内生性问题会导致估计结果出现偏误，若采用单方程模型很难把各变量之间的关系有效而完整地表达出来，因此本章采用联立方程建模并分两步进行：首先建立三个主要变量的基本方程，检验是否存在认知能力通过风险偏好影响离岸金融发展的机制；然后从政府和市场两个角度，引入离岸金融中心金融管理当局和市场投资者的行为特征建立附加方程，进一步验证认知能力影响离岸金融发展的风险偏好路径。

1）基本计量方程。

本章将离岸金融发展、风险偏好和认知能力视为内生变量，根据前述提出的三个理论假设分别对应建立如下联立方程：

$$offshore_{it}=\alpha_0+\alpha_1 risk_{it}+\alpha_2 urban_{it}+\alpha_3 open_{it}+\alpha_4 pergdp_{it}+\varepsilon_{Rit} \quad (6-1)$$

$$risk_{it}=\gamma_0+\gamma_1 cog_{it}+\gamma_2 law_{it}+\gamma_3 urban_{it}+\varepsilon_{Pit} \quad (6-2)$$

$$cog_{it}=\theta_0+\theta_1 offshore+\theta_2 pergdp_{it}+\theta_3 edu_{it}+\varepsilon_{Lit} \quad (6-3)$$

各方程中下标 i 为各离岸金融中心标识，下标 t 为各年份标识，ε_{Rit}、ε_{Pit}、ε_{Lit}为随机误差项。方程（6-1）离岸金融发展方程研究离岸金融中心总体风险偏好与离岸金融发展的关系，根据已有文献，可把城市化水平（*urban*）、经济开放度（*open*）（张谊浩等，2009）、人均 GDP（*pergdp*）作为外生变量引入模型中；方程（6-2）风险偏好除了纳入基本变量，还控制了经济开放度（*urban*）和法律绩效（*law*）；方程（6-3）为认知能力方程，同时考虑了个人认知能力（*cog*）水平容易受到教育投入（*edu*）、经济发展水平［人均GDP（*pergdp*）］等外部因素的影响。

2）附加计量方程。

为了进一步揭示风险偏好对离岸金融发展的影响路径，本章根据 H_{1a} 和 H_{1b}，从金融管理当局和市场参与者角度分别建立了政府效能和市场活跃度两个联立方程组，以验证假设中路径的合理性。

①政府效能联立方程：

$$risk_{it}=\alpha_0+\alpha_1 cog_{it}+\alpha_2 law_{it}+\alpha_3 urban_{it}+\varepsilon_{Pit} \quad (6-4)$$

$$gov_{it}=\beta_0+\beta_1 risk_{it}+\beta_2 law_{it}+\beta_3 income_{it}+\beta_3 pergdp_{it}+\varepsilon_{Pit} \quad (6-5)$$

$$offshore_{it}=\gamma_0+\gamma_1 gov_{it}+\gamma_2 pergdp_{it}+\gamma_3 urban_{it}+\gamma_4 open+\varepsilon_{Pit} \quad (6-6)$$

方程（6-4）、方程（6-5）、方程（6-6）联立构成政府效能方程，用以分析认知水平通过金融管理当局的风险偏好作用于政府效能，从而对离岸金融发展产生影响。其中方程（6-4）与方程（6-2）原理相同，方程（6-5）为政府效能联立方程的核心，分析政府效能与风险偏好之间的关系，同时引入与治理能力相关的法律绩效、人均收入和经济发展变量；方程（6-6）与方程（6-3）基本一致。

②市场活跃度联立方程：

$$risk_{it}=\alpha_0+\alpha_1\ cog_{it}+\alpha_2\ law_{it}+\alpha_3\ urban_{it}+\varepsilon_{Pit} \tag{6-7}$$

$$market_{it}=\beta_0+\beta_1\ risk_{it}+\beta_2\ pergdp_{it}+\beta_2\ income_{it}+\varepsilon_{Pit} \tag{6-8}$$

$$offshore_{it}=\gamma_0+\gamma_1\ market_{it}+\gamma_2\ pergdp_{it}+\gamma_3\ urban_{it}+\gamma_4 open+\varepsilon_{Pit} \tag{6-9}$$

由于偏好风险者更愿意持有股票或债券等金融类资产，构造方程（6-7）、方程（6-8）、方程（6-9）为市场活跃度联立方程，用来检验东道国认知水平对投资者风险偏好的影响从而影响其参与金融市场的活跃程度，其构建原则与方程（6-4）、方程（6-5）、方程（6-6）一致。

6.4.2 实证分析与结果

（1）数据描述性统计

本章依据三个主要变量收集国家或地区样本数据。首先，从 IMF 数据库中收集到上报 CPIS 头寸的经济体共 90 个，筛选出 77 个 2001—2015 年时间序列完备的国家或地区。其次，根据认知能力水平与风险偏好水平指标，即高等院校入学率与储蓄率数据，剔除缺失数据后最终得到 44 个国家或地区样本作为本章研究对象。最后，检查样本国家或地区的代表性。在国际组织税收正义网（Tax Justice Network）对全球离岸金融中心评价的金融保密指数[①] 2018 年最新排名中，样本国家或地区中瑞士和美国雄踞前二甲，中国香港和卢森堡分列第四名和第六名；巴拿马、塞浦路斯、毛里求斯、马耳他和百慕大等亦均属于世界著名离岸金融中心[②]。样本的丰富保证了研究的科学性与准确性。

---

① Tax Justice Network. Financial Secrecy Index [EB/OL]. https://www.financialsecrecyindex.com/introduction/fsi-2018-results.

② Yeandle M. The Global Financial Centre Index [R]. London: The Z/Yen Group, 2012, 2013, 2014.

各变量 2001—2015 年描述性统计结果见表 6-5。

表 6-5 变量 2001—2015 年描述性统计结果

变量	观察个数	均值	标准差	最小值	最大值
offshore	748	11.05	2.49	6.72	14.96
risk	748	76.31	8.24	48.80	95.21
cog	748	53.80	21.44	5.63	103.75
share	748	43.08	74.55	0.11	497.82
open	748	100.00	71.86	22.52	389.38
pergdp	748	2.60	2.32	0.09	10.41
urban	748	72.83	16.03	34.20	100.0
edu	748	4.50	1.23	1.69	7.50
gov	748	0.85	0.77	−0.72	2.04
law	748	0.74	0.89	−0.97	1.98
income	748	2.77	1.62	0.41	7.48

注：离岸金融指标 *offshore* 取对数，人均 GDP 与收入缩小 1 万倍，储蓄率与风险偏好水平负相关，取相反数后在数据中显示为负值。

（2）实证结果与分析

1）联立方程的识别。

联立方程模型参数估计通常采取的方法有间接最小二乘法、两阶段最小二乘法和三阶段最小二乘法，其中间接最小二乘法只有当联立方程为恰好识别时才能使用。所以在估计联立方程之前，应该先识别联立模型的结构式：

$$BY+\tau X=\begin{bmatrix}1 & -\alpha_1 & 0\\ 0 & 1 & -\gamma_1\\ -\theta_1 & 0 & 1\end{bmatrix}\begin{pmatrix}offshore\\ risk\\ cog\end{pmatrix}+$$

$$\begin{bmatrix}-\alpha_0 & -\alpha_2 & -\alpha_3 & -\alpha_4\\ -\gamma_0 & -\gamma_2 & -\gamma_3 & 0\\ -\theta_0 & -\theta_2 & -\theta_3 & 0\end{bmatrix}\begin{pmatrix}1 & 1 & 1\\ risk & urban & lngdp\\ open & law & edu\\ lngdp & 0 & 0\end{pmatrix}=\begin{pmatrix}\varepsilon_R\\ \varepsilon_P\\ \varepsilon_L\end{pmatrix}$$

联立模型的结构参数矩阵为：

$$B\tau=\begin{bmatrix}1 & -\alpha_1 & 0 & -\alpha_0 & -\alpha_2 & -\alpha_3 & -\alpha_4\\ 0 & 1 & -\gamma_1 & -\gamma_0 & -\gamma_2 & -\gamma_3 & 0\\ -\theta_1 & 0 & 1 & -\theta_0 & -\theta_2 & -\theta_3 & 0\end{bmatrix}$$

同理得到两个附加联立方程的结构参数矩阵为：

$$B\tau_1=\begin{bmatrix}1 & 0 & 0 & -\alpha_0 & -\alpha_1 & -\alpha_2 & -\alpha_3\\ -\beta_1 & 1 & 0 & -\beta_0 & -\beta_2 & 0 & 0\\ 0 & -\gamma_1 & 1 & -\gamma_0 & -\gamma_2 & -\gamma_3 & -\gamma_4\end{bmatrix}$$

$$B\tau_2=\begin{bmatrix}1 & 0 & 0 & -\alpha_0 & -\alpha_1 & -\alpha_2 & -\alpha_3\\ -\beta_1 & 1 & 0 & -\beta_0 & -\beta_2 & 0 & 0\\ 0 & -\gamma_1 & 1 & -\gamma_0 & -\gamma_2 & -\gamma_3 & -\gamma_4\end{bmatrix}$$

分别对三个联立方程模型中的结构方程进行识别，对于这三个联立方程有：

$$(G+M)-(g_i+m_i)>G-i$$

其中，G 和 M 分别表示整个联立方程的内生变量和先决变量的个数，g_i 和 m_i 分别表示第 i 个方程包含的内生变量和先决变量的个数。根据联立方程识别的条件可知，三个联立方程组可以识别，且均是过度识别。

2）基本计量方程检验结果。

在扰动项满足条件同方差时，三阶段最小二乘法是最优的 GMM（广义矩）估计量，然后使用所有外生变量的线性组合作为内生解释变量的工具变量，采用三阶段最小二乘法进行回归，所得结果如下：

基本方程检验结果如表 6-6 中第（1）~第(3）列所示。

表 6-6　联立方程回归结果

变量名称	离岸金融发展基本方程			政府效能附加方程			市场活跃度附加方程		
	offs (1)	*risk* (2)	*cog* (3)	*risk* (4)	*gov* (5)	*offs* (6)	*risk* (7)	*market* (8)	*offs* (9)
offs			10.6*** (1.002)						
cog		0.064** (0.035)		0.03** (0.02)			0.053*** (0.016)		

续表

变量名称	离岸金融发展基本方程			政府效能附加方程			市场活跃度附加方程		
	offs (1)	*risk* (2)	*cog* (3)	*risk* (4)	*gov* (5)	*offs* (6)	*risk* (7)	*market* (8)	*offs* (9)
risk	0.34*** (0.11)				0.02* (0.01)			3.42** (1.1)	
gov						1.08*** (0.32)			
market									0.05*** (0.005)
open	0.02*** (0.05)	−0.04** (0.011)		−0.04** (0.011)	−0.001* (0.0007)	0.004** (0.002)	−0.04*** (0.011)	0.59*** (0.09)	−0.02*** (0.004)
edu			3.95*** (0.65)						
law		0.443 (0.48)		5.33*** (0.88)			0.45 (0.96)		
urban	0.2*** (0.02)	−0.21* (0.11)		−0.14* (0.88)		0.18*** (0.01)	−0.19** (0.08)	−1.65** (0.65)	0.21*** (0.02)
income					−0.01 (0.01)			12.5*** (1.88)	
pergdp	0.37*** (0.04)		−1.38** (0.69)			0.46*** (0.03)			0.18*** (0.04)
截距项	−32.4** (9.06)	91.3*** (6.97)	−77*** (9.21)	83.7*** (5.46)	−0.89 (0.97)	−4.36** (0.93)	89.97*** (5.89)	−175.4* (102.9)	−5.2 (1.8)
N	746	746	746	746	746	746	746	746	746

注：*、**、***分别表示在10%、5%、1%的水平下显著，括号内数字为对应参数标准差值；*offshore* 用 *offs* 表示，下同；因表格篇幅限制，该数值取整数，原值为24.2693。

首先，方程（6-1）结果表明，在1%的显著性水平下，风险偏好水平每增加1个单位，离岸金融发展就提升10.7%，风险偏好水平的增加会对离岸金融的发展产生正面影响，证明了H_1，表明非正式制度对离岸金融发展发挥了潜移默化的促进作用。其他影响离岸金融发展的因素中，城市化水平（0.16***）、人均GDP（0.39***）和经济开放度（0.004**）均对离岸金融发展显示出较强的解释能力，说明城市化水平越高的地区经济越发达，更容易吸引外来非居民促进金融发展，人均GDP和经济开放度则印证了经济发展和开放度水平对离岸金融发展的带动作用。

其次，方程（6-2）的估计结果显示，在1%显著性水平下，认知能力水平对风险偏好的效应显著为正，认知能力每增加1个单位，风险偏好水平就增加0.0941个单位，表明较强的认知能力在确定自身的风险水平参考点时会高于他人，进而拥有较高的风险偏好水平，结合H_1，说明认知能力能够通过风险偏好水平影响离岸金融发展，本章H_2部分得到了验证，但是这种路径是否通过政府和市场机制发挥作用，即是否分别存在“聪明管理者”和“聪明投资者”效应，还有待附加方程予以检验。

最后，方程（6-3）的回归结果表明，在显著性水平下教育投入和离岸金融发展会促进认知能力的增强。教育投入每增加1个单位，认知能力就提升3.625个单位；离岸金融发展增加1倍，认知能力就提升10.54个单位，证实了H_3。

3）附加计量方程检验结果。

基于H_1的证实，进一步检验认知能力决定金融管理当局和市场参与者风险偏好水平，从而影响离岸金融发展的具体路径，回归结果分别见表6-6中的第（4）~第（9）列。

在认知水平对风险偏好存在正向显著作用下，从管理者政府效能方程回归结果来看，风险偏好水平每增加1个单位，通过提升当地的政府效能，促进离岸金融发展增加4.16%，H_{1a}得到验证，表明高效的政策制定和决策效率有利于正式制度的执行。从市场活跃度方程的回归结果来看，风险偏好水平每提升1个单位，同理通过当地股票交易总量的增加使得离岸金融发展提升21%，由此，H_{1b}也得到了验证，结合H_2可以推定，离岸金融发展中存在由认知能力所决定的“聪明管理者”和“聪明投资者”效应。此外，对比二者的影响效果，风险偏好通过离岸金融市场投资者对离岸金融发展的影响要远大于当局管理者，说明了市场的直接作用比政府的间接作用更为明显，显示了市场“无形之手”的力量。在回归结果中，还能够发现法律绩效和人均收入的提高能够显著提升政府效能，同时人均收入水平有助于增加股票交易量，完善的法律体系可以规范政府行为，提升民众满意度。而人均收入的增加会鼓励人们投资金融类资产，支持了既有研究结论。

综上，联立方程的回归结果显示，认知能力可以通过提升风险偏好水平影响离岸金融发展，其作用路径是通过影响管理者和投资者的风险偏好水平，提升当地的政府效能和金融市场活跃度，最终促进了离岸金融发展。

6.4.3 稳健性检验

（1）关于不同金融市场的检验

CPIS 代表股权和债务证券头寸，代表离岸金融中心的直接融资规模。为了进一步检验结果稳健性，本章采用国际清算银行中各国银行外部贷款（External Loans）作为替代变量代入模型。离岸金融中心银行或其他机构为非本国居民提供的金融服务包括吸收非本国居民资金和借贷给非本国居民，外部贷款指该离岸金融中心的银行部门向非居民发放的贷款，表达了离岸金融中心的间接融资规模，其形式包括贷款给非居民的企业、金融机构和其他地区银行及市场参与者。作为反映离岸金融中心提供国际金融服务的一部分，外部贷款直接反映了离岸金融业务的发达程度。同样采用三阶段最小二乘法进行回归，结果如表 6-7 所示。

表 6-7 联立方程稳健性检验回归结果

变量名称	离岸金融发展基本方程			政府效能附加方程			市场活跃度附加方程		
	offs (1)	*risk* (2)	*cog* (3)	*risk* (4)	*gov* (5)	*offs* (6)	*risk* (7)	*market* (8)	*offs* (9)
offs			2.67*** (0.41)						
cog		0.29*** (0.03)		0.08** (0.02)			0.08*** (0.02)		
risk	0.15*** (0.03)				0.03*** (0.01)			6.2*** (1.53)	
gov						5.12*** (0.42)			
market									0.03*** (0.003)
open	0.01*** (0.003)	-0.08*** (0.01)		-0.05** (-0.01)	0.002** (0.001)	0.001 (0.002)	-0.05*** (0.01)	0.97** (0.15)	-0.02*** (0.03)
edu			3.17*** (0.49)						

续表

变量名称	离岸金融发展基本方程			政府效能附加方程			市场活跃度附加方程		
	offs (1)	*risk* (2)	*cog* (3)	*risk* (4)	*gov* (5)	*offs* (6)	*risk* (7)	*market* (8)	*offs* (9)
law		−0.12 (0.89)		−4.17** (1.34)			−4.7*** (1.31)		
urban	0.091*** (0.02)	−0.53*** (0.12)		−0.11 (0.11)		0.08*** (0.013)	−0.14** (0.11)	−1.19 (1.01)	0.09*** (0.02)
income			10.8*** (0.95)		−0.04** (0.12)			6.7*** (4.64)	
pergdp	0.22*** (0.03)		−1.54*** (0.51)			0.55*** (0.037)			0.293*** (0.037)
截距项	−8.51*** (2.1)	106*** (8.15)	−15.8*** (3.96)	87.3** (7.65)	−1.68** (0.67)	−0.33 (1.04)	90.1*** (7.74)	−434*** (151.7)	3.78** (1.48)
N	746	746	746	746	746	746	746	746	746

注：①因表格限制该数值取整数，原值为 26.2038；②因表格限制该数值取整数，原值为 14.4899。

将稳健性检验结果与原始结果对比可以看出，基本联立方程中依然存在认知能力通过风险偏好影响离岸金融发展的路径和机理，而两个附加联立方程各变量之间影响系数的方向均没有发生改变，所得结论与以 CPIS 为衡量指标的结果基本是一致的，说明无论从离岸金融中心直接融资的资本市场还是间接融资的银行体系，都能够证明本章研究假设，说明了本章结论的稳健性。

（2）关于风险偏好的进一步思考

结论中风险偏好水平的提高有利于促进离岸金融发展，但是如果发展达到过度风险承担以至于市场达到“非理性繁荣”时，结论是否仍然稳健也值得进一步思考。

根据风险偏好水平高低，本章采取分类回归法，以均值为界将数据分为低和高两部分样本，回归结果见表 6-8。回归结果显示，显著性水平下风险偏好对离岸金融发展的解释能力由低风险偏好样本的 0.321 减少为高风险偏好样本的 0.147，表明风险偏好水平由低向高变化过程中，在各自水平上对离岸金融发展的促进作用在下降，即风险偏好对离岸金融发展的作用存在边际递减规律，意味着无限放大风险偏好无异于无知者无畏，不仅不再产生促进离岸金融发展的作用，反而有可能会引发系统性金融风险而严重损害金融发展。事实上，图 6-6 中 44 个国家或地区 2001—2017 年风险偏好平均水平的历史走势表明其不会无限上升，因此消除了前述可能存在的疑虑，而且在 2008 年金融海啸前后风险偏好上升到最高点时，显然市场给予了重重一击。同时，表 6-8 分类回归结果还证实了本章三个基本变量的关系，与原联立方程保持一致，进一步表明本章结论的稳健性。

表 6-8　风险偏好分类回归

变量名称	高风险偏好样本			低风险偏好样本		
	offs (1)	*risk* (2)	*cog* (3)	*risk* (4)	*gov* (5)	*offs* (6)
offs			7.979*** (4.89)			16.91** (4.90)
cog		0.186*** (2.83)			0.0837* (2.03)	
risk	0.147* (1.77)			0.321** (3.03)		
open	0.00216 (0.77)			0.00246 (1.46)		
edu			2.262* (2.21)			0.490* (1.68)
law		1.624 (1.05)			0.660 (1.00)	
urban	0.196*** (6.58)	-0.412* (-2.33)		0.128*** (4.26)	-0.258* (-1.76)	
income						
pergdp	0.326*** (5.23)		-0.365 (-0.33)	0.376*** (6.99)		-4.223* (-2.21)
截距项	-1.643 (-0.71)	-0.374 (-0.03)	-42.56** (-2.76)	8.745** (2.62)	-12.05 (-1.27)	-133.8*** (-4.51)
N	230	230	230	402	402	402

注：*、**、***分别表示在 10%、5%、1%显著性水平下显著；括号内数字为对应参数标准差值。

6.4.4 结论与启示

(1) 研究结论

非正式制度中的风险偏好是理解离岸金融发展制度驱动因素的重要切入点。本章构建联立方程模型对44个国家和地区的认知能力差异、风险偏好水平与离岸金融发展的关系进行了经验检验，研究发现：

第一，离岸金融中心风险偏好是个体心智模式通过学习和交流，形成了趋同的群体风险偏好水平，长期积累演化为风险偏好的非正式制度，其决定了离岸金融中心正式制度的变迁和完善。

第二，风险偏好作为非正式制度对离岸金融发展产生了积极影响，本章将政府和市场分开来看，离岸金融发展存在着东道国金融管理当局与市场参与主体风险偏好共同角力作用的路径；不仅较高的管理者风险偏好水平能够提升政策执行质量和效率，而且较高的投资者风险偏好水平还能提高金融市场的活跃度，从而促进离岸金融发展。

第三，认知能力是人类天生的内在能力，拥有较高认知水平的地区，能够显著提高并促进当地风险偏好非正式制度的形成，风险偏好背后所蕴含的认知能力发挥了关键性作用，较强的认知能力能够提升管理者和投资者的风险偏好水平，因而具有“聪明管理者”和“聪明投资者”效应，说明该认知模式有利于金融制度的安排和风险的识别与控制，由认知能力决定的风险偏好可能是管理者和参与者促进离岸金融市场发展的重要途径。

(2) 研究启示

本章的研究对中国金融双向开放具有一定政策启示。党的十九大报告已对国内外要素市场的深度融合做出了基本判断，东道国发展离岸金融要求政府和市场主动提高认知能力，从而发挥风险偏好作为非正式制度对正式制度的引导作用。从政府监管角度来看，应注重人们共享或者集体学习过程的重要性，建立金融管理当局的人才培养与发掘机制，让德才兼备的“聪明管理者”大胆创新；从市场参与者角度来看，离岸金融市场双向开放之时，正是培养和提高投资者积极而合理的风险偏好之日，只有提高投资者信息收集能力和理解能力，加强投资者风险教育，让投资者学得更加“聪明”，才能有利于正确识别和控制离岸金融风险，减少投资决策的非理性冲动。二者的有机结合能够保障离岸金融市场的稳健发展，最终实现中国在国际金融体系中拥有更大主导权的目标。

6.5 政策建议

6.5.1 提升认知能力水平

认知能力水平在离岸金融发展的过程中起到了不可忽视的作用。认知能力可以促进学习能力影响风险偏好水平的形成，并存在“聪明管理者”和“聪明投资者”效应。而在回归分析中，教育投入对认知能力的提升作用是显著的，因此在提升认知能力上要从保证教育投入和完善教育体制方面着手。

（1）增加教育支出，保证教育经费高效利用

教育支出一直是政府经常性开支的主要方面，教育支出直接体现了某一地区对教育的重视程度，增加教育支出是提高教育水平最为直接且有效的方式。增加教育支出不仅是单纯地增加财政支出，同时也要有完善的监督体系与制度来保证教育经费的使用，主要体现在：一是教育经费的投入和使用是否充足和高效；二是保证教育经费的专款专用，建立监督问责制度。教育经费的高效投入和使用的充足高效需要因地制宜，根据自身的教育特点设定适合的教育支出方式。在教育水平偏低的地区要重点推广义务教育，让每个孩子都能够享受免费教育；而在教育水平高的地区，义务教育早已经普及，因此要把工作重点放到特殊教育上，即通过各种支援津贴、现金津贴和增补基金等专项经费为有特殊需要的学生及学校提供具体支援。

（2）完善教育体制

我国教育体制仍存在一些漏洞：①教学方法的缺陷，仍存在着低效的“填鸭式”教学现象，教学上仍是以教师为主导，学生只被动地接受的传统模式；②考核方式较为单一，大多数学校仍然采用单一的试卷考核方式。

完善教育体制要求使用互动教学法代替传统的“填鸭式”教学法，将由教师主导转换成以学生为中心的教学模式，充分体现学生在教学过程中

的主导地位，激发学生自主分析问题和解决问题的潜力，提高学生动手和动脑能力。在教学过程中，学生的角色不再是听从者和执行者，而是规划者和评价者，教师要做好指导、建议、引导和辅助的工作。在教师与学生不断深入互动和沟通的过程中，不仅教师能更加完善自身的职业技能和专业知识，也可以培养和发展学生独立学习的能力，从而提高教学效果和教学效率。

完善教育体制需要使用多元化的考核方式，课程考核方式不再以单一的卷面考试为主。采用卷面考试时，题型基本固定，侧重对基础理论和知识的考核，而忽略了对学生分析和解决问题能力的考查。多元化的考核方式要具备考核形式多样、内容全面、时间全程和主体多元四大特点，注重学生平时表现和动手实践能力。以香港理工大学的考核方式为例，其考核原则包含：知识与素质能力考试、平时与期末考试成绩、实践、课程设计和师生评估等方面，较为全面地反映了学生的能力，也促使学生综合能力水平的提升。

6.5.2 适当提升风险偏好水平

提升风险偏好水平对离岸金融发展有显著的促进作用，而风险偏好的形成并不是一蹴而就的，需要人们在社会环境中受到潜移默化的影响进而逐步形成。因此，在增强风险偏好上需要从社会发展所处的环境出发，通过对社会环境的逐渐改变，实现风险偏好水平的提升。

(1) 完善风险分担的社会保障体制

为了提高居民的风险偏好水平，首先要以良好的社会保障机制和收益风险分担机制为基础，从根本上解决社会群众的风险负担问题。建立完善的社会风险保障机制，要求政府和金融机构相互配合，政府部门在金融立法和监管上给予保证，金融机构一方面要加紧研发风险分担类金融产品，另一方面要为投资者提供更优质的风险分担服务。

完善社会保障体制需要政府部门建立健全相关法律和金融监管机制。一方面是因为金融类业务中的风险水平要远远高于其他产业，如果不加以规范和监督，很容易引发风险偏好的过度膨胀，导致“无知者无畏”，事实上国际上频繁的金融危机已经为我国加强金融监管敲响了警钟。另一方面是因为良好的法律和监管环境能够使当地的金融环境更稳定，进而增强投资者的投资意愿。首先，健全法律和金融监管要求政府部门和金融管理当局时刻紧跟金融发展的最新动向，以便及时地推出法律和监管制度，避免法律和监管的滞后。其次，要加强对金融市场上职业人员的监督，定期组织从业人员的培训和学习。最后，构建社会全员监督机制，让投资者、从业者和社会媒体等广大群众参与金融监管。

完善社会保障体制还离不开金融机构的紧密配合。第一，风险的告知。金融机构在宣传和出售金融产品时要遵循实事求是原则，完全履行风险告知义务，向投资者全面且详细地介绍产品所存在的风险，使投资者对金融产品的风险情况有清晰的认知，避免因为信息不完全而导致自身收益损失。第二，为投资者提供合理的风险分担机制。风险分担的总体流程为：风险识别—风险评估—风险跟踪—风险分担，其中工作重点和难点在于风险识别和风险分担。在风险识别方面需要不断引入科学的风险识别分析方法，在风险分担方面，针对目前广泛存在的约束水平低、模糊收益风险和缺少宏观把控等问题，做到增强现有风险分担机制的效力，加强对收益风险的评估和采集，科学动态地规划风险分担。第三，金融机构应积极地研发、创新和升级风险分担类金融产品，为投资者提供更多的风险规避模式。

（2）加强风险教育

普通投资者广泛存在着对风险的认识不够全面的问题，这也正是一些地区风险偏好水平较低的原因之一，因此加强投资者风险教育迫在眉睫，同时要求教育部门、金融机构和社会媒体团结协作共同配合。首先，教育部门要加强对学生的风险教育，把风险教育作为一门重要的课程纳入学校的课程，并采用问卷调查的方式定期进行课程考核，培养学生树立正确风险观念的能力。其次，金融机构应当定期组织金融风险宣传活动，把金融风险披露展示给投资者。最后，社会媒体应在报纸、广播、网络和电视等媒体上开设风险教育专栏，在社会上广泛普及风险教育。

6.5.3 研究不足及展望

本章通过分析认知能力、风险偏好与离岸金融发展之间的关系，着力于为世界各国的离岸金融发展提供非正式制度视角的解释。虽然研究得到了较有意义的结论，但仍存在以下几点不足：第一，在跨国数据中能够较为全面反映认知能力和风险偏好的指标很少，所以在选取指标时难以避免地存在一定的片面性；第二，本章中的样本国家或地区只选取了44个，其他一些国家或地区数据有所缺失，目前世界上有超过100个国家或地区开展离岸金融业务，受到数据量的限制，本章的样本涵盖范围有限；第三，在进一步的讨论中，本章发现风险偏好水平的提升并不能无限地促进离岸金融的发展，当风险偏好水平达到一定数值时，随着风险偏好的增加，离岸金融发展的增加量反而在减少，但尚未找出具体临界点数值。后续随着相关数据的完善以及研究方法的创新，可以更加全面、科学和深入地进行下一步研究。

6.6 本章小结

离岸金融发展与制度变迁息息相关，而非正式制度是正式制度制定形成和得以实施的基础。本章利用44个国家和地区2001—2017年面板数据构建联立方程模型，采用三阶段最小二乘法对认知能力差异、风险偏好水平与离岸金融发展的关系进行经验检验，得到了如下结果：

1）本章基于行为金融学心智模型理论和制度经济学非正式制度相关理论，将风险偏好水平作为非正式制度，探索了认知水平与离岸金融发展之间的关系，并分析风险偏好在其间的作用机理，深化了对离岸金融中心居民认知能力和风险偏好水平形成机制的研究。

2）由于个人认知能力会影响风险偏好的形成，集体的风险偏好水平则会形成非正式制度，进一步对离岸金融的发展产生影响。本章提出了风险偏好是解释认知能力影响离岸金融发展的重要变量，继而从市场参与者与管理者两个角度解释认知能力通过风险偏好影响离岸金融发展的路径，验证了“聪明管理者”与“聪明投资者”效应。

3）本章研究最终得出的三个主要结果为理解风险偏好影响离岸金融发展的传导路径提供了制度金融学解释，得到的结论为金融双向开放背景下提升认知能力和管理风险偏好能力，引导市场管理者与投资者形成合理的风险偏好水平，最终为促进离岸金融发展提供了经验证据。

离岸金融发展的结构嵌入
——基于地理禀赋和社会结构视角

7

尽管国内外对离岸金融的学术研究已经颇为丰富，但是从地理位置或资源禀赋等角度探究其发展的文献并不多见，从社会结构视角进行分析更为匮乏。在为数不多的离岸金融发展的结构性成因探究上，实证分析不足仍是存在的一个问题。基于此，本章从结构视角出发，兼顾地理结构和社会结构这两个维度，选取恰当的研究对象，实证检验结构因素对离岸金融发展的影响效果。本章的研究将有助于从结构视角寻找不同离岸金融中心发展差异的原因，正确认识国际离岸金融市场的消长变化，把握其结构演变趋势，从而提供地理禀赋和社会结构层面的经验证据。因此，基于结构嵌入视角探讨不同国家或地区促进离岸金融发展的共同因素，揭示国别间离岸金融发展在路径选择和发展程度上所存在的差异，意在为中国发展离岸金融的制度路径选择和创新提供有益的政策借鉴。

7.1 理论与文献回顾

7.1.1 理论基础

(1) 离岸金融发展的结构嵌入性

Granovetter 在 1985 年倡导的结构嵌入性分析中强调结构位置对经济主体的影响。现实发生的经济活动和行为并不是自足的，即不可能脱离社会背景和环境而存在，而是嵌入特定的社会关系和网络之中，受到行为者之间社会关系的约束和影响。同时，在制度的环境体系分析中，Granovetter (1985) 强调历史背景、社会结构与集体行动有关的偶然性，同时也强调对现存制度施加的限制，因此结构位置对经济主体所产生的经济效应成为结构嵌入性分析的核心。金融行为嵌入特定的社会关系网络之中，而金融市场绝不仅仅是经济学意义上的价格机制发生作用的抽象场所，而是具体的充满着社会结构的场域。“嵌入性—网络”分析的研究路径强调金融市场和经济行动者嵌入社会关系网络之间，在此基础上社会建构理论则往往更加强调社会背景、历史背景和政策因素等对于金融市场的影响，实质上也强调了一种更大层面上的“嵌入性”——整个经济领域的结构嵌入。自然地，离岸金融市场的发展也相应地嵌入结构变迁之中。

结构嵌入性主要强调了两个方面：①经济主体的地理位置，即地理禀赋；②其在关系网络中所拥有的市场优势。在早期研究中，尤其是互联网技术出现之前，结构嵌入性这一概念的提出倾向于剖析地区的地理禀赋，遂成为结构嵌入中的地理嵌入部分。随着时代的发展和技术的进步，经济主体的市场结构位置逐渐成为结构嵌入性分析的核心，经济学中的社会网络分析也逐渐发展为结构嵌入性的理论基础。因此，结构嵌入性是表明主体所嵌入的社会网络给予主体的逾额价值，这些逾额价值包括信息和资源方面优势，即主体在网络中的地位决定了其享有哪些优势。从现代社会经济学的角度看，该主体的逾额价值也可看作结构嵌入中的社会嵌入部分。

（2）金融地理学研究综述

金融地理学属于地理学庞大体系的一个分支，更准确地说，它是经济地理学科的一个子集，是一门介于地理学和经济学之间的边缘交叉学科，它结合了地理学、金融学、社会学等学科理论，在理论发展和方法论上相互借鉴，互取所长。金融地理学主要从地理学研究角度来研究金融活动，把地理位置、距离与空间因素引入对金融的研究中，同时考虑了由于地理因素的差异而产生的不同的社会人文因素的影响，是对国际金融和资本市场所做的地理学表述。自 20 世纪 80 年代金融地理学的研究兴起以来，国外一系列金融地理学家主张货币和金融在本质上是地理现象（Corbridge et al.，1994；Leyshon & Thrift，1997；Martin，1999；Clark & Wójcik，2007；Wójcik，2011）。尽管以 O'Brine 为代表的“地理终结论”者认为，随着通信技术和交通水平的提升，地理距离所带来的经济作用已被模糊化，但仍有大量观点认同地理因素在金融中心形成中的重要作用，特别是关于地理因素在解决信息问题方面的重要性。

国外金融地理学的研究对象为金融机构、金融体系和金融市场的地理位置（Wrigley，1999），研究重点主要集中在影响金融中心的区位因素、银行的空间分布及区域影响、证券市场的空间变化、金融排斥、养老金的区域差异、风险投资的空间集聚及投资空间邻近性、金融危机的地缘性等方面。金融地理学认为决定金融经济中心最重要的因素体现在信息外在性、信息不对称性及信息腹地等方面。金融活动集聚的一个重要原因在于信息流集聚的优势区位，信息外在性和路径依赖能协助研究者了解国际金融中心在区内主宰的原因，而信息不对称性和信息腹地理论能有效解释为什么国际金融中心地位会被其他中心取代。Agnes（2000）指出，本地嵌入性有利于金融信息的交流，在信息高度发达的时代，信息不对称问题仍然导致了金融活动的地理空间集聚，从而形成金融中心。换言之，信息腹地往往催生大型金融中心。

国内对该学科的研究尚属起步阶段，自2001年劳拉詹南的《金融地理学：金融家的视角》中文版出版以来，学者们陆续开始认识到金融地理学的重要性。目前，国内金融地理学的主要研究方向为区域金融发展与其空间、地理环境之间的关系（陈品先，2004；金雪军和田霖，2004；李小健，2006；蒋海玲和王冀宁，2011），包括运用地理学中的空间结构、空间差异等概念研究金融系统各组成要素的相互作用与发展（田霖，2005；李小健，2006），运用地图法等地理学方法研究金融问题（赵晓娜，2019），在信息对金融中心影响（赵晓斌等，2002）、区域金融发展影响因素（刘同山，2011；陈俊等，2013）以及区域金融中心重组等方面做了有效探究。赵晓斌（2010）还指出金融活动所在地的信息聚集程度和信息质量决定了该金融中心的地位，而地理条件则是影响信息数量和质量的一个重要因素。

因此，金融地理学着重从金融资源流动性和信息的作用等方面来探讨影响现代金融中心的决定因素，体现了金融学与信息经济学的融合，也从信息外溢效应角度反映了金融业高度依赖于信息的特征。总之，金融地理学强调跨学科的研究，社会学、心理学、历史与地理等都是其研究的工具。金融地理学所研究的经济主体的活动，不再单纯地追求利润最大化，而是受到了区域的个性、文化、社会、历史、制度的影响。

(3) 区位经济学相关研究

区位经济学认为在不同区位上，人口分布、市场供求、资源分布等状况不同，给经济主体带来的额外经济利益具有很大差异。不同的区位决策主体对不完全流动、不完全可分的生产要素与产品服务的依赖程度不同，从而对距离、市场、资源分布、环境等状况的要求有所差异。Davis (1990) 运用区位经济理论对国际金融中心的形成和发展进行解释。他认为国际金融中心是金融企业活动和聚集的中心。金融企业选址在何地，关键是看当地的综合条件与其他地区的比较，能否使金融企业获得更大的净收益。根据金融产业集聚理论，一组在地缘上接近的相关金融企业和机构，同处或相关于一个特定的金融产业领域，由于共同性和互补性联系在一起，并形成强劲、持续的竞争优势。从离岸金融中心的演进过程来看，"金融中心是金融机构和金融市场聚集的结果，是金融企业高度集聚后的产物"。形成今天这些离岸金融中心的主要地域条件有地理位置便利、政局稳定、自然灾害少、基础设施完善、金融法律服务专业、金融法律法规健全、政策优惠等。同时离岸金融中心在全球范围内分布状况呈现出显著的地缘性和时区性特征。

7.1.2 文献综述

(1) 地理结构因素

从历史演变角度纵向分析，离岸金融中心的分布是一个逐渐扩张的过程（潘峰华，2019）。Cobb（1998）认为离岸金融中心所在地的位置是决定其离岸金融服务发展的基本变量之一，许多学者认为全球离岸金融中心的分布存在显著的地缘性和时区性（宋亮华，1997；巴曙松和郭云钊，2008；鲁国强，2008；郭云钊和张鹏，2012；潘峰华，2019）。根据 IMF 界定的离岸金融中心所在国家、领地和司法管辖区，其虽已遍布全球各地，但主要分布在加勒比、西欧和太平洋地区，具有明显的地理分布特征，即有显著的空间集聚性。IMF（2000）和鲁国强（2008）等依据地理板块将世界主要离岸金融中心分布归纳为非洲、亚太、欧洲、中东和美洲五大地区；宋亮华（1997）、郭云钊（2012）以及周新月（2015）等依据集群性把离岸中心分为欧洲群（以西欧为主）、亚太群、中东群、加勒比群、北美群及其他。

金融体系所在的地理位置会影响资金在不同区域和社会间的流动，在金融中心的形成中发挥了重要作用（Martin，1998）。Rose 和 Spiegel（2006）以 69 个离岸金融中心和 222 个货币发行国 2001—2002 年的数据为样本，用普通最小二乘法发现影响离岸金融中心规模的因素包括地理特征、来源国和东道国之间的地理距离以及东道国殖民地历史。具体地，这些地理特征因素主要有：

①大洲交界。位于大洲交界处的国家和地区与业务来源国地理距离更近，交流频繁，使其更容易成为资金周转地，甚至可以在周围地区政局或经济动荡时扮演“避风港”的角色，因而容易吸引非居民资金（Picciotto，1992；杨叠涵和陈瑛，2013）。②沿海。沿海地区相较于内陆地区贸易更为发达，从而能够累积资金成为金融业的原始积累（杨叠涵和陈瑛，2013；潘峰华，2019）。因此，岛国、沿海小国等边缘区域更容易成为离岸金融中心，如开曼群岛和蒙特塞拉特（宋亮华，1997），航运中心（港口城市）也容易成为金融聚集地，如东京、伦敦（Tschoegl，2000）。③殖民地历史。金融地理学涉及的历史是有空间的历史（田霖，2016）。杨叠涵和陈瑛（2013）在研究中发现离岸金融中心的资金流入程度与其历史（特别是殖民地历史）有间接联系。究其原因，二人将其归纳为以下三点：一是促成税收优惠政策使得当地成为避税天堂；二是殖民地可沿用宗主国较为完善的金融法律政策，从而保障了其经济自由；三是殖民地薄弱的第一、第二产业基础催生第三产业的发展需求。而且，殖民地历史在岛屿型离岸金融中心形成中发挥了巨大作用（Hampton & Christensen，2002），许多岛屿型离岸金融中心都与英国殖民有关（Palan，2010）。④跨时区分布。政治决策和贸易的竞争使得每个时区通常只留下一个占有主导地位的国际金融中心，鲁国强（2008）发现与其他金融中心形成时区互补的地区更容易形成离岸金融中心。此外，还有学者认为离岸金融是国际金融市场的核心（廖昌开，1998；程超泽和华伟，1999）。Johns（1994）指出，每个离岸金融中心集群都与一个主要的在岸金融中心及其时区相联系，形成了全天候交易的统一离岸金融市场（郭云钊和张鹏，2012）。

（2）社会结构因素

由于经济的持续稳定发展是推动离岸金融市场发展的巨大动力，动荡的社会环境使投资者无所适从，社会结构因素如政治稳定对离岸金融发展的影响具有重大意义（杨叠涵和陈瑛，2013）。Masciandaro（2006）基于222个离岸金融中心分类样本数据的实证研究证实，离岸金融中心通常是那些政治稳定性较高、犯罪率相对较低，在国际上行事更为低调并且遵循普通法系的国家或地区，资源禀赋、地理位置和官方语言则不是影响离岸金融发展的主要因素。Rose 和 Spiegel（2006）用面板数据分析了离岸金融中心规模的影响因素。他们用计量模型对于离岸金融中心地点选择的重要性进行了分析，然后用普通最小二乘法对影响离岸金融中心规模的因素进行了分离，最后得出了离岸金融中心殖民地背景、人口数量和人均 GDP 是影响离岸市场规模的主要因素的结论。而 Acemoglu 和 Johnson（2001）认为殖民地经验的差异可能是制度中外生差异的根源，而且研究表明殖民地经验与其后来的经济表现有密切联系。Dharmapala 和 Hines（2006）通过分析影响国家或地区成为避税天堂的因素，指出约有15%的国家或地区是避税天堂，它们往往是小而富裕的国家或地区，政权稳定的国家或地区则更有可能成为离岸避税地。

此外，Lee（2010）利用离岸岛屿的“黑名单”报告分析声誉风险对其经济和金融发展的影响，结果表明，名声不佳的岛屿对当地的金融发展具有负面影响，该效果是名誉较好的岛屿对经济和金融发展正面影响的2倍，且声誉冲击对经济和金融变量反应的估计表明，声誉震荡（无论是好还是坏）似乎是永久性的。因此，声誉影响了所有小型离岸经济体的稳定，因而为了增强岛内经济金融稳定性，地区的国际声誉至关重要。

综上所述，结构嵌入相关理论表明，离岸金融发展应从根本上受到国家或地区的结构嵌入因素影响。结合离岸金融结构本质与内涵，结构嵌入应该大致分为地理嵌入因素和社会嵌入因素两部分。尽管学者们分别探究了地理因素和社会结构对离岸金融发展的影响，但是较少从网络结构角度进行分析。金融地理学者多以地图法来归纳离岸金融中心的地理条件，但也欠缺对各个地理因素的重要性及关键作用的实证分析，因而从总体上对国家或地区的结构性因素如何影响离岸金融发展的研究亟待深入。金融中心的地理条件是当地经济和社会优势的基础，而结构往往是反映金融形态的根源。因此，本章意在从结构网络视角揭示国别间离岸金融在路径选择和发展程度上所存在的差异，以期为中国发展离岸金融的制度路径选择和创新提供有益的政策借鉴。

7.2 离岸金融发展的结构嵌入机理

20世纪上半叶，欧洲美元业务兴起，离岸金融市场最初的形态“欧洲美元市场”得以产生。伦敦最早建立离岸金融中心，随后卢森堡因其发展起来的债券市场演变为较大的离岸金融中心，离岸金融市场由伦敦扩展到整个西欧大陆。到20世纪下半叶，亚洲、美洲、非洲、加勒比海地区和中东地区等发展中国家和地区的离岸金融中心逐渐成熟，其中亚太地区离岸金融市场的发展得益于东亚地区和日本经济的飞速增长，中东地区因时区优势和“石油美元”的支持，离岸金融市场发展态势良好。加勒比海地区离岸金融中心则较为特殊，该地区拥有数量众多、规模较小的岛屿型离岸金融中心，如巴哈马、开曼群岛等。在经历了近一个世纪的发展之后，离岸金融中心已遍布全球。

7.2.1 离岸金融发展的结构嵌入性

离岸金融的发展与地理环境等外在因素以及当地的基础资源等内在因素密切相关，即离岸金融的发展会受到其所在国家或地区结构因素的重大影响。一方面，结构是事物形态的存在形式，亦即一切事物都有结构，事物不同，其结构也不同。另一方面，结构是对事物存在的环境网络的具体描述，其中环境条件不仅包括与世界发达经济体的距离等地理环境，同时也包括如离岸金融国家或地区的开放度、声誉、殖民地背景等社会环境。

7.2.2 地理结构嵌入

自然环境是一国经济和金融发展的外生变量。一个国家独特的地理位置、资源分布、气候环境等方面的自然风险，很大程度上决定了它的资源禀赋优势、产业结构以及主要产业，进而间接影响着其金融体系的结构。依据结构嵌入性理论，各个国家不同的初始禀赋是影响离岸金融发展的重要因素，其中最初的地理环境扮演了主要角色。

即便电子信息技术使金融系统的地理性减弱，金融系统的地理性依然存在，特别是市场信息的地理差异仍然较为明显。一方面，信息得到的及时与否，不仅影响金融机构的发展步伐和方向，而且关系到金融机构的风险控制，甚至决定着金融机构的生死存亡。金融集聚地是地区乃至世界金融信息的源泉或扩散中心，具有很强的信息收集优势。另一方面，由于信息被视为金融活动的核心，Martin（1999）指出信息流是金融中心发展的先决条件，金融聚集地的金融机构之间信息的共享和传递迅速，成本较低，甚至具有公共产品的性质。金融机构集聚于此，能够从中获得知识的外溢效应及产业内差异性、互补性的知识外溢效应等。距离是影响信息传递的重要因素，在地域上的集聚有利于金融机构争夺有限的市场资源，缩小与市场的距离。为此，本章提出如下研究假设：

H_1：地理特征能够显著影响离岸金融发展，因而存在离岸金融发展的地理结构嵌入性。

7.2.3 社会结构嵌入

金融发展的根本取决于经济增长，经济增长产生了对金融业的需求，于是金融机构和金融市场相应扩张，制度层面的金融决策与法规随之发生变化，即“经济增长—金融市场发展—制度变化”导致了金融创新（王传辉，2000）。由于人类生存的环境并不是单一维度的，除了生命赖以生存的自然环境，还有每时每刻影响人类活动的政治、经济以及信仰和价值观等社会文化环境，尽管存在各种表述方式，如 Putnam（1995）将其称为“社会资本”（Social Capital），Amin 和 Thrift（1994）将其称为“制度氛围”（Institutional Thickness），Markusen（1996）将其称作“黏性空间”（Sticky Places in Slippery Space），但均强调了社会环境的重要性。社会结构嵌入性同样影响金融市场（Romo & Schwartz，1995；Uzzi，1996）。Rose 和 Spiegel（2007）甚至发现离岸金融与其周围国家或地区的金融发展联系甚密，本国离岸金融发展规模越大，其邻近国家的金融业竞争力越强，越能刺激本地的金融发展。离岸金融演进和扩张的历程表明，诸如其特殊的历史背景和金融条件，名誉等一系列社会评价所组成的社会网络结构发挥的作用巨大。

此外，离岸金融中心的出现发生在特定物理空间和社会空间之中，因此必然受到个别场域中的各种物理因素和社会因素的制约，特别是受到在个别场域中具有硬性规定作用的制度、资源和权力的制约。因此，离岸金融中心的出现不仅与其当地的初始禀赋密切相关，而且受制于由此而生的后期制度选择，不同的地理结构和社会结构的组合构成不同的二维空间，作用于离岸金融市场，因而导致了离岸金融发展差异。总之，离岸金融中心作为国际金融中心的重要分支，其出现和演进阶段与金融地理学具有不可分割的联系。离岸金融中心的跨境交易性质决定了其受限于空间地理和人文地理，离岸金融发展深深扎根于当地的社会网络结构中，具有社会根植性或者嵌入性，不仅受到地理环境嵌入性的影响，也必然受到社会环境嵌入性的影响。因此，本章提出如下待检验假设：

H_2：社会结构特征能够显著影响离岸金融发展，因而存在离岸金融发展的社会结构嵌入性。

7.3 研究设计与结果分析

7.3.1 变量选取与数据处理

本章从地理角度聚焦世界上著名的开办离岸金融业务的国家和地区，从非洲、欧洲、中东、亚太以及美洲地区的离岸金融中心中筛选具有代表性的样本国家或地区，较为广泛的地域分布选择使得数据分析结果更具说服力。本章确定2002—2017年为研究区间，鉴于数据的可获得性，最终选出50个具有代表性的离岸金融中心作为研究对象。即样本国家或地区数量$N=50$，时期$T=16$，属于典型的大N小T的短面板数据。与时间序列数据或横截面数据相比较，面板数据可以增加估计量的精度、获得更多的动态信息。

（1）变量选取

本章将结构嵌入细分为地理结构嵌入和社会结构嵌入，选取相应的指标作为自变量。

1）自变量：地理结构嵌入因素。

地理结构嵌入主要强调离岸金融中心的地理优势，本章参照相关文献，细分了衡量地理结构嵌入的指标。

海岛或沿海国家（*Irs*）：王勇等（2015）在研究中指出，海岛或沿海国家天然的地理与自然条件能够使它们绽放出与陆地不同的经济发展模式和独有的业务种类。全球化步伐加快了海岛或沿海国家离岸金融中心的演进，它们丰富的客户资源、灵活多样的国际金融服务手段能够继续使其在资金管理、信托、专属保险和私人银行业务方面富有吸引力。因此，从地理结构角度设置虚拟变量“是否是海岛或沿海国家”，即如果该国是海岛或沿海国家，指标变量为1，否则为0。

小国（*Sc*）：Armstrong（2004）研究发现，较小的国家规模对经济表现产生许多重要影响，许多世界上较小的国家在经济方面表现良好。但是小规模国家也会在面对外部力量的冲击时，表现出更大的脆弱性，由此带来更多的挑战。如此意味着小规模国家不仅可能在地理结构优势上进一步“抢占先机”，同时也会囿于资源有限性，更有动力出台刺激离岸金融发展的国家政策和大政方针。因此，本章设置“小国”这一虚拟变量，作为地理结构的作用路径之一。借鉴诸多学者对小国的界定，本章划定“小国”的标准是人口在500万以下的国家。

热带国家（*Tro*）：在全球范围内的广泛证据表明，热带国家常常会面临自身独特的发展问题。热带地区多是全球旅游的热门地区，容易发展成为度假天堂，因而与离岸金融发展相伴相生，但其农产品在全球也面临着苛刻的贸易条件。因此，从地理结构嵌入角度看，本章设置是否为热带国家这一虚拟变量，即如果一个国家有超过50%的土地被划分为热带气候或热带海洋气候，则被列为热带国家，赋值为1，否则是0。

2）自变量：社会结构嵌入因素。

社会结构嵌入主要强调离岸金融中心的社会人文资源优势。通过社会网络，金融机构之间的相互交流更加频繁，互动更加密切，更加容易得到所需的资源，金融机构会越来越依赖网络中的其他成员，同时对自身所处的社会网络的认可程度也会提高。参照相关文献，衡量社会结构嵌入的指标如下：

金融自由度（*Ff*）：金融自由度衡量金融部门对于政府控制和干预的独立性程度。由于金融机构的国家控制会减少竞争并普遍降低企业信贷获得的水平，金融自由度能够鼓励金融创新，极大调动离岸金融主体的积极性。该变量通过观察五个国家对金融领域的监管强度来衡量一个经济体的金融自由度，五个维度分别是：

- 政府对金融服务监管的程度。
- 国家通过直接或间接所有权干预银行和其他金融公司的程度。
- 政府对信贷分配的影响。

- 金融和资本市场发展的程度。
- 对外国竞争的开放程度。

声誉（*Fame*）：大量离岸金融中心和避税地区普遍采用了“保密性”原则，相当程度上纵容“逃税”和“洗钱活动”，以此吸引了外来经济体的个人投资者和金融机构。但是这种行为也遭受到国际社会透明度要求的问责，产生了极大的声誉风险，对当地离岸金融发展产生了不利影响。“黑名单”是OECD、七国集团金融特别行动工作组和金融稳定论坛等14个国际组织作为国际标准制定者发布的不配合国际监管的离岸金融中心名单，对个人投资者、金融机构甚至全球金融体系提出了警示。自亚洲危机以来，IMF已经发布了一系列遏制离岸金融中心和避税地的“逃税”和“洗钱”活动的措施，认定那些监管不力的离岸金融中心存在声誉风险，从而将其列入“黑名单”。为了科学度量离岸金融中心的声誉，笔者在查阅大量国内外相关文献后，将被纳入“黑名单”的离岸金融中心记1，否则记0，本章手工筛选、统计了14个纳入国际评价组织“黑名单”的离岸金融中心，汇总得分较高者，声誉风险较高。

殖民地历史（*Ch*）：在Acemoglu（2001）等学者的经典研究中，殖民地历史赋予了本国金融发展不同的初始禀赋状态。一般来讲，具有相同殖民地历史背景的国家交往比较密切，同时“被殖民地”的制度变化也是其初始发展禀赋迥异的原因之一，对殖民地的影响广泛而深远。历史上以欧洲霸权为主的英联邦殖民地、葡萄牙殖民地、西班牙殖民地和德意志帝国殖民地等都较为知名。因此，从社会结构嵌入角度，根据是否被上述国家殖民，选择评价离岸金融中心是否具有殖民地历史作为虚拟变量，即如果有殖民地背景，指标变量为1，否则为0。

英语（*El*）：英语作为全球最普遍的通用语言，方便了全球大多数国家的人们交流沟通。而且在Dharmapala（2006）等学者的研究中，将英语使用作为衡量一个国家是否为避税天堂的变量之一，作为控制变量进行拟合。本章将英语是否为该国家或地区的官方语言之一设定为虚拟变量，即如果是，则指标变量为1，否则为0。

税收负担占GDP的百分比（*Tax*）：税收竞争是离岸金融中心的主要特征之一，本章在社会结构嵌入维度还选择了税收负担变量。税收负担作为一种综合衡量指标，反映了个人和企业收入的边际税率与总体税收水平

(包括各级政府征收的直接税和间接税)占 GDP 的百分比，其值由三个定量因子推算得出：

- 个人收入的最高边际税率。
- 企业收入的最高边际税率。
- 税收总额占 GDP 的百分比。

法律规则质量（*Law*）：参照文献，本章使用了法律规则质量作为另一社会环境变量。

3）控制变量。

本章中加入以下控制变量，从而控制模型估计结果的稳健性。

政府效能（*Gov*）：是指国家行政机关和行政人员为实现预定目标，在行政管理活动中所发挥的有效功能，主要体现为行政效率、行政效益与政府绩效。在离岸金融中心，政府效能发挥的作用对于离岸金融发展至关重要。

城市化水平（*City*）：是衡量城市化发展程度的数量指标，一般用一定地域内城市人口占总人口比例来表示。城市化的三大标志：城市人口增加；城市用地规模扩大；城市人口比重上升。其中城市人口比重是衡量城市化水平高低的标志。离岸金融国家的城市化水平仍是其发展前景的重要因素之一。

人均 GDP（*AGDP*）：消费在经济发展“引擎”中的分量举足轻重。随着现代金融服务广泛地进入人们的生活，金融业已逐步成为连接中国消费市场和供给的桥梁，经济增长毫无疑问能够扩大金融繁荣。因此，离岸金融的繁荣扩张与实体国家的经济状况密不可分。

4）因变量：离岸金融发展。

衍生负债（*CPIS*）：CPIS 主要统计的是某一个经济体持有的以权益、长期和短期债务证券形式存在的组合证券投资资产头寸。CPIS 涵盖了世界上大多数经济体的权益和债务证券头寸，是一套“从一方”到“另一方”经济体的详细双边数据指标，表达了每一个 CPIS 向 IMF 申报的经济体持有的按照世界上每一个其他经济体分类的跨境持有组合证券投资量，而离岸金融中心已将所有金融机构纳入 CPIS 的统计。由于离岸金融中心具有高比例组合投资资产的重要特点，通过分析各国的这些资产头寸，可以预期具有最大资产头寸的国家和行政辖区具有最大金融服务流量。因此，

CPIS 是测度某一国家（地区）离岸金融发展的可行性指标。由于离岸金融中心资产的持有方多为非居民，CPIS 申报经济体只报送自身持有债务投资的数据，IMF 通过统计对手方数据获得离岸金融中心衍生负债数据，比原本 CPIS 资产数据涵盖面更宽、更准确，故而本章采用 CPIS 衍生负债数据作为衡量离岸金融发展水平的指标。

（2）数据来源及处理

本章数据分别来源于 IMF 官网、CIA 世界概况、金融保密指数官网、WGI 数据库、OECD 等权威数据库。由于许多国家或地区部分指标如 CPIS 衍生负债、金融自由度等的数据缺失，2018 年后的数据尚未更新，本章删除了数据缺失严重的样本，最终确定样本数量为 50 个，回归时间区间为 2002—2017 年。本章主要变量定义和说明见表 7-1。

表 7-1　变量定义与说明

符号	变量名称	变量说明	数据来源
		因变量	
CPIS	衍生负债	经济体持有的以权益、长期和短期债务证券形式存在的组合证券投资资产头寸	IMF
		自变量—地理结构嵌入	
Irs	海岛或沿海国家	虚拟变量：海岛国家或者沿海国家，指标变量为 1，否则为 0	CIA 世界概况
Sc	小国	虚拟变量：定义 500 万人口以下的国家即为小国	CIA 世界概况
Tro	热带国家	虚拟变量：超过 50% 的土地被划分为热带或热带海洋气候的国家	CIA 世界概况
		自变量—社会结构嵌入	
Ff	金融自由度	金融自由度衡量金融部门对于政府控制和干预的独立程度	IMF
Fame	声誉	将 14 个纳入国际评价组织“黑名单”的离岸金融中心进行汇总筛选，对于在“黑名单”中的离岸金融中心，记 1，不在“黑名单”中的记 0。最终加总 14 项评价	金融保密指数
Ch	殖民地历史	虚拟变量：如果有殖民地背景，指标变量为 1，否则为 0	CIA 世界概况

续表

符号	变量名称	变量说明	数据来源
El	英语	虚拟变量：即如果英语被列为该国家或地区的官方语言之一，则指标变量为1，否则为0	CEPII 数据集
Tax	税收负担占GDP 的百分比	税收负担反映个人和企业收入的边际税率与总体税收水平（包括各级政府征收的直接和间接税）占 GDP 的百分比	OECD
Law	法律规则质量	反映代理人对社会规则的信心和遵守程度	数据库
控制变量			
Gov	政府效能	国家行政机关和行政人员为实现预定目标，在行政管理活动中所发挥的有效功能	数据库
City	城市化水平	一定地域内城市人口占总人口比例	数据库
AGDP	人均 GDP	反映国家或地区社会的发展水平和发展程度	CIA 世界概况

（3）数据的描述性统计

根据样本数据的特点，地理结构均为虚拟变量，社会结构中既有数值型变量，又有虚拟变量。因此，可将地理结构作为分类标准，分别针对不同的地理结构特征进行面板数据实证分析，可使估计结果较为准确，提高估计的可信度。按照地理结构特征，现将因变量和数值型社会结构变量进行描述性统计，直观观察离岸金融发展、地理因素和社会结构的差异程度，见表 7-2。

表 7-2　结构嵌入特征的描述性分析

海岛或沿海国家或地区	观测值	均值	标准差	最小值	最大值
CPIS 衍生负债	1020	329674.7	998714.2	−17.14847	1.20×10^{7}
法律规则质量	1020	0.7754554	0.8184256	−1.157138	2.120458
金融自由度	1020	65.69608	18.69138	30	90
声誉	1020	3.867647	3.779903	0	12
税收负担占 GDP 的百分比	1020	55.71925	24.7154	3.1	99.9

续表

内陆国家或地区	观测值	均值	标准差	最小值	最大值
CPIS 衍生负债	210	622511.5	1052745	6.523082	3962430
法律规则质量	210	1.142788	.6521284	-0.6592593	2.01571
金融自由度	210	70.66667	11.80112	30	90
声誉	210	3.152381	3.48553	0	11
税收负担占 GDP 的百分比	210	54.1036	21.29838	6.1	99.9

限于篇幅，本章在正文中没有继续列出其余的分析结果。总体上看，离岸金融中心中海岛或沿海国家或地区所占比例较高，但不同海岛或沿海国家或地区的离岸金融发展水平不一，且与当地的历史背景、金融自由度和法律规则质量具有紧密关系。从分样本来看，小国（人口少于500万）与大国的CPIS衍生负债指标的差异并不大，说明小国的离岸金融发展较好，金融自由化程度普遍较高，但其“黑名单”得分往往不低，可能是由于自由化程度过高带来的负面影响。同时，从CPIS衍生负债指标的差异度上可以看出，热带国家或地区的离岸金融发展明显低于非热带地区，非热带国家的法律质量、金融自由度均处在较高水平；从数据可知，是否处于热带并不影响“黑名单”得分，说明气候不影响离岸金融中心的国际声誉，但其税收负担占GDP的百分比较高，说明税收负担较重。

7.3.2 模型构建与结果分析

在上述分析的基础上，本章通过建立以下面板模型，意在准确地解释离岸金融发展与社会结构和地理结构的关联程度。

（1）模型构建

金融发展是一个连续动态的过程，上期的金融发展积累对当期金融发展必然产生某种影响，因而实证中引入滞后因变量将更加符合理论与现实。然而一旦将滞后因变量引入方程，原来的常静态模型将会转化为动态模型，现有文献的估计方法会失效，结论的准确性便无从保证，因此使用动态面板数据模型（DPD）是行之有效的估计方法。为此，本章选择在跨国面板数据的基础上，采用广义矩估计的动态面板数据模型，以期从结构嵌入视角考察离岸金融发展的情况。为降低变量的内生性，消除可能存在的异方差，对样本非虚拟变量（法律治理质量除外，因为其存在负值）的原始数据取自然对数进行预处理。

本章构建如下动态计量方程：

$$\ln CPIS_{it}=\alpha_0+\beta_0\ln CPIS_{i(t-1)}+\beta_1 Irs_{it}+\beta_2 Sc_{it}+\beta_3 Tro_{it}+\beta_4 Ch_{it}+\beta_5 El_{it}+\beta_6\ln Ff_{it}+\beta_7\ln Fame_{it}+\beta_8\ln Tax_{it}+\beta_9\ln Gov_{it}+\beta_{10}\ln City_{it}+\beta_{11}\ln AGDP_{it}+v_i+u_t+\varepsilon_{it} \tag{7-1}$$

其中，i、t 分别表示国家、时期；v_i、u_t 分别表示截面与时间固定效应，以控制无法观察的国家或地区个体和不同时间层面因素的影响；ε_{it} 表示随机扰动项，与个体时间固定效应 v_i、u_t 以及解释变量不相关。

（2）模型技术处理

在模型估计中，为了得到参数的一致无偏估计值，必须考虑建模过程中经常出现的经济计量问题，如遗漏解释变量、测量误差和内生性等问题，为此作如下说明。

一是历史误差问题。在有关离岸金融中心的殖民地历史问题中，由于各国对此讳莫如深，历史记载难以统一，以至于殖民地问题经常会存在历史偏差。为规避该误差，本章采用最具权威的 CIA 世界概况官网的信息，以准确反映某一离岸金融国家或地区的殖民地历史情况。

二是遗漏变量。不同经济体的气候、环境等自然条件、自然资源禀赋、对外开放程度和对外贸易政策等因素都可能影响一国或地区的离岸金融发展，但某些因素无法直接观察得到，即使能够观察也很难进行量化处理，本章尽可能多地选择适当的控制变量，有效减少遗漏变量的影响，同时回归时正负误差相互抵消也可以部分达到目的。

三是变量的内生性问题。为解决估计方程中的内生性问题，本章采用 GMM 估计方法。该方法主要是通过在一定假设条件下，将估计方程的一阶差分变量设定为解释变量的工具变量，从而得到差分 GMM 估计量，有效解决解释变量内生性问题。但差分 GMM 方法的缺点在于会损失一部分样本信息，而且解释变量的时间连续性较长，会减弱工具变量的有效性，小样本情况下尤其如此。系统 GMM 估计方法是通过在差分 GMM 估计方法上再引入水平方程，将滞后差分变量增加为水平方程相应变量的工具变量，从而使得估计结果的有效性大为提高。另外，采用系统 GMM 两步法估计还可以消除异方差的干扰。

（3）实证结果及解释

表 7-3 是使用 Stata15.0 对以上计量模型采用系统 GMM 两步法进行检验所得的三组估计结果。由表 7-3 可知，三组估计结果中系数联合显著性的 Wald 检验 P 值均为 0，拒绝了解释变量系数全部为零的原假设，表明模型整体显著，拟合效应良好。而 Sargan 检验的 P 值均为 1.0000，远高于 0.1，表明系统 GMM 新增工具变量是有效的，并不存在过度识别问题。残差序列相关性检验中，模型（1）和模型（2）差分后的残差显示存在二阶自相关，而模型（3）差分后的残差则显示无二阶自相关性，表明原模型的误差项无序列相关性，故此模型的估计结果都是有效且整体显著的。

表 7-3　动态面板系统 GMM 两步法估计结果

变量	模型（1）	模型（2）	模型（3）
L1. ln*CPIS*	0.9281*** (0.0982)	1.2817*** (0.0271)	1.1728*** (0.1726)
L2. ln*CPIS*	−0.5261*** (0.0352)	−0.5414*** (0.0312)	−0.5615*** (0.0371)
L3. ln*CPIS*	0.2534*** (0.0128)	0.3615*** (0.0231)	0.3182*** (0.0253)
Irs	0.6712*** (0.0001)	0.6351*** (0.0000)	0.7617*** (0.0000)
Sc	0.3524*** (0.0040)	0.3212*** (0.0718)	
Tro	0.0251*** (0.0692)		
Ch	0.0387*** (0.2093)	0.0321*** (0.0482)	0.0371*** (0.0011)
Ei	0.1938*** (0.0000)	0.1973*** (0.0000)	0.1987*** (0.0000)
ln*Ff*	1.9821*** (0.0001)	1.8781*** (0.0000)	1.8882*** (0.0000)
ln*Fame*	0.7661*** (0.0009)	0.7618*** (0.0001)	0.7819*** (0.0002)
ln*Tax*	0.6321*** (0.0000)	0.6421*** (0.0002)	0.6719*** (0.0000)

续表

变量	模型（1）	模型（2）	模型（3）
ln*Gov*	−0.8716*** (0.0123)	−0.8619*** (0.0212)	−0.8718*** (0.0022)
ln*City*	0.3466*** (0.0000)	0.3819*** (0.0003)	0.3918*** (0.0000)
ln*AGDP*	2.9091*** (0.0000)	2.8911*** (0.0001)	2.9898*** (0.0000)
Cons	4.1921*** (1.2837)	2.1920*** (0.8271)	1.2039*** (0.5812)
Wald（*P* value）	1.82×10^{8} (0.0000)	2.30×10^{7} (0.0000)	4.83×10^{3} (0.0000)
Sargan（*P* value）	21.2931 (1.0000)	23.9181 (1.0000)	23.9102 (1.0000)
AR（2）（*P* value）	−1.8273 (0.0000)	−0.8271 (0.0001)	−4.9921 (0.5526)

注：①*、**、***分别表示在1%、5%、10%的显著性水平下显著；②解释变量对应括号内的数值为标准差。

首先，三个模型中的被解释变量CPIS衍生负债的一阶、二阶和三阶滞后期变量的系数都通过了1%的显著性检验，其滞后期变量的作用系数以滞后一期变量为主，综合表现为正向作用，可见当期衍生负债在很大程度上受到前期衍生负债的影响，虽然不同滞后期的影响方向不同，但负向作用比较轻微，总体表现为正向作用，说明衍生负债的确具有显著的累积效应。

其次，在模型（1）中，地理结构嵌入变量中“是否为热带国家”“是否为小国”以及“海岛或沿海国家”三个指标的实证结果显示，除了“是否为热带国家”和“殖民地历史”不显著，即“是否为热带国家”和“殖民地历史”对CPIS衍生负债作用不明显，其他所有变量系数及常数都较为显著且稳健。模型（2）中剔除了“是否为热带国家”，实证结果显示“殖民地历史”的系数在5%显著性水平下显著，而“是否为小国”则不显著，故继续在模型（3）中剔除地理结构嵌入变量中的“是否为小国”指标后，结果显示整体显著性大幅提高，所有变量均通过了1%显著性水平。可见由于模型（1）和模型（2）均显示存在二阶自相关性，意味着遗漏了对被解释变量有重要影响的因素，而模型（3）在运用系统 GMM 估计后，使得两者进行差分后所得差分项之间的相关性已大为减弱，得到的结果具有无偏性。

再次，根据模型（3）回归结果，从地理结构嵌入的角度看，“海岛或沿海国家”这一关键变量较为显著，说明处于岛屿或沿海的国家相比于内陆国家，离岸金融较为繁荣，地理特征能够显著影响离岸金融发展，存在离岸金融发展的地理结构嵌入性，结合模型（1）和模型（2）的结果，因而证实了 H_1。另外，从社会结构嵌入可以发现，两个虚拟变量“是否使用英语为官方语言”以及“是否具有殖民地历史背景”均较为显著，但系数较小，说明二者是离岸金融发展的显著原因，即离岸金融国家或地区的官方语言为英语或者具有英联邦殖民地历史背景时，其离岸金融发展水平较高，与本章理论分析相一致；此外，金融自由度、法律规则质量、声誉以及税收负担占 GDP 的百分比水平均与离岸金融中心发展具有显著的正相关，表明金融自由化水平越高、法律规则质量越高，离岸金融业务越发达；而声誉为国家的“黑名单”得分，在一定程度上代表了其对吸引离岸客户的宽松监管，因而离岸金融国家或地区的“黑名单”得分越高，则开展离岸金融业务的力度越大，离岸金融发展较好。综上可见，社会结构特征能够显著影响离岸金融发展，因而存在离岸金融发展的社会结构嵌入性，从而证实了 H_2。

最后，从模型（3）实证结果可见，各变量系数均显著，说明模型中预计的各个嵌入因素对 CPIS 衍生负债存在稳健而显著的影响。控制变量中，人均 GDP 指标一直显著为正，证实了经济发展对离岸金融发展存在的积极促进作用，符合经典理论中经济发展与金融繁荣相辅相成的结论；城市化水平与人均 GDP 也有类似的效果，系数相对较小，影响程度不大，或许与各国城市化水平发展不一，对离岸金融发展的影响效果强弱不同有关。此外，控制变量中的政府效能在三个模型中的系数均为负数，表明政府效能对离岸金融中心的衍生负债具有较为明显的负向作用，主要原因在于大多数离岸金融国家或地区出于金融安全需要，政府效能更偏向于保护在岸金融业，而限制了离岸业务发展。

7.3.3 稳健性检验

为了保证研究结论稳健，本章利用离岸金融国家或地区的银行外部贷款数据作为离岸金融发展变量来代理 CPIS 衍生负债。

稳健性检验使用 2002—2017 年离岸金融中心的外部贷款数据，仍然以 Stata15. 0 计算得到，结果见表 7-4，显示了地理嵌入和社会嵌入变量对离岸金融发展的影响效果。沿用表 7-3 中的模型（3），笔者剔除了地理结构嵌入变量中的两个虚拟变量，即“是否为小国”和“是否为热带国家”。结果可见，设定的模型（3）较为显著，且无自相关性存在，说明模型（3）稳健性良好，具有可信度；不仅前期的外部贷款与后期的金融发展呈现正相关关系，而且地理结构嵌入和社会结构嵌入变量的估计值也均显著，稳健性检验的结果与上述模型（3）的实证结果具有一致性。因而，本章的研究假设均得到了有效验证。

表 7-4　替换离岸金融发展变量的稳健性检验结果

变量	L1. ln*ELB*	L2. ln*ELB*	L3. ln*ELB*	*Irs*
估计值	1. 0871*** （0. 1638）	-0. 6521*** （0. 0251）	0. 4281*** （0. 0210）	0. 6178*** （0. 0000）
变量	*Ch*	*Ei*	ln*Ff*	ln*Fame*
估计值	0. 0401*** （0. 0001）	0. 2193*** （0. 0000）	1. 7827*** （0. 0000）	0. 8371*** （0. 0001）
变量	ln*Tax*	ln*Gov*	ln*City*	ln*AGDP*
估计值	0. 7612*** （0. 0000）	-0. 3718*** （0. 0022）	0. 3521*** （0. 0000）	2. 8174*** （0. 0000）
显著性和相关性检验	*Cons*	*Wald*（*P* value）	*Sargan* （*P* value）	*AR*（2） （*P* value）
	1. 2341*** （0. 6173）	3. 91e+03 （0. 0000）	24. 1937 （1. 0000）	-5. 1931 （0. 6151）

注：①*、**、***分别表示在 1%、5%、10%的显著性水平下显著；②解释变量对应括号内的数值为标准差。

7. 4　政策建议

7. 4. 1　因地制宜选择离岸金融的适配模式

无论是本章理论分析还是经验分析，都表明了海岛或沿海的地理位置是离岸金融中心形成的有利因素。根据离岸金融的业务管理模式，可将离岸金融中心分为内外一体型、分离渗透型、内外分离型以及避税港型。内外一体型要求金融经营高度自由，适合金融制度完善、自由化水平高的国家；分离渗透型是在内外市场间开辟专门的资金通道，促进在岸市场经济发展，适合金融管制较严、竞争力较弱的国家；内外分离型一般由政府推动产生，可防范国际离岸资金向在岸市场渗透，但由此也制约了离岸金融市场积极作用的发挥，适合金融市场尚不健全的、经济体量较大的国家；避税港型是通过低税吸引国外投资，适合第一、第二产业不完善的小国和岛国。

因此，根据结构嵌入性理论，我国幅员辽阔，应当因地制宜，充分考虑地理结构，海岛和沿海的地理条件能促进离岸金融中心的形成，那么在选择离岸金融中心的目标地时应该有所侧重，充分发挥地理条件优势，节约构建离岸金融中心的显性和隐性成本，扩大我国离岸金融市场，推动金融国际化和自由化进程。同时根据我国不同地区的地理特征，选择相应适配的发展模式，借鉴开曼、巴哈马的岛屿和小国的地理结构优势，发展岛屿型离岸金融市场。

7.4.2 提高法律规则质量，实施有效监管

从社会嵌入的效果看，我国目前开展的自贸区与离岸金融相关的法律制度还十分欠缺，借鉴成熟的离岸金融中心，如英属维尔京群岛通过设立金融服务委员会来监管本地离岸金融业务，可以从离岸金融的交易与监管两个方面制定相关法律。其一，交易业务方面应综合考虑业务的多样性和跨国复杂性，全面详尽地考虑到所可能出现的交易问题，避免与国际交易规则冲突，参照国际惯例，以一流的营商环境吸引非居民投资者；其二，建立专门的离岸金融监管机构对跨境资金流动进行监督管理，避免政府对金融服务过度管制，从而出现金融抑制，同时及时评估、防范化解重大风险，减小对在岸金融市场的冲击。

7.4.3 扩大金融开放，稳妥推进金融自由化

本章的实证结果表明，扩大金融开放是推动金融自由化进程从而促进离岸金融发展的有效措施。金融开放是相对于金融管制而言的，而金融自由化则是相对于金融抑制与金融深化而言的，金融开放与金融自由化密切

相关，两者的关系体现在金融开放是行动措施而金融自由化是其目的。鉴于金融开放是中国未来双循环发展格局下的重大任务，建议逐步取消各类金融机构的外资股比限制，陆续放开金融准入。由于严格意义上，全球范围内尚无国家完全实现金融自由，即使是美国等发达国家也是在经过金融自由化改革后，加大了对资本账户的管制力度，因此我国还应注重开放后系统性金融风险的防控。

7.5 本章小结

离岸金融中心在经济和金融全球化的背景下产生并发展起来，在资本流动和新兴金融市场中发挥了重要作用。一方面，由于离岸金融是一种新的金融地理形式，其特殊的地理分布特征使其成为金融地理学家的研究热点；另一方面，从经验主义者角度看，声誉以及殖民地历史等社会结构也是影响离岸金融中心建设的重要因素。因此，以结构嵌入性视角，从地理结构和社会结构两方面系统地分析影响离岸金融发展的关键因素并进行实证检验具有一定的理论和现实意义。

本章从结构视角出发，以金融地理学为理论背景，回顾了离岸金融中心的地理特征以及社会结构对离岸金融中心的产生所起到的关键作用，概括了目前世界上离岸金融中心的地理分布情况，总结论述了前人研究中催生离岸金融发展的地理原因（大洲交界、沿海、殖民地历史、时区性）。接着本章选取了50个分布于全球各地的具有广泛影响力的国际离岸金融中心2002—2017年的年度数据，从社会经济学中的结构嵌入视角对离岸金融发展进行较为系统的实证研究，得到了地理和社会结构对离岸金融发展的显著影响因素，最终提出了我国因地制宜选择离岸金融适配发展模式，提高法律规则质量，实施有效监管，继续扩大金融开放，推进金融自由化，从结构视角为我国离岸金融发展提供了有价值的参考。

8 离岸金融市场的税收筹划

8.1 研究背景

大多数离岸金融中心因提供税收优惠常被称为避税天堂（Palan et al.，2010），所有学者毫无二致地指出了离岸金融中心进行税收竞争的普遍特征。在世界各国经济深度融合和存在 200 多个税收管辖区的情况下，几乎任何一个国家，只要是法律规定了比他国更为优惠的税率，他国便可以利用该优惠从而获得税赋减免。同时经济全球化使得很多具有国际化视角的内地企业认识到在国外设立离岸公司的益处，前往离岸金融中心注册子公司的企业数量迅猛增长。

一直以来我国企业承担着较为沉重的税务负担，企业避税形势向来较为严峻（许红梅和李春涛，2020）。中国现行税法规定企业所得税基本税率为 25%，因此较高税负下企业有充分动机通过纳税筹划或其他途径减少税款支出。2020 年仅国家税务总局随机抽查的 69 户集团企业及其 5.32 万户成员企业查补税款就达到 621.46 亿元[①]。由于税收筹划的力度直接影响公司盈利水平，世界著名离岸金融中心诸如开曼、瑞士、百慕大、维尔京、巴拿马共和国等地的巨大税收优惠吸引了我国企业纷纷将目光投向离岸地，以至于越来越多“精明的”中国投资者将触角伸向了避税地，借助其税收优惠政策进行税收筹划，增强其国际竞争力。

事实上自改革开放以来，中国与离岸金融中心的投资往来日益紧密。“引进来”后，中国吸引了大量外国证券投资，新加坡、开曼群岛等离岸

---

① 国家税务总局．国家税务总局持续推进重点税源随机抽查工作［EB/OL］．http：//www.chinatax.gov.cn/chinatax/n810214/n2686738/n2686748/c5155436/content.html.

金融中心多年来雄踞外来对华证券投资十大来源地的宝座[①]；“走出去”时，2019年我国对外证券投资资产总额达到6460亿美元，其中对离岸金融中心的投资总额占全年对外证券投资总额的比例更是超过了一半，投资总额高达3714亿美元[②]，投资前五位的国家（地区）分别有中国香港、开曼群岛、英属维尔京群岛三个离岸金融中心。国内很多大型企业，如新浪、网易、搜狐、百度、国美电器、蒙牛乳业，其母公司或控股公司的注册地均在离岸金融中心，它们通过对离岸企业进行税收筹划，减轻企业集团的整体税负，并为集团保留更多利润进行再投资，实现了企业税后利润最大化。

但是，跨国公司日益泛滥的避税活动侵蚀了各发达国家的财政收入，部分国家和国际经济组织将目标首先集中于离岸公司和避税天堂，认为其根源在于避税港的税收竞争政策，纷纷制定相应法律和行政法规规范离岸公司避税，采取了一系列行动，包括先后多次修改法律、改革税收制度、惩罚避税活动、制定反避税条款以及评估反恶性税收竞争，对企业前往离岸金融中心设立子公司施加了严格的限制。随着许多国家在应对税基侵蚀与利润转移时采取严厉的监管和处罚措施，离岸企业实施税收筹划的环境日趋严峻，给企业的经营带来诸多不确定性风险。无疑，离岸企业如果只是一味地考虑如何最大限度地降低税负，忽略了税收筹划行为必须以合法性为重要前提，其税收筹划在严苛的环境里必然承担着各种风险。特别是如果企业税收筹划人员对税收政策理解错误并不当运用，只关注部分税负的减轻而忽视整体利益，还会使得节税规划与国家的立法意图相偏离，导致被税务机关认定为偷税漏税行为，如此不仅给企业造成一定的法律风险，而且让企业遭受经济与名誉上的双重损失，给企业造成严重的经济风险。

鉴于此，基于当下越来越多中国内地企业前往离岸金融中心进行税收筹划的现状，本章从理论和实践两方面出发，研究我国离岸企业如何进行税收筹划及其存在的风险，分析国际社会反恶性税收竞争政策，并权衡其风险与收益，最后总结离岸企业税收筹划的策略。本章意在从更深层次理

① IMF官网，https：//data. imf. org/.

② 国家外汇管理局官网，http：//www. safe. gov. cn/safe/2020/0529/16323. html.

解税收制度在离岸金融中心的重要地位，试图深刻揭示其对于离岸金融发展的重要作用。

8.2 理论与文献回顾

国外学者较早对离岸企业避税展开了研究，主要包括离岸税收筹划的正向经济效应、负面经济效应以及规范离岸税收筹划的措施等几个角度，国内学者则多集中在对离岸企业国际税收筹划方法的探讨。

8.2.1 相关概念

（1）离岸公司

学术界对离岸公司的概念界定通常有三种：①离岸公司指不在该投资者所在国家注册成立的一切公司，而非限定于在离岸金融中心注册成立的公司。这种观点抓住了投资者本身的非居民因素，但没有考虑离岸金融中心这一重要地域因素，如果按照这种观点来界定离岸公司，则或多或少会混淆离岸公司和跨国公司的概念。②离岸公司是指投资者在离岸金融中心注册成立的一切公司。该观点抓住了离岸金融中心这一关键因素，但忽略了一种特殊情况，即如果投资者本身具有离岸金融中心国家或地区的国籍，相当于其在本国或地区注册了企业，却被包含进了离岸企业的范畴，以至于无法区分离岸公司和离岸中心当地的公司。③离岸公司必须具备两方面的条件，即在特定的离岸地区，并且根据该地区专门的离岸公司律例注册成立。该观点比较全面地概括出了离岸公司的基本特点，然而仍没有准确地揭示离岸公司的本质特性。本章从离岸公司的四个特点，即资本的特殊性、地域的特殊性、设立的特殊性、注册地与经营地的分离性，将离岸公司定义为非离岸金融中心本地投资者在该中心依据特定的离岸公司法律法规注册成立的，并且不在注册地法域内进行贸易活动的公司。借鉴杨美霞（2014）的研究，离岸公司与跨国公司都具有很强的国际性，但两者设立目的不同。因此离岸公司是一个法律概念，跨国公司侧重于生产经营，更偏向于经济概念，只是离岸公司比跨国公司具有更强的国际化特征。

（2）税收筹划

税收筹划的概念起源于英国，之后许多国家在英国巨大的国际号召力下，也将税收筹划概念引入本国，结合本国国情重新运用和发展了这一范畴，进一步完善了税收筹划概念体系。

税收筹划可以从多个角度理解。《国际税收词汇》一书中从缴纳最低税收的角度来定义税收筹划，即将纳税人通过对经营活动或者个人事务活动的安排，实现缴纳最低的税收。与《国际税收词汇》一书不同的是，Yasaswy（2011）站在税收优惠的角度，在《个人投资和税务筹划》中定义税收筹划是纳税人的一系列自主财务安排，该安排指可以利用本国税收法所提供的一切优惠，包括减免赋税等，以获得税收利益的最大化。Meigs（1984）在《会计学》中总结前人观点，从纳税人的角度出发，认为税收筹划是纳税人对自己经营活动的合理合法的安排，通过税收筹划，使得自身达到缴纳最低税款的目的。他认为税收筹划是企业对自己经营或者投资活动的系统安排，从而使自身尽量少地缴纳赋税。该概念是对税收筹划较为全面的描述。

20世纪90年代，我国对税收筹划的研究工作陆续展开。唐腾翔和唐向（1994）提出税收筹划是在法律许可的范围内，企业通过对自身的经营、投资等活动的事先筹划和安排，实现尽可能少缴税，增加企业利润。李俊梅（2003）从界定税务筹划的基本原则出发，区分了税务筹划和避税、偷税的本质。在她看来，税务筹划属于财务管理范畴，其本质是一项理财活动，而避税是利用法律漏洞，抱着投机、钻空子的心理进行的一系列违法行为，偷税则是直接利用非法手段，通过欺瞒、诈骗活动等来逃避税法规定的纳税义务。对于这些避税、偷税等行为，国家法律都会予以坚决和严厉打击。黄凤羽（2003）从理财角度出发，认为“税收筹划是指纳税人或者其代理机构在遵守法律的前提下，通过对自身经营、投资活动的事先筹划和安排，尽可能地实现节税目的一种自主理财行为”。可见，税收筹划是一种自主理财行为。黄明元（2005）站在税收筹划最终目的的角度，认为税收筹划是一种财务安排或者纳税规划，这种安排和规划的目的是尽可能大限度地减轻纳税人或者企业的税收负担，它与偷税漏税等违法行为在本质上有着天壤之别，而且避税也不能与之简单地混为一谈。总之，税收筹划是运行在现行法律框架内，以合理方式进行财务活动的安排，而非为了利用现行税法的漏洞而存在。

8.2.2 理论基础

（1）比较优势理论

比较优势理论起源于国际贸易理论。为了反对1815年英国政府实行的“谷物法”，大卫·李嘉图（David Ricardo）站在工业资本家的立场，在其代表作《政治经济学及赋税原理》中提出了该著名理论，其主要观点是国际贸易的基础在于生产技术的相对差别以及由此产生的相对成本差别，且参与国际贸易的国家都应遵循“两利相权取其重，两害相权取其轻”的原则。因此，劳动生产率不同的国家，可以通过出口有“比较优势”的产品，进口有“比较劣势”的产品的方式进行商品交换，从而给交换双方都带来经济利益。如果一个国家在各个生产领域生产率都比较低，也可通过生产和出口对自身而言具有相对优势的产品，发挥自身经济的比较优势，达到节约社会劳动的目的。

李嘉图（1962）的比较优势理论建立在诸多假设条件之上，如不存在技术进步、分工前后生产成本不变、在两个国家中商品和要素市场都是完全竞争的、两国在生产中使用不同的技术、国内要素可以自由流动但在国际间不流动等。正是这些严格的理论前提推动了比较优势理论的后续发展，即其他经济学家在李嘉图比较优势理论的基础上，通过不断放宽李嘉图比较优势理论中的假设条件来延伸发展比较优势理论，从只考虑由自然资源和要素禀赋决定生产成本的狭义比较优势延伸到广义比较优势，从静态比较优势转向动态比较优势。广义比较优势还包括由企业战略、文化、税收制度等多个因素导致的比较优势。在李嘉图（1962）和Ohlin（1968）的理论中已指出劳动、资本、土地等比较优势，但更为重要的一种比较优势来源是制度禀赋，而税收制度正是制度禀赋的一种。此外，学者引入规模经济、产品差异等概念体系以及从技术差异、制度、博弈和专业化等不同角度进一步拓展了传统比较优势理论。例如，20世纪80年代，Helpman和Krugman（1986）引入了规模经济来分析比较优势，创建了基于自由进入和平均成本定价的垄断竞争模型；20世纪90年代，Westbrook和Tybout（1993）进一步论述了递增性内部规模收益作为比较优势的源泉；Grossman

和 Helpman（1995）不仅从研究与开发的角度完善了比较优势理论，还推进了比较优势的动态分析，其动态分析方法明显不同于以前对具有产品创新贸易的动态研究；杨小凯（2003）和博兰（2000）则在批判新古典主流理论的基础上，从分工及专业化的角度推进了内生比较优势的分析，认为内生比较优势会随分工水平的提高而提高，明确的分工能提高每个人的专业水平从而加速人力资本的积累，如此一来，即使没有外生比较优势的人也能获得内生比较优势。还有学者认为，比较优势是开放经济长期演进过程的结果，他们指出自然选择会淘汰无效企业，促进更高效的世界贸易模式的产生，比较优势所伴随的专业化是世界经济演化的唯一稳态。

总的来说，比较优势理论完善了国际贸易学说，保罗·萨缪尔森高度评价它为“国际贸易不可动摇的基础，是经济学中最深刻的真理之一”。其不仅深刻地揭示了比较利益原则，还证明了国际贸易的产生离不开比较成本的差异。

（2）博弈论

博弈的思想早在中国古代就已产生，譬如，《孙子兵法》就不单是一本军事著作，也算是最早的一部博弈论著作。博弈论起初用于研究棋牌及赌博的胜负问题，但仅停留在经验阶段，并未整理归纳为一种理论。冯·诺依曼于 1928 年论证了博弈论的基本原理，这标志着博弈论的正式诞生。此后，博弈论逐渐得到拓展与完善，从二人博弈推广到 n 人博弈，从非合作博弈拓展到合作博弈等。博弈论的基本理论是以理性经济人追求自身利益为出发点，在寻求自身效益最大化的前提下来决定自己的决策。决策者不仅要考虑其他博弈者对自己决策行为的影响，而且要考虑自己对其他博弈者决策的影响。博弈通常包括参与人、信息、策略、行动方案、收益、均衡、结果等基本概念，其中参与人、策略及收益是最基本的要素，参与人、行动和结果则被统称为博弈规则。

Morgensterm（1944）将博弈论引入经济学，他与冯·诺依曼共同编著的《博弈论与经济行为》将博弈推广至 n 人博弈结构并系统地运用于经济领域，奠定了博弈论的基础和理论体系，成为现代经济博弈论研究的开端。诺依曼和 Morgenstem（1953）首次提出“合作博弈理论”。合作博弈是指博弈双方的利益都有所增加或利益不受损害的情况下至少有一方的利益在增加，从而增加整个社会的利益，故其强调团体理性，即效率、公平、公正。合作博弈研究的是人们达成合作时如何分配合作所得收益，本质上是收益分配问题。该理论认为企业通过强化信息交流可以降低经营活动过程中信息不对称产生的风险，同时通过企业的内部联盟关系发挥各组成部分的优势，实现企业价值最大化。国际税收环境复杂多变，企业仅凭一己之力很难走出信息不完全的困境，因此可以通过与其他企业或税收筹划专业机构进行合作，形成战略联盟，从而实现企业收益最大化。

与上述合作博弈对立的是非合作博弈，其研究的是人们在利益相互影响的情况下如何做出选择实现自身利益最大化，即策略选择问题。非合作博弈可分为完全信息静态博弈、完全信息动态博弈、不完全信息静态博弈以及不完全信息动态博弈四类，而与此相对应的均衡又分别称为纳什均衡、子博弈精炼纳什均衡、贝叶斯纳什均衡以及精炼贝叶斯均衡。1950—1951 年，纳什发表的两篇有关非合作博弈论的论文证明了均衡解的存在，被称为纳什均衡。简言之，纳什均衡是指一种策略组合，这种策略组合由所有参与人的最优策略组成，亦即在给定别人策略的情况下没有人有足够的理由去打破这种均衡。

如今，博弈论已成为经济学的标准分析工具之一，在政治学、经济学、计算机科学等多门学科中都有广泛的运用。在经济学中，博弈论的发展与应用有助于针对不同的经济问题构建相应的数学博弈模型，以反映该经济问题参与人的策略选择动机，从而找到对自身最有利的决策。

8.2.3 文献综述

(1) 离岸税收筹划的经济效应

多数国外学者认为利用离岸税收筹划能促进经济发展，Hines 和 Rice (1994) 对美国的研究发现，由于低税率鼓励了美国公司从高税收的外国转移利润，低税率最终提高了美国的税收收入，利用避税天堂的企业更可能促进经济发展。此外，Scott 和 Bradley（2009）通过收集大量数据证明了“合理地利用离岸税收筹划，能更好地促进经济发展”的结论，与其他有外汇收入的公司相比，如果公司在一些避税天堂国家开展业务则承担较高的联邦税率。另外，避税天堂和非避税天堂公司活动之间有一定的互补关系，离岸税收筹划对当地经济和邻近地区经济的影响可能一样重要。Desai 等（2005）使用跨国公司层面的数据指出在避税天堂设立一个附属机构将带来比位于非避税天堂国家的机构更大的销售收入和投资增长。Fisher 等（1997）通过对不同区域的税制进行分析，得出税收筹划可以减轻纳税人税负的结论。Goulet（2011）研究表明企业充分利用相关税收优惠政策是十分必要的，企业成立初期是税收筹划的重要时期。

持有相反观点的学者们则强调离岸税收筹划的负面经济效应。Walter（1985）通过对避税港以及避税天堂的税收政策研究，分析了避税地给国家金融体系带来的冲击。离岸金融中心通常会通过一系列的政策和制度，使得资本在全球进行快速的流动。这些政策和制度往往包括零税率或低税率、零管制或低管制、严格保密制度、匿名制度等（Palan & Ronen，2002）。如果对离岸金融税收筹划过度，还会导致国内贫富差距进一步加大（Hampton，2002）。因此，离岸税收筹划对周边国家的税收和金融体系具有腐蚀作用（Cobb，1998）。此外，由于各国对离岸金融中心的企业离岸税收筹划的监管程度不同，有可能导致有害税收竞争问题更严重，不利于实现合理的税收（Gregory，2005）。

国内学者也对此展开了丰富研究。国际避税地自产生以来，关于其的争议和否定声音不绝于耳，一些国家和地区对于国际避税地嗤之以鼻，但是跨国公司对其倾爱有加，正是这些巨头公司的存在，使得国际避税地在当今的世界经济浪潮中屹立不倒。张秋玲（1997）认为，离岸金融中心的存在和发展，加快了国际资本的流通速度，是世界经济一体化进程的催化剂，与此同时也给离岸金融中心本身带来巨大好处。任杰等（2007）则从三个方面阐述了税收优惠政策给经济发展所带来的正面效应。首先，税收的优惠政策可以吸引外资以及国外先进技术、设备、专业的管理和技术人才等优势资源，促进本国企业的国际化进程，并且带动本国经济发展。其次，税收优惠政策可以带动相关产业的配套发展。最后，税收优惠可以增加离岸金融中心所在国家或者地区政府的财政收入。虽然许多离岸金融中心的低利率会造成一定数量的税收损失，但当税收基础较为广泛时，也可构成政府的一个收入来源。张晓冬（2008）利用成功的案例佐证了避税地税收筹划的经济效应，如无锡光明（集团）有限公司运用成熟的离岸运作商业模式成功地“走出去”，表明中国企业积极的离岸商业运作、利用离岸架构对企业进行税收筹划、促进贸易活动有着重要意义。何杨（2008）指出如果避税地接受国际税收标准，则避税地是跨国公司进行合法国际税收筹划的一种有效工具。郭云钊和胡传雨（2013）用实证验证了税收优惠对离岸金融中心的财政收入、金融发展、经济增长、就业水平等都有积极影响。

（2）关于税收筹划的策略

刘宝宏（1995）最早对我国跨国公司国际避税的可行性进行了细致分析，并且指出可以利用离岸金融中心的避税策略来进行合法的避税。对于如何利用离岸中心，他提出了自己的观点：通过建立离岸金融中心基地公司，对本国企业的收入和支出进行调整，从而进行税收筹划。其他学者进一步拓展了对离岸税收筹划策略的研究，认为利用避税港进行国际税收筹划有三种途径：首先要合理利用离岸公司，其次是对控股公司的有效利用，最后要合理使用转让定价。刘功文（2002）提出，跨国公司税收筹划的主要方法是在离岸金融中心设立基地公司，把本国母公司或者集团的利润尽可能多地转移到离岸基地，利用离岸金融中心的零税率或者低税率，根据本国企业的投资需要进行再投资。徐海荣（2010）进一步丰富了上述研究，指出离岸企业税收筹划主要是在避税地设立基地公司，将基地公司以外的利润尽可能多地转移到基地公司，以降低母公司所在国的税收。离岸公司或者其代理机构通过基地公司避税的方式主要是利用基地公司的虚拟中转销售业务，来转移跨国公司的金融风险和潜在的未来利润，将母公司和各地非离岸中心基地企业的子公司的利润、财产转移到基地公司名下，或者以基地公司作为其信托公司，将离岸金融中心基地企业以外的财产虚拟中转为基地企业的信托财产，使跨国企业的财产经营所得获得税务减免。杜海鸥（2012）指出跨国公司应从国际经济发展趋势以及各国税收制度的差异角度去选择投资地点，通过设立控股公司、转移定价等方法进行税收筹划。曹恬（2009）进一步阐述了内地企业如何选择投资地，并认为香港地区可以成为内地企业首选的避税地。

（3）关于税收筹划的管制和规范

在税收筹划发展的历史进程中，学术界也关注了税收筹划的负面经济效应，推动现实世界调研、论证和实践行动，意在规范离岸税收筹划。Hampton（2002）认为国际社会应该加强对离岸税收筹划的管制力度以及国际监管合作，提高国际合作水平，从而促进经济发展和社会稳定。一些国际组织积极行动，谋求解决离岸税收筹划引起的非法税收活动、洗钱和松懈的金融管制等问题。早在20世纪90年代初期，英国和美国就与开曼群岛政府签订了《共同法律协助协议》（*Mutual Legal Assistance Treaty*），该协议的目的是共同防范国际犯罪组织，实施条款包括防范离岸公司利用离岸中心的特殊法律制度进行逃税、洗钱等违法行为。美国为维护国家利益，一方面减少税收优惠措施，另一方面对国际避税给予最严厉的打击。OECD也为规范离岸税收筹划措施的研究做出了自己的贡献和努力。受G20委托，2014年7月，OECD发布了金融账户涉税信息自动交换标准，获得当年G20布里斯班峰会的核准，为各国加强国际税收合作、打击跨境逃避税提供了强有力的工具。在G20的大力推动下，截至2019年7月，已有106个国家（地区）签署实施该“标准”的多边主管当局协议，其中，有92个国家（地区）已开展相关信息交换，信息交换全球论坛对新标准的实施情况进行监督和审查。此举标志着全球不同国家和地区的银行信息有了国际标准，银行信息在各国司法部门之间可以实现自动交换，也意味着税务信息的进一步透明，为各国打击本国的海外避税者提供了极大的便利。

与此同时，全球离岸公司数量持续增加，其在离岸金融中心帮助跨国企业减轻税务负担的同时，引发该国资金外逃，使得国家税收减少、资产流失，甚至会导致腐败现象。因此，各国强调要加强国际合作，注重对离岸金融中心税收筹划的监管（张亚玲和孙柏，2006），税务当局应重视各类公司操纵离岸公司规避国家税收的现象。鲁文翠（2006）指出，对于中国而言，尤其要加强国税、地税之间的联系，健全各相关部门之间的合作机制。借鉴某些发达国家成功的案例：首先可以专门立法，制定离岸公司的行为规范，以减少本国税收流失，保障财政收入；其次，为了防范恶意的税收竞争，应该重点加强对外商投资真实性的监管，防止本国企业利用外商身份进行避税，促进外资企业和本国企业的公平竞争；最后，可以调整外资税收的优惠政策，强调对外商投资的引导，如产业引导、技术引导、地区引导等，以实现我国产业结构的优化。

对企业而言，需要树立风险意识，及时追踪、了解和把握世界经济形势的变化以及国内外相关税收政策的调整。程洲阳和王恕立（2005）指出近年来国内越来越多的企业在离岸金融中心注册成立离岸基地公司，以离岸金融中心基地公司为媒介，通过离岸基地公司的外壳对国内进行投资，这样既利用了避税地税收筹划的便利，又假扮了外资，享受国内的税收优惠政策。此类急功近利的“走出去”模式，虽然使得国内企业迅速走向国际化，在世界经济的大局中获得了一席之地，但是由于国内外相关税收政策法规的不完善、国内外经济政治形势的变动，很容易使其承受巨大风险，从而陷入离岸化陷阱。朱敏（2012）详尽地分析了离岸企业进行税收筹划可能会遇到的实际操作风险、经营变化风险等，并提出了相应的应对措施。

综上所述，不同国家和地区在经济、政治等方面都存在差异，推崇的经济政策方针也各有千秋，对于离岸金融中心也往往持有截然相反的态度，有些国家极力推崇，有些国家却全盘否定。国内外众多学者对避税地税收筹划以及恶意税收竞争风险等问题进行了全面而深刻的探讨，取得了较为丰硕的成果，为本章继续深入探讨奠定了一定基础。但是对离岸金融中心自身辖区内企业个案的深入剖析、对不同避税地的税收状况的比较，以及对中国离岸企业海外税收的协同作用和负面影响的研究，仍需进一步深化。

8.3 我国离岸企业税收筹划综述

8.3.1 离岸企业发展状况

随着经济贸易的发展，我国企业“走出去”的步伐不断加快。2007—2014年，我国对外直接投资净额从265亿美元增加到1231亿美元，其中超过2/3的资金流向了离岸地，其投资主体大多以离岸企业为载体，对中国香港、新加坡、开曼群岛和英属维尔京群岛四个离岸地的直接投资额占全部对外投资额的70%左右（见表8-1），其中对中国香港的直接投资所占比重最大且逐年稳步增加。此外，离岸企业税收筹划的实践也是和离岸企业相伴相生的，随着越来越多新公司在离岸地注册成立，除英属维尔京群岛外，大部分离岸地的新注册公司数目相比于2012年、2013年均增长了8%~9%。虽然英属维尔京群岛2013年新注册公司的数量同比下降了4%，但当年仍然有6万多家新离岸企业注册建立。

表 8-1　中国内地企业对四个主要避税地的直接投资净额　单位：亿美元

年份	中国香港	新加坡	开曼群岛	英属维尔京群岛	世界	四个主要避税地直接投资占比（%）
2007	137.32	3.98	26.02	18.76	265.06	70.20
2008	386.41	15.51	15.24	21.04	559.07	78.38
2009	356.01	14.14	53.66	16.12	565.29	77.82
2010	385.05	11.19	34.96	61.19	688.11	71.56
2011	356.55	32.69	49.36	62.08	746.54	67.07
2012	512.38	15.19	8.27	22.39	878.04	63.58
2013	628.24	20.33	92.53	32.22	1078.44	71.71
2014	708.67	28.14	41.98	45.71	1231.19	66.97

数据来源：国家统计局。

8.3.2　离岸公司业务架构

我国内地企业注册离岸企业的目的不尽相同，有的为在境外进行上市融资，有的则为推进企业国际化进程。但不可否认的是，这些行为均含有合理的税收筹划目标。由于在海外注册的离岸公司税负都较轻，通常只需缴纳很少的税种甚至不需要缴纳。最普遍的上市公司架构是注册成立一家离岸公司，如百慕大或开曼群岛的控股公司，在其名义下控制下属公司的各项上市业务。具体来说，构建公司基本构架的程序如下：

首先，按照国内公司注册资本的一定出资比例成立一家境内公司。

其次，通过自行出资设立或引入其他投资者筹集资金的方式，在甲离岸金融中心设立离岸公司 A。

再次，离岸公司 A 以股权、现金等方式收购境内公司的股权，使国内公司变为其全资子公司，即外商独资企业。只要离岸公司（收购方）和境内公司（被收购方）具有完全相同的股东及持股比例，在收购后，境内公司的所有业务基本上完全转移到离岸公司。

最后，A 离岸公司股东出资或筹集资金，在乙离岸金融中心注册成立另一家离岸公司 B，然后将 A 离岸公司拥有的境内公司的全部股权转让给离岸公司 B。这样，离岸公司 B 就间接拥有了境内公司的控制权，成为融资和日后海外挂牌上市的主体。

8.3.3 离岸税收筹划的方式

离岸企业在金融、贸易、投资等方面都占有十分重要的地位，随着我国对外开放不断深化，与离岸企业往往存在大量经济来往，注册离岸企业已成为很多企业进行税务筹划的一种重要方式。在离岸企业税收筹划已经不可回避的今天，我国应制定合理且有效的税收政策，保护国家利益，同时可以推动企业的国际化进程。一般来说，国内利用离岸企业进行税收筹划主要有两种方式，一是内资注册离岸公司后，其身份转换成外资企业再返回国内投资；二是外资企业以离岸企业为载体，通过关联企业转移定价进行避税。

（1）内资企业对离岸企业的利用

2008 年以前，我国内资企业和外商投资企业承受着不同的税收负担，内资企业税收负担远远大于外资企业，于是不少内资企业设法寻求成立离岸企业，以外资身份返程享受我国政府对外资企业的税收待遇。此外，离岸企业拥有减免所得税、自由的资金往来、便利的转移价格等有利因素，这能给企业生产经营带来一定的便捷和税收方面的优惠。尽管新《企业所得税法》的出台结束了内外资企业分离的“双轨”时代，将内外资企业所得税税率统一为 25%，实现了两税合一，但是“绕道投资”现象并没有因此减少，离岸企业仍是我国企业进入国际市场的重要渠道。

（2）外资对离岸企业的利用

截至 2018 年底，中国累计设立外商投资企业 96.1 万家，实际使用外资 2.1 万亿美元。全国范围内大约有 30%的外资企业从未缴纳过企业所得税，近 80%的外资企业曾经逃过税，50%以上的外资企业对外宣称亏损而实际上盈利，一方面经营生产欣欣向荣，另一方面财务报表长期亏损，其主要原因是外资企业利用离岸企业，通过转移定价等方式转移利润。具体地，就是外资企业在其母公司与子公司、子公司与子公司之间代销产品，提供商务、转让技术和资金借贷等活动时确定了企业集团内部价格，这种价格不按市场供求关系变化和独立竞争原则确定，而是根据外资企业的战略目标和整体利益最大化的原则由母公司上层决策者人为确定。

8.3.4 离岸税收筹划的作用

(1) 正面作用

首先，离岸企业税收筹划可以增加离岸企业税后利润。离岸企业税后利润的增加主要源于四个方面：①离岸企业注册的中介费、开办费、管理费较低，可以为离岸企业节省一大笔费用。②由于各子公司处在不同的政治、经济环境中，面临着不同的税收制度，集团总公司可以通过合理利用避税地税种少、税率低的特点将利润从分公司转移到离岸公司，合法避免在投资国的税收，从而享受到税收优惠带来的效益，在一定程度上实现离岸公司税后利润的提升。企业利润的增加、规模经济的实现不仅可以大大降低产品成本、增加市场份额、提高产品国际竞争力，而且可以再投资，实现企业良性循环，为整体利益最大化打下坚实基础。③离岸企业可以利用转移定价减少或避免诸如汇率波动等各种风险，主要通过转移定价、提前或错后支付资金来转移利润，同时还可以利用各个子公司所在国的汇率波动获得最大利润。④离岸企业可以利用避税地税种少、税率低的特点将利润由高税地转移至低税地，为离岸企业整体减负，在一定程度上实现离岸企业税后利润的提升。特别是随着互联网经济的飞速发展，国际经济贸易活动越来越多地利用了互联网的便利性，从而使得交易活动可以通过离岸中心进行周转，降低离岸企业的税收负担。

其次，可以提升我国企业国际化水平。国内企业对离岸金融中心的合理利用，使得企业的海外发展和国际化运营更加便利。一个国家的经济实力往往通过本国企业的经营实力表现出来。企业的国际化经营，不仅可以提高这个国家的国际地位，使得该国与其他国家的国际化合作更加丰富，而且还可以增加该国参与国际财富再分配的机会等。在全球各国经济蓬勃发展的今天，各国经济的关联日益紧密，相互间的竞争也日趋激烈。当今世界几乎所有高科技、大规模、高水平的投资与贸易活动，都与避税地有着密不可分的联系。企业不仅可以通过离岸金融中心获取在税收、金融管制等方面的优惠和便利，还可以通过离岸中心降低企业运营成本和产品价格，以此增加在国际市场上所占的份额，增强竞争力。因此，如何促进我国企业的跨国经营和海外投资也被提上了日程，能否合理解决这一问题是促进我国经济发展的重点和关键所在。在国际竞争中，内地公司表现出起步晚、实力弱、缺少核心竞争力等弱点，允许内地公司通过对离岸金融中心的合理使用，参与国际竞争，以此提高我国企业的国际知名度已经势在必行。

最后，还可以促进我国与离岸金融中心的经济交往。由于历史原因，全球大多数的离岸金融中心都曾经是殖民地、半殖民地或者某些资本主义国家的附属国。在第二次世界大战之后，全球掀起了民族解放运动的高潮，殖民地国家借由该契机慢慢走向独立。在如今全球政治、经济一体化浪潮中，第三世界国家扮演着不可忽视的角色。我国虽然经历了经济的高速发展，但仍然处于发展阶段，并且在第三世界国家中扮演着领头羊的角色，十分重视和第三世界兄弟国家的经济交往。充分利用与离岸金融中心的良好关系，可以使我国经济继续获得持续发展的动力。现阶段，我国已经与世界上诸多第三世界国家如巴哈马、巴巴多斯、库克群岛等离岸金融中心建立了良好的经济关系。如果能充分利用与这些离岸金融中心的经济交往，一方面，有助于我国对本国离岸企业进行有效的引导，发挥其经济效应，另一方面，更有助于我国外交工作的进一步开展。

（2）负面作用

离岸企业税收筹划是一把双刃剑，在为企业带来税收豁免的同时，必然也会带来经济上的负面影响。

首先，离岸企业税收筹划致使国家税基受到了严重侵蚀，税款流失加剧。在过去几十年里，纳税人利用离岸避税地避税的现象一直处于增长态势，离岸公司还通过各种手段，使跨国公司的收入和利润向避税地转移，在一定程度上侵蚀我国的税基，无疑在税收收入总量上给我国造成了重大的损失。

其次，离岸企业税收筹划引发资本外逃。在全球化进程中，企业避税和各国反避税一直是博弈的焦点，我国在鼓励企业发展的同时，也在全力设法反避税。但是由于我国的反避税立法工作起步晚、基础差，即使我国制定了大量的外商投资优惠政策，大多数的离岸企业仍然利用法律漏洞，通过转让定价等方法，将其利润转移到离岸金融中心。正因离岸金融中心拥有更为优惠的税收条件，才吸引了大量的国内资本外逃至全球各地的离岸金融中心，更为严重的是，这些离岸外逃资本还能通过股权变换，披上“外资”的嫁衣流回国内，公然享受我国对外资的优惠政策。

最后，离岸企业税收筹划不利于税务信息交换。就离岸法域来说，要双管齐下对税收和金融市场进行有力监管，必须准确掌握离岸企业以及离岸地的税收情况。非避税国家税收情报收集的困难主要在于两个方面：

①避税地国家或地区一般以严格的保密制度著称，缺乏税收透明度；②由于离岸地为保持自身的独立性和吸引力，往往难与在岸国签订全面税收协定，使避税地和非避税地之间缺乏实际的税收情报交换。迫于国际社会压力，就情报交换问题达成互惠协议，或者与离岸地签订国际税收情报交换协定不失为补救的手段，然而税收筹划的不透明会导致非避税地国家的税务稽查工作无法顺利开展，也难以就情报交换问题与避税地国家达成互惠协议，从而难以使税务当局准确、及时地获取情报。

8.3.5 离岸税收筹划的风险

(1) 法律风险

随着离岸企业业务如火如荼的发展，专门负责代理企业到离岸金融中心注册并进行税收咨询的中介机构应运而生。通过中介机构，企业只需要支付少量中介费就可以解决在哪注册、注册何种类型公司以及选择何种组织形式等各种问题，同时可以获得税收便利，这些都给企业带来了极大的诱惑。但是这种全权委托代理公司的行为蕴藏着很大的法律风险，企业管理者很可能完全依赖中介机构，只在相关文件上签字，其余全部交给中介机构处理，无暇了解注册地的法律条款。事实上，诸多注册公司都是与海外企业合资的，根据注册地的法律，当未来交易双方发生纠纷时，离岸企业可能面临着被“托管”的风险，甚至有丧失企业控制权的可能性。此外，在离岸企业架构设计中，通常将离岸企业设置在国内子公司之上，让其成为国内子公司的控股股东，一旦离岸企业在注册地卷入法律纠纷并发生不利于中方的判决，相关法律风险就会通过股权关系蔓延到国内的子公司。

(2) 政策风险

离岸企业税收筹划通常在世界范围内进行，涉及多个国家的相关税收政策及税收协定，而各个国家的税收政策不是一成不变的，各国随时有可能签订新的税收协定或撤销原有税收协定，无疑加大了税收筹划的政策风险。当各国的税收政策发生变化时，离岸企业税收筹划可能面临失败的风险。原本合法有效的税收筹划方案可能变成无效方案，甚至可能会被税务机关认定为违法行为。如果税收筹划人员没有充分及时地了解各国税收制度的动态变化，树立税收筹划风险意识，那么离岸企业在进行税收筹划时，就会加大税收筹划的政策风险。

(3) 经济风险

离岸企业税收筹划有一定的经济风险，主要有以下三个原因：①各子公司之间往往只考虑如何实现自身利益最大化，很少以企业整体利益最大化为目标进行税收筹划，从而可能使集团公司陷入经济利益受损的风险中；②部分企业由于对税收政策的理解和应用不当，可能会被税务机关认定为存在违法行为，导致纳税人无法节税，甚至被税务机关课以重税和罚款，给企业带来名誉和经济上的巨大损失；③税收筹划本身是一种预测行为，在实施过程中，离岸公司的经营环境、集团目标、政策导向的改变都会对税收筹划的有效性以及经济性产生较大影响。

总之，在离岸企业税收筹划已经不可回避的今天，制定合理且有效的税收政策，规避上述风险，才能保护本国利益并推动企业的国际化进程，达到企业“走出去”的目的。

8.4 离岸税收筹划的经验借鉴

8.4.1 国际经验

合理选择投资地点进行税收筹划是离岸企业税收筹划的重要方法之一，尽可能选择对企业最有利的避税地进行投资是减轻企业税负的重要手段。本节选取中国香港、开曼群岛和英属维尔京群岛三个比较典型的国际避税地作为研究对象，分析和比较它们各自在税收制度方面的异同。

(1) 中国香港

在中国香港注册公司时，政府对注册资本没有要求，经营范围亦无限制，显然有助于建立企业品牌，但是大多数企业更关注香港的税制。香港不仅税率低，而且税种少，税种以直接税为主。如按征收税收的对象进行分类，香港的税种大致分为四类：所得税大类、财产税大类、行为税大类、消费税大类。如果进行更细致的划分，所得税大类中又可以划分为企业所得税、个人所得税和物业税；行为税大类可以分为印花税、博彩税和专利税等。直接税的税收值占香港地区总税收值的65%。作为自由贸易港的香港，除了汽车、燃油、烟、酒以及化妆品，其他货品都是零关税。一家普通的香港公司运作通常只涉及三种税：利得税、薪俸税和物业税。

1）利得税。

利得税的征收依据是课税年度内的应评税利润，简单来说就是依据该财政年度内的净利润来征收。2007—2008 年开始，中国香港特别行政区政府出台了一项关于利得税的规定，其中对于有限公司（法团）和无限公司（法团外人士）的利得税率给出新的标准，分别为净利润的 16.5%和 15%。同时，如果该公司存在经营亏损、全年没有进行贸易活动或者在海外进行贸易活动这三种情况之一，政府可以免除该企业的一切税赋。中国香港征税对象不区分香港居民和非居民，只根据来源地征税，即只有源自香港的利润才须在香港课税，对来自香港以外的所得，一般不征收所得税，而内地公司无论其收入来自境内还是境外，内地均进行征税，因此香港实行单一的地域管辖权使得征税范围大为缩小。

2）薪俸税。

薪俸税指向受雇于公司或个人所赚取的工资与薪酬征收的个人所得税，2009—2010 年后其标准税率为 15%。对于在香港产生的一切收入，包括在香港工作等，在去除允许的扣除项之后按 2%、7%、12%、17%的累进税率征收薪俸税。香港薪俸税是累进计税制，税率分为四档，最低档为 2%、最高档为 17%。此外，薪俸税减免税项目也较多。

3）物业税。

物业税是指纳税人在香港持有物业并出租赚取利润所缴的税款。2008—2009 年后其税率为 15%，如果购买的物业不是用于出租盈利，而是作为办公场所，就不用缴纳物业税。

除了上述税收优惠政策，香港的税法还规定了许多减免或豁免项目，比如对于香港的公司来说，在计算公司净利润时，可以从净利润中扣除公司的全部支出，并将这个差值作为利润进行纳税。公司的全部支出包括娱乐费、差旅费、高管工资等，可全数扣除支出，如扣除物业和汽车分期贷款利息等。

（2）开曼群岛

开曼群岛地处加勒比海的西部，毗邻美国，虽然面积狭小，只有 200 多万平方千米，人口不足 3 万，但却是仅次于伦敦、纽约、中国香港和东京的全球第五大离岸金融中心。如今，中国的科技巨头公司纷纷将开曼群岛作为离岸基地公司注册的首选之地，腾讯、百度和新浪等公司均已经在开曼群岛注册成立离岸基地公司。离岸金融中心的蓬勃发展除了受益于设立公司的低门槛、便捷性，还得益于在开曼群岛注册的离岸公司在美国证券市场上的良好表现。越来越多的跨国公司希望通过在开曼群岛建立自己的离岸基地公司，加速企业的上市进程。与大多数的离岸金融中心相似，开曼群岛的税种非常少，仅通过如进口关税、印花税等少量的税种来调节进口以及收入，并且每个税种的规定比较简洁。

开曼群岛印花税以土地与建筑的购买价格及公平市价中较大者为计税基础，一般不动产交易适用于7.5%的印花税率，位于黄金地段的不动产交易印花税率为9%，大部分进口产品只需征收20%的关税。1978年，英国议会出台了一部法令规定：开曼群岛永久享受免税优惠政策；开曼群岛不征收企业所得税、预提税、遗产税等。同时，开曼群岛政府保证对于在岛上注册但不在岛上经营的公司，豁免其20年不征所得税，豁免信托公司可得到50年不征收所得税的保证，并且该保证不受税收政策变动的影响[①]。

（3）英属维尔京群岛

英属维尔京群岛是一个方圆153平方千米，仅2.2万人口的小岛，坐落在加勒比海域，近年来常常出现在新闻杂志的头条，成为吸引包括中国在内的诸多国家的重要投资地。离岸金融行业的收入成为该地政府的支柱，占到了当地财政收入的50%以上。

英属维尔京群岛的税收制度以2005年为分界点可划为两个阶段。2005年之前，英属维尔京群岛的主要税种有：企业所得税、个人所得税、旅客离港税等。对于本地居民企业，划分税率的主要依据是企业利润的来源地，若公司90%以上的利润是从英属维尔京群岛以外获得的，该地政府对该公司来自全球范围的所得征收1%的企业所得税；若公司90%以下的利润为岛外所获得，那么该岛政府将会把企业所得税提高到15%。对于非居民企业，在这一方面就不能享受和居民企业一样的优惠政策，不论非居民企业在岛外获利多少，均需缴纳15%的企业所得税。该地政府对于如何区分居民和非居民企业有着明文规定，即考察该企业董事会成员的成分，如果一半以上是该岛居民，则该企业为普通居民企业，反之，则是非居民企业。英属维尔京群岛个人所得税税负较轻，个人年收入在7500美元以下的免税，反之，税率分别为6%、10%、15%和20%四级累进税率。为了与欧盟一些税法保持一致，2004年10月英属维尔京群岛对税法进行了调整，

① 张国梅. 跨国公司国际税收筹划途径探讨［J］. 企业家天地，2008（11）：262.

并从2005年1月1日起生效执行。新税制规定主要的税种有：关税、预提所得税、印花税、社会保障税等。与老税制相比，新税制取消了企业所得税和个人所得税，新加入了社会保障税和预提所得税。新开征的社会保障税规定，该税分为雇员缴纳和雇主缴纳两部分，雇主纳税的税率为6%，雇员纳税的税率为14%和8%，并且以雇员的薪金作为税基。对于雇员人数少于7人，雇员薪金总额少于15万美元的，称之为小型企业，其雇主的纳税税率仅为2%。受到欧盟储蓄税指引性文件的限制，英属维尔京群岛新开征的预提所得税规定，税率为15%，税基为个人存款的利息收益，2008年7月1日至2011年6月30日为20%，2011年7月1日后为35%。对比新税制与老税制，税收负担此消彼长，变化不大，并没有使得其国际避税地的竞争力下降。英属维尔京群岛除了房产税相对较重（税率为其评估价值的1.5%，不动产交易需要按照其成交价缴纳12%的印花税）及对大多数进口货物征收5%~20%不等的进口关税外，对其他税种大多只是象征性征收。

综上，通过研究上述三个避税地的税收制度，笔者发现中国香港最显著的特征是来源地征税，即只对来自香港的所得征税，非香港的所得则不征税；香港征收利得税、薪俸税、物业税、遗产税、印花税等少量税种，且与内地签订了税收协定。开曼群岛主要征收进口关税、印花税，不征收所得税、资本利得税、遗产继承税、入息税和物业税。由于开曼群岛没有外汇管制，不限制银行存款，可以自由交易黄金、外汇等，企业贸易活动更加便捷。而英属维尔京群岛取消了个人和企业所得税，新开征社会保障税（雇佣税）和预提所得税。

8.4.2 国内离岸税收筹划案例分析

(1) 汇源果汁公司简介[①]

北京汇源饮料食品集团有限公司是一家主营果、蔬汁及果、蔬汁饮料的大型现代化企业集团，于1992年成立，2006年重组后改为中国汇源果

---

① 本节案例资料除单独注明出处以外，还综合参考了以下公开文献和资料：萧惑之．梦醒时分，资本市场弃你没商量——汇源果汁从中兴到衰落启示录［J］．中关村，2021（4）：32；戈祥．“汇源”并购失败后的发展困境与重振［J］．经营与管理，2016（9）：17-19；朱新礼．我与我的汇源［J］．中外企业家，2017（33）：1-4；施皓楠．汇源果汁内部控制中的问题及对策［J］．商场现代化，2015（10）：82；尹霖．我国家族企业内控体系研究——以汇源果汁公司为例［D］．山东财经大学，2014；汇源果汁官网，http：//www.huiyuan.com.cn/about/index.html.

汁集团有限公司（以下简称“汇源果汁”），至今已有20多年的历史。公司已建立了100多个经营实体，链接了1000多万亩优质种植基地为其提供原材料，拥有200多条世界先进的水果加工、饮料灌装等生产线，累计研发、生产了500多种饮料食品。其产品——汇源百分百纯果汁以及中高浓度果汁饮料占有的市场份额，一直在全国市场同类产品中名列前茅，明星产品——汇源浓缩果浆以及浓缩果汁远销五大洲的30多个国家和地区。

权威机构AC尼尔森的调查显示，截至2015年上半年，以销量计算，汇源果汁的百分百果汁市场份额达到64.8%、中浓度果蔬汁市场份额达到43.3%，是中国最大的中高浓度果汁销售商，在该行业处于领先地位。此外，相比于同期国内果汁行业增长率仅为2%，汇源果汁品类增长率为12%，增长速度远超过行业增速。20世纪80年代，中国果汁市场曾经一度迅猛发展，但由于质量参差不齐等多种原因，果汁市场又迅速消退、沉没。20世纪90年代，由于人们对健康越来越重视以及国民经济的发展，果汁市场再次吸引了大家的眼球，以“喝汇源果汁，走健康之路”为品牌卖点的汇源果汁在此次发展中崭露头角。但遗憾的是，之后经历数年坎坷，汇源果汁因跟不上时代潮流、产品布局缺乏市场依据、多元化见异思迁、转型缺乏科学决策、家族式企业消耗内力……致命的弱点是“资金困局引发巨大的财务危机”，终于在2020年2月17日，汇源果汁发布公告称，由于公司证券买卖自2018年4月3日停止交易，无法于2020年1月31日前履行复牌条件，并在香港联交所恢复证券买卖，联交所上市委员会根据上市规则，决定取消汇源果汁的上市地位。

尽管汇源果汁的大起大落令人嘘唏，但汇源果汁进入21世纪后，在公司发展壮大过程中，其利用离岸公司架构筹划上市，充分享受了离岸税收筹划带来的优势，不仅顺利获得了上市前融资，还在不同时期采取不同的融资策略，这对其顺利上市发挥了巨大的推动作用，经典案例的运作经验和教训仍值得认真总结和借鉴。

（2）汇源果汁的初始股权设计

1992年汇源公司开始业务运营，公司创始人朱新礼及其家人在山东成立了山东省永新实业总公司（以下简称“山东永新”），从而开始了浓缩汁及果浆生产和销售之路。该公司是一家集体企业，2003年10月，由集体企业转制为有限责任公司，朱新礼及其家族成员持有公司的全部股份，其中朱新礼持有山东永新注册资本的60%股份、朱新学（朱新礼兄弟）持有20%股份、朱圣琴（朱新礼之女）持有20%股份。同时，山东永新改名为山东省永新实业有限公司。2004 年 11 月，沂源县政府确认朱新礼及其家人的股份权益。

山东永新于1997 年收购了北京怀南实业集团总公司（集体企业），并向北京怀南实业集团总公司注资两条果汁生产线，随后将其改名为北京汇源果汁饮料集团总公司（以下简称“北京汇源果汁”）。在对其改名之后又将北京汇源果汁改制为有限责任公司。2004 年 4 月北京汇源果汁改名为北京汇源果汁饮料有限公司，之后引进新疆屯河投资股份有限公司（以下简称“新疆屯河”）和北京汇源饮料食品集团有限公司，成立了北京汇源饮料食品集团有限公司。汇源果汁股权架构设计（1）如图 8-1 所示。

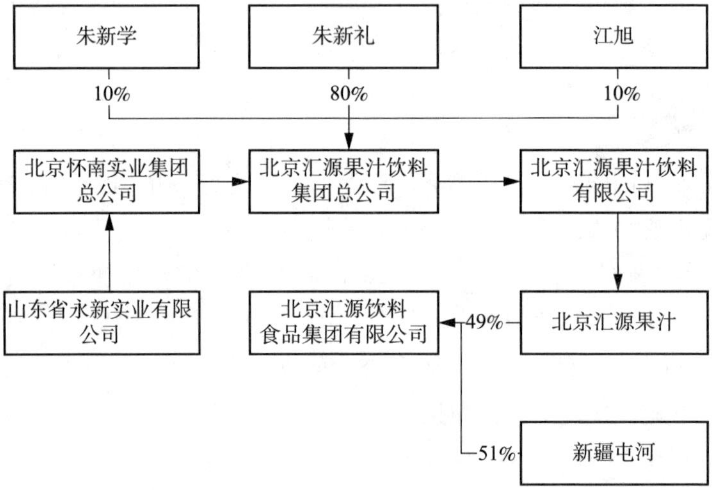

图 8-1　汇源果汁股权架构设计（1）

资料来源：汇源果汁 2007 年招股说明书——公司发展。

（3）汇源果汁离岸公司股权重组架构

为达到整合中国汇源控股公司旗下多家地区性经营相关果汁饮料业务的目的，集团进行了一系列的收购和出售业务。汇源北京对北京汇源果汁和北京汇源饮料持有的顺义汇源、双城汇源、鲁中汇源和新源汇源进行了收购；汇源上海收购了上海汇源、黄冈汇源、九江汇源；汇源成都收购了咸阳汇源、成都汇源和开封汇源。北京汇源饮料将北京汇源在巩义的股权全部出售，停止汇源在延边以及右玉的果汁生产业务。2006 年 9 月 14 日，汇源果汁由中国汇源控股在开曼群岛注册成立，汇源果汁仍是中国汇源控股集团全部附属的控股公司。2007 年 2 月 23 日，汇源果汁在香港交易所成功上市。图 8-2 是经过收购和上述出售事项后的组织结构图。怀着做大汇源梦想的朱新礼一直在寻找战略合作伙伴，2005 年 3 月，出于资本以及统一汇源在产业链和销售渠道上整合的可能和需要，汇源集团拆分其果汁产品业务，与统一签订了组建中国汇源的相关协议，通过注册在开曼群岛的统一投资于在开曼群岛成立的北京汇源果汁控股公司，并最终以 3030 万美元取得了北京汇源果汁控股公司 5%的股权，但由于中国台湾当局对台资企业在内地投资额度的限定，汇源与统一的合资计划最终落空。

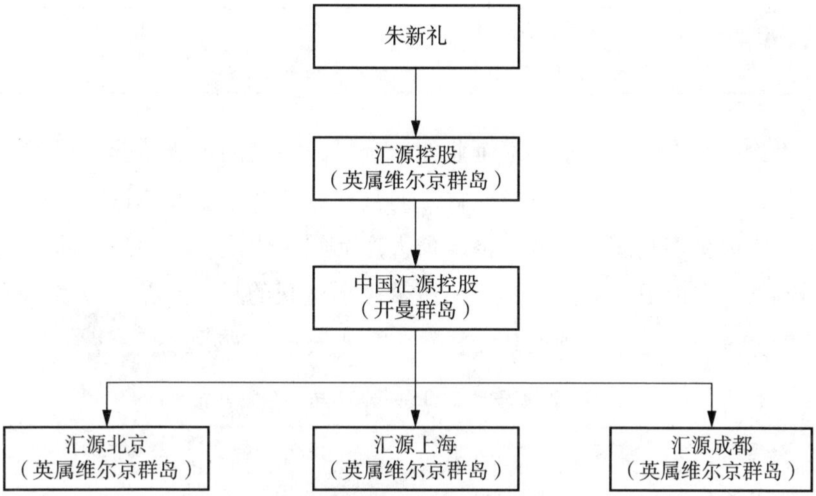

图 8-2 汇源果汁股权架构设计（2）

资料来源：汇源果汁 2007 招股说明书——公司发展。

2006 年初，汇源计划引入其他投资者，而法国达能得知信息后火速出击，联合美国华平投资集团（世界上规模较大的专业直接投资公司之一）、荷兰发展银行（全球三大发展银行之一）以及中国香港惠理基金，成功牵手汇源。达能、美国华平投资、荷兰发展银行和中国香港惠理基金总共投资中国汇源 2 亿多美元，拥有汇源 35%的股权，其中法国达能投资 1 亿多美元，持有汇源 22.18%的股权，后三家企业在汇源果汁公司充当财务投资者的角色。汇源通过引入海外战略投资者和财务投资者，不仅弥补了其继续迅速发展所需要的资金缺口，也扩大了公司的国际视野和影响力，为其在香港上市进行了大张旗鼓的品牌宣传和推广。

（4）汇源果汁离岸税收筹划解析

从博弈的视角出发，汇源果汁与其竞争对手企业是博弈参与者，博弈双方都是理性契约人，追求效用最大化。现假设汇源果汁与其竞争对手的收入为 Y，税收筹划成本为 C，纳税筹划后节税额为 T，进行税收筹划的企业抢占未进行筹划企业的市场份额为 S，企业可以利用税收筹划节省下来的资金对产品进行升级改造或降价，从而提高市场占有率。企业双方的收益见表 8-2。

表 8-2　汇源果汁与其竞争对手企业的博弈

（汇源果汁，竞争对手企业）	进行筹划	$(Y+T-C,\ Y+T-C)$	$(Y+T-C+S,\ Y-S)$
	不进行筹划	$(Y-S,\ Y+T-C+S)$	$(Y,\ Y)$

无论汇源果汁和竞争对手企业如何选择，它们的最优博弈均是进行税收筹划，这不仅能提高企业净收益，而且在竞争对手企业不进行税收筹划时可以赚取更多利润，降低价格、加大产品宣传力度，从而进一步抢占市场份额，其开展税收筹划确实为公司带来了可观的经济效益。接着本节从企业的财务角度进一步阐述其经济效应，如表 8-3 所示。

表 8-3　汇源果汁 2005—2007 年部分财务报表

科目	2005 年	2006 年	2007 年
除税前利润（万元）	138420	230717	677605
所得税支出（万元）	28228	9734	37388
净利润（万元）	110192	220983	640217
实际税率（%）	20.4	4.2	5.5

数据来源：由 2005—2007 年汇源果汁年报数据整理得出。

为了税收筹划和寻求更大的发展空间，2006 年 9 月 14 日，汇源果汁由中国汇源控股在开曼群岛注册创立，主要是通过在开曼群岛和英属维尔京群岛两个避税地建立的控股公司减轻汇源果汁整体税负。汇源果汁准备上市的过程同时也是其运用避税地实施税收筹划过程的缩影。我国的外商投资企业可以享受“两免三减半”等税收优惠待遇，因而减少了大量企业所得税。但由汇源果汁2005—2007年财务报表可知，2005—2006年的税负从20.4%减少到4.2%，2007年再减少到5.5%，税负大幅度减少尚有其他内在原因，因而笔者从汇源果汁财务报告中找到了解释，其财务报告详细分析了税负减少的原因，本节归纳总结得出以下两点：

第一，从国内方面看，2006年企业所得税支出由2820万元减少至970万元，减少了65.5%，是由于黄冈汇源、成都汇源、咸阳汇源新增生产设备的免税期从2006年初开始，享受“两免三减半”的优惠税率，该集团2006年实际税率由2005年的20.4%整体降低至4.2%。2007年所得税开支由2006年的970万元增加至3740万元，增加了285.6%。2007年该集团若干中国营运附属公司包括顺义汇源、新源汇源、双城汇源、鲁中汇源以及开封汇源税项优惠期届满，导致税率稍稍上升。

第二，为了从国外避税，汇源果汁2006年在开曼群岛成立，2007年2月23日，在香港交易所成功上市，通过股权交易上述附属公司转变成集团内子公司，离岸公司成为控股公司，同时因开曼群岛不征收所得税和资本利得税，2006年和2007年汇源果汁的税负减少较多，由此印证了离岸公司在规避所得税方面的作用，汇源果汁合理运用避税地给企业带来了较大的经济效应。

(5) 汇源果汁离岸税收筹划经验

我国企业在经营中常常承受沉重的税务负担，在不违反税法的前提下，通过对离岸地和在岸地税收法律规则的深刻理解和合理运用，可以为离岸企业减轻税收压力。由于每个国家都制定了自己的税收规则，对不同来源所得适用不同税率，纳税人不同，课税方式也有差异，如此为离岸企业的税收筹划提供了广阔的空间。本节沿着汇源果汁上市的线路指引，解读其在避税地建立控股公司进行避税的策略，通过对汇源果汁案例背景以及成长经历的研读、梳理，本节可以得出以下结论：

第一，全面权衡离岸避税地的政策优势和风险。汇源果汁成功利用了多个避税地，上市过程也都与对避税地的应用密不可分。离岸企业需要深入把握各避税地特点、税收制度，不仅是汇源果汁的必经之路，也是其他离岸企业的重要参照。汇源果汁发展中的经验不仅为处在同一宏观环境下的其他离岸企业，也为解决我国离岸企业在如何选择避税地问题上提供了重要借鉴。当然，汇源果汁案例亦有许多教训值得吸取，离岸企业享受了避税地带来的上市便利并达到节税的目的，但对离岸税收筹划带来的潜在风险较少进行管控。尽管汇源果汁的成功上市证明了资本合作以及避税地的积极作用，但是离岸企业仍需要权衡风险与收益，从中寻找平衡点，从而提高离岸税收筹划风险的防范能力和控制能力。

第二，合理利用避税地的简便注册程序。在避税地注册公司一般只需向中介公司缴纳少量中介费以及在避税地向当地政府缴纳少量管理费，并且注册的程序和手续都快捷方便。因此，要进行红筹股上市的企业往往会在避税地建立很多不同目的的公司或基地公司，通过纷繁的股权转让或其他公司进行间接控股或多家离岸公司进行交叉持股，为公司之间转让股权和避税活动提供新的便利。

第三，充分运用避税地丰富灵活的融资手段。汇源果汁上市前的融资，在不同时期采取不同的融资策略，对其顺利上市发挥了巨大的推动作用，值得资金实力较弱的民营企业借鉴和学习。在企业初创期，汇源果汁总经理朱新礼利用资源和政策优势，把握集体企业改制契机，以发展地方特色经济为基础，利用自有资金创立企业，通过股权融资引进外资，满足了汇源初创期的资金需求。在企业上市前期，汇源大胆引入财务投资进行对赌，为 IPO 做最后的准备。整个成长期的融资过程是一个高速扩张和高财务风险并存的资本市场搏杀过程。

第四，充分利用离岸金融中心的税收和信息优势。汇源果汁整个成功上市的过程都与对避税地的应用密不可分，其中主要是利用了开曼群岛和英属维尔京群岛这两个避税地。由于这两个小岛都是英属殖民地，且经济、政治情况都十分稳定，管理要求简便，税负很轻，都不开征个人所得税、企业所得税和一般财产税，在如此宽松的外汇管制下极大地方便了资金调度。通过在开曼群岛注册成立的汇源果汁在香港上市，是由于在开曼群岛注册的公司可以在香港申请挂牌上市，而英属维尔京群岛注册的公司则由于信息透明度很低，香港不接受其上市。在英属维尔京群岛注册的公司一般是作为中间控股公司进行运作，有利于公司信息的保密，并使从事不同业务的公司间彼此更加独立。因此，汇源果汁充分利用了两个避税地的优势，在英属维尔京群岛设立汇源控股、汇源北京、汇源上海等多个不同业务的控股公司，达到了协议控制内地公司业务的目的。

8.5 离岸企业税收筹划的原则、策略和方法

基于对海外典型的国际避税地税收制度的剖析以及结合国内离岸企业税收筹划的经验，可归纳总结出离岸企业的税收筹划原则、策略和方法。

8.5.1 离岸企业税收筹划的原则

(1) 合法性原则

合法性是税收筹划的最基本的特点，是税收筹划区别于逃避税收行为的重要标识。企业的一切活动都必须在合法的条件下进行，否则不但达不到合理优化纳税的目的，还将面临法律的制裁。税收筹划合法性不仅要遵守相关税收法律法规，还要深刻理解税法内涵以及其所体现的国家政策，与税法法理的内在要求一致。

(2) 时效性原则

国际的政治经济环境、各国税收的法律法规以及企业自身都是在不断发展变化的，所以国际税收筹划的模式也是不固定的，要根据国家税制、税法和相关法规的改变及企业的发展方向随时调整适应。某种税收筹划方案在一定的历史时期可能是有效的，但是随着国际政治、经济环境的不断变化，当税法进行调整后，曾经合法的税收筹划方案可能会变成无效的，甚至是违法的。种种客观环境要求纳税人时刻关注税法变动、企业发展方向以及国家政策导向。

(3) 经济性原则

经济性原则指的是离岸企业通过税收筹划来控制成本，达到利益、价值的最大化。税收筹划不仅会给企业带来利润，也会给企业增加一定的成本，这一成本可以分为两个部分来分析，即显性成本和隐性成本。显性成本指的是直接因筹划方案发生的费用，比如聘请专业人员需要支付的工资等，隐性成本指选择该方案放弃其他税收筹划方案所付出的机会成本。企业在进行税收筹划时应充分全面思量各项成本收益，通过计算、比对其所带来的经济效益来选择最优税收筹划方案。

8.5.2 离岸企业避税策略

(1) 转移定价法

转移定价作为税收筹划的主要手段之一，受到众多投资者的青睐，并已成为国际通用手段。转移定价即母公司和各个子公司之间或者各个子公司之间通过代销产品，提供商务、转让技术及资金借贷等活动确定企业集团内部价格，价格不由交易双方按市场供求关系变化和独立竞争确定，而是离岸企业以整体战略目标和整体利益最大化为原则，由总公司上层决策者人为确定（王兆高，2003）。

对于有形财产的交易，离岸企业在资产销售期间通过对资产的内部定价，从而对交易价格进行人为调整，且这种人为调整不受交易双方市场供求关系或者公平竞争原则的约束，其目的是将集团公司更多的利润转移到国际避税中心。本章通过举例来更形象地说明转移定价的行为过程。假设有母公司 A 设立在美国，子公司 B 设立在开曼群岛，以利用开曼群岛离岸金融中心对非开曼群岛所得免征所得税、免征财产税以及不征资本利得税、税种少等优惠政策。现有一批货物成本为 1000 万美元，原本售价为 1400 万美元，将价格降低为 1100 万美元销售给 B 公司，B 公司最后以 1500 万美元的市场价销售出这批货物。A 公司原应承担的所得税为：（1400-1100）×28%=112（万美元）（假设美国跨国公司税税率为 28%）；B 公司所应承担的税款为：（1500-1400）×16.5%=16.5（万美元）（假设开曼群岛所得税税率为 16.5%）；A 公司和 B 公司的总税款为：112+16.5=128.5（万美元），相比之下，内部定价后 A 公司实际负担的税款为：（1100-1000）×28%=28（万美元）；B 公司实际负担的税款为：（1500-1100）×16.5%=66（万美元）；A 公司及 B 公司的总税负为：28+66=94（万美元）。通过这一系列的计算可以看出，A 公司及 B 公司通过转让定价，总税负减少了 128.5-94=34.5（万美元）。如此便可以增加高税率国家的售价成本差，减少低税率国家的价差，把高税率国家公司的销售利润和其他来源的利润用转移定价方式划转到避税地。

对于无形资产的交易，离岸公司往往通过拥有无形资产使用权，而子公司支付特许权使用费的方式增加子公司的费用从而减少税负。一方面特许权使用费作为子公司的费用扣除，另一方面将收入留在避税地。例如，美国微软公司每年收入的75%来自许可费收入，其可以通过在爱尔兰设立公司（爱尔兰的企业所得税税率长期保持在12.5%），将版权收入转移到爱尔兰，由此合理地减轻企业负担。2004年微软的全球税率从33%降到26%（何杨，2008）。

转移定价法不仅适用于建立贸易公司，还适用于通过金融公司、服务公司、海运公司、专利公司等将利润从高税国转移到低税区，从而间接地减少高税国的税收（杜海鸥，2012）。世界各国一般都有关于转让定价的限制，单项转让定价带来的转移利润比较小，但是如果在贸易、金融各方面都利用转移定价，总体效果就相当可观。如果避税地的法律允许，集团公司可以不用针对服务、贸易、金融各方面都设立一家公司，而是将贸易、金融等整合到一家公司。此外，转移定价不仅适用于避税地，还适用于低税率国家。

（2）国际控股法

国际控股法即在离岸地设立集团的国际控股公司来调剂集团的财务资金，把其所控制的子公司的所得汇总集中到该公司所在国的账户上，实施财务运作，实现预定的财务目标。控股公司是指该公司在持有其他公司大量股份的前提下，控制其他公司的业务。企业在投资其境外子公司时，不仅被投资的企业在支付股息时需要缴纳企业所在国的预提所得税，而且子公司也需要向母公司所在国报缴所得税，双重缴税加重了跨国公司的税务负担。但是如果在避税地建立控股公司，将大量的股息搬移至避税地，就可以降低由此引发的税负支出。这是因为离岸金融中心对于资本利得、股息不征税或者征收极少的税，使得控股基地公司的母公司所在国对于母公司双重高额税负的征收大量减少。

控股公司进行税收筹划主要可以达到以下两个目标：

第一，减少预提所得税。此处仍通过举例说明控股公司对于减少预提所得税的作用。现假设有母公司A设立在美国，子公司B设立在菲律宾。在没有控股公司的情况下，如果公司B向公司A支付利息，则公司B应该向菲律宾政府缴纳20%的预提所得税，与此同时，公司A还需要向美国政府缴纳30%的所得税。但是如果公司A在英属维尔京群岛设立一个控股公司C，则公司B只需向公司C支付股息，同时公司B也仅需要再向菲律宾政府支付5%的预提所得税。而英属维尔京群岛不会对公司C征收企业所得税和资本利得税。可以看出，在有控股基地公司的情况下，公司 B 只需要向其所在地政府支付 5%的预提所得税，而该 5%就是整个贸易活动产生的税负。与建立控股公司之前 20%～30%的税负相比，此举显著地减少了跨国企业在贸易活动中所承担的税负。

第二，税收递延。税收递延指的是子公司将税后的利润直接转移到控股公司，利用控股公司的零税率或者低税率和货币的时间价值，将这些税后利润进行投资和再投资，在一定程度上可以为企业创造出更大的投资收益或者降低企业的筹资成本。

（3）建立基地公司

基地公司是指以合理合法为前提在离岸金融中心建立的，为本企业进行减轻税负等一系列活动的公司。大部分离岸基地公司并不进行实质性贸易活动，而是采取多种多样的组织形式，如金融基地公司、投资基地公司、信托基地公司、销售基地公司、采购基地公司等，为企业税收筹划提供便利。企业可以根据自己的业务需求，选择适合自己离岸基地公司的组织形式。下面我们主要介绍金融基地公司和信托基地公司。

1）金融基地公司。

金融基地公司在集团内部充当着借贷业务中介人的角色，它可以向集团的子公司提供贷款或者为第三方提供资金。纳税人经常借助税收协定，减少利息收入所产生的预提所得税，从事中介业务。金融基地公司最理想的选址一般需要考虑两个基本因素：第一，金融基地公司所在地必须具有普遍而有利的双边税收协定体系；第二，金融基地公司所在地对于支付贷款人的利息不征收或者征收极低的预提所得税。如美国的跨国公司往往倾向于把金融基地公司设立在荷属安的列斯群岛，因为美国和荷属安的列斯群岛签署有税收协定，该协定有条款指明，荷属安的列斯群岛境内的公司支付给美国债券持有人的利息免征预提所得税，同时荷属安的列斯群岛本身所得税税率很低，通过其作为金融基地公司，间接借还贷款和利息，可以节省大量与利息相关的税收。

如图 8-3 所示，如果母公司 A 直接向子公司 C 借款或者还款，产生的利息需要缴纳高额的预提所得税。但如果子公司 C 是金融基地公司，则情况就会大不相同。一方面，由于美国和荷属安的列斯群岛签有利息免征预提所得税税收协定，母公司 A 向金融公司 B 支付的利息免收预提所得税；

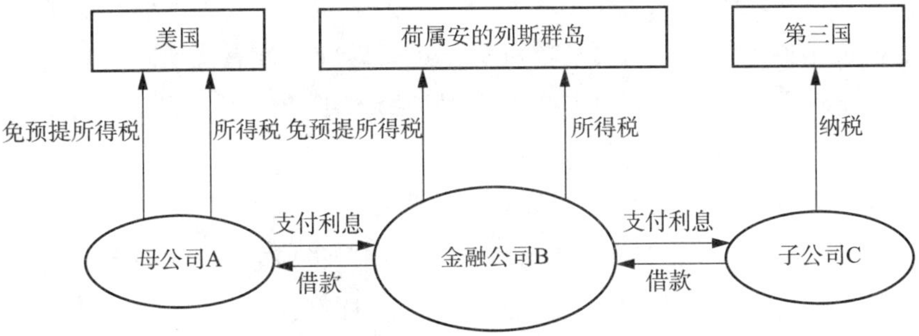

图 8-3　利用金融基地公司避税

另一方面荷属安的列斯群岛不征收预提所得税，金融公司 B 支付给子公司 C 的利息也免收预提所得税。如此，整个借贷过程的预提所得税均得到减免。此外，由于荷属安的列斯群岛本身所得税的税率较低，所得税方面的税负亦也不会过高。

结合税收筹划中基地公司的地位和作用，对于如何选择离岸金融中心避税，一般考虑以下因素：对于非本地居民汇出的股息和利息，是否应该征收较低的预提所得税；是否征收资本利得税；是否拥有广泛而有利的税收协定；是否拥有一个相对宽松的外汇和法律限定。但是找到同时满足上述条件的国家比较困难，荷兰、卢森堡、瑞士等国虽然拥有广泛而有利的税收协定，但是相比于其他国家或者地区来说，税收优惠很少，而且税收制度更为严格。百慕大、开曼群岛、英属开曼群岛、巴哈马等国或地区虽然税收制度相对宽松，但是税收协定相对缺乏。利用金融公司来减轻税收负担时，很难直接选出一个税收制度宽松优惠，同时税收网络又广泛的国家。因此，一般需要创建双层金融公司的结构模式，即通过中转性金融公司和离岸金融公司两种不同形态的金融公司缓解金融基地公司选址的困难。中转性金融公司选址一般选择荷兰等一类拥有广泛而有利的税收协定网络的国家，而离岸金融公司选址通常选择巴哈马一类税收制度较为宽松的国家。通过这种双层金融公司的结构模式，可以最大限度地帮助跨国公司减轻利息预提所得税。

2）信托基地公司。

离岸信托是指在离岸属地成立的信托，受托人根据信托的主旨，对委托人的资产进行管理。在离岸信托中，委托人通常是非避税地纳税人，而受托人通常为避税地的信托基地公司。由于某些国家对财产转让会收取较高的税负，如果纳税人需要经常对资产进行转让，或者当所在国家存在政治、经济动乱风险，企业或者个人为保护财产不受侵犯，需要将资本转移到海外时，通过离岸信托基地公司来进行财产转移正是一种简便快捷的方法。其主要方式有：

第一，利用离岸信托公司转移财产。利用避税地在税收和法律上设定的优惠，委托人将各种财产转移给信托公司，这样可以在一定程度上减少财产转移带来的税收。通过建立离岸信托公司，将公司的机器设备等设在信托公司，并且把这些财产产生的利润记在离岸信托的名下，从而减轻本国税收。

第二，通过离岸信托公司规避遗产税。有些国家的遗产税非常高，部分国家甚至高达50%，为了减轻遗产税，这些国家的富人往往会在避税地设立离岸信托公司。由于离岸金融中心往往对信托管理特别宽松，因此在这些离岸金融中心建立信托中心，可以让委托人将财产所有权全权委托给信托公司，让信托公司为其代理。因为信托财产的收益可以全部累积在避税地，即使是在委托人离开世界后，其所在国也不能对其离岸信托公司控制下的财产征税，从而避开了遗产税。

第三，设立多重信托公司得到最大收益。各避税地对信托公司的责任和义务的规定均有不同，通过在不同避税地设立信托公司，形成多重信托，可以充分利用各个避税地的优惠特征来最大限度地降低税负。

除了上述几种典型的基地公司，离岸公司还具有多种多样的组织形态，如海洋运输、资产投放、专利管理等公司，这些离岸企业的操作模式与控股基地公司、中转贸易公司和金融基地公司在很大程度上都是相似的，主要都是利用离岸金融中心低税或不征税等有利因素，借助各种间接安排和双边税收协定达到避税目的（欧阳楚龙，2014）。

（4）优惠与自身需求匹配

不同国际避税地的优惠不同，并不一定适合所有投资者，故总公司在选择离岸基地公司的注册地时，一方面会考虑比较常规的离岸金融中心，方便进行国际税收筹划，同时也会对各个离岸金融中心的综合环境进行考察，例如该地的税收优惠政策、整体投资环境等。总公司会根据综合情况选择最适合本公司发展的离岸金融中心进行投资，以期达到利润最大化和成本最低化。投资者在选择投资地点时需要注意各个国家或地区的重点优惠项目内容是否与自身需求相匹配。如新加坡政府专门制定新型工业法，明确企业只要按照法律条文对规定产业或者部门进行投资，就可以享受5~10年的免税期；泰国政府制定了税收奖励的条例，条例对于进口机器、进口部件、原材料的引进和使用给予了巨大优惠。对于进口机器来说，政府减少机器进口50%的关税，更有个别地区会全部免除进口机器关税，而在进口部件和原材料方面，会减少90%甚至更多的关税。特别是对于使用进口机械或者原材料的企业来说，政府会免除它们3~8年的企业所得税。在此期间，如果公司经营发生亏损，从亏损发生的当年开始计算的5年内，公司经营所得的纯利润中，会扣除一部分本应缴纳的企业所得税。因此各国政策显示了当局大力扶持实体企业发展的态度。特别地，马来西亚作为东南亚国家，则比较倾向于关注高科技企业，在此方面给予了离岸企业较多的优惠，尤其表现在多媒体和信息技术等高科技领域。为了创建“多媒体超级走廊”，马来西亚政府规定参与创建“多媒体超级走廊”的企业可免征10年的企业所得税或者得到100%的投资税补偿，多媒体设备的进口免税。与此同时，如果企业还能吸引其他企业或个人加入创建“多媒体超级走廊”项目，该企业还能得到额外的特殊奖励。

8.5.3 离岸企业选择避税地的方法

离岸企业选择避税地的方法主要有三种：第一，根据离岸企业节税额度选择；第二，根据离岸企业目的选择；第三，根据离岸企业与避税地的关系选择。

（1）根据离岸企业节税额度

若一家企业因经营发展需要设立离岸企业来实现集团的价值最大化，经过对避税地相关政策进行研究，企业主要偏向中国香港、开曼群岛、英属维尔京群岛这三个地方设立离岸企业。在分析比较这三个地方时，我们仅比较其税负情况，忽略离岸企业开办发生的中介费、开办费等相关费用。公司预计在成立子公司一年后，总部利润为X，总公司通过避税地的子公司转移利润为Y，设立的子公司员工工资薪酬总额为Z，公司节省的税额为T。

1）股份制企业。

离岸公司主要是将母公司名下子公司的股息转移到避税地的控股基地

公司，通过避税地对股息和资本利得的零利率或者低利率进行税收筹划，从而减少预提所得税。

若该公司设立在中国香港，根据中国内地与中国香港签订的税收协定，该税率降到了5%，但在香港设立的子公司对员工支付的工资薪金要缴纳15%的薪俸税，节省的税额为：

$$T=Y\times25\%+Z\times10\%-Z\times5\%-Z\times15\%$$

若该公司设立在开曼群岛，根据中国对开曼群岛股息10%的预提所得税税率规定，则可以节省的税额为：

$$T=Y\times25\%-Y\times10\%$$

若该公司设在英属维尔京群岛，企业所得税和资本利得税均为零，只需缴纳社会保障税和预提所得税，国内对其征收10%的预提所得税。因此，节省的税额为：

$$T=Y\times25\%-Y\times10\%-Z\times(8\%+6\%)$$

2）中转销售企业。

离岸公司主要是通过建立中转销售企业把高税国公司的销售利润和其他来源的利润转移到避税地，规避企业所得税。

若该公司设立在中国香港，由于中国香港是来源地征税，对不是来自香港的所得不征税，故中转销售公司在香港无须缴纳企业所得税。此外，在香港设立的子公司对员工支付的工资薪金要缴纳15%的薪俸税，所以，节省的税额为：

$$T=Y\times25\%-Z\times15\%$$

若该公司设立在开曼群岛，由于开曼群岛不征收所得税，故节省的税额为：

$$T=Y\times25\%$$

若该公司设立在英属维尔京群岛，因英属维尔京群岛不征收所得税，但征收社会保障税（雇佣税），且此税雇员和雇主都需缴纳，所以节税额为：

$$T=Y\times25\%-Z\times8\%-Z\times6\%$$

3）金融基地公司。

企业集团内部经常会发生借贷利息，通过在避税地建立金融子公司，可以降低高额利息产生的利息所得税。

若该公司设立在中国香港，根据中国内地与香港签订的税收协定，规定预提所得税税率降到了 5%，节税额为：

$$T=Y\times25\%-Y\times5\%-Z\times15\%$$

若该公司设立在开曼群岛，因中国对开曼群岛股息预提所得税税率为 10%，故节税额为：

$$T=Y\times25\%-Y\times10\%$$

若该公司设立在英属维尔京群岛，由于国内对其征收 10%的预提所得税，所以节税额为：

$$T=Y\times25\%-Y\times10\%-Z\times8\%-Z\times6\%$$

通过以上的比较分析，由于开曼群岛只设几个简单的进口关税、印花税来调节进口以及收入，无论哪种企业在开曼群岛注册离岸公司都是比较好的选择。以上分析只是简单地从税负角度比较，企业在选择离岸公司注册地时需要考虑的不仅是减轻税负的程度，具体还有企业的自身规模、经营业务种类、管理情况、开办难易程度等诸多因素，应该从集团整体利益出发，选择对集团整体有益的地点注册离岸公司。

（2）根据离岸企业目的

开曼群岛的上市审批流程较为宽松，任何国籍年满 18 岁的人都可以在开曼群岛注册公司。近些年很多互联网、教育以及传媒公司注册在开曼群岛，除了因为开曼群岛税负较轻，可以减轻集团的税负外，更为重要的原因是开曼群岛注册的公司上市较为容易且认可度较高。如果企业需引入外资或海外上市，在开曼群岛注册境外公司更为便利，开曼群岛公司对境内公司进行全资股权收购，随后提交开曼群岛公司去中国香港或美国上市，这不仅能够实现其上市的愿望，同时也能在海外的证券市场进行融资，提高品牌的知名度。通过开曼群岛在中国香港或美国上市成本低、程序透明、审批程序简单、速度快，尤其对互联网、教育以及传媒类公司吸引力很大。但是有些规模较小的公司考虑到避税地的政局不稳、经济危机、汇率波动、法制不健全、基础设施不完善等，可能更愿意选择在香港注册离岸公司。

在英属维尔京群岛注册公司要求比较简单，只需要股东和董事各一名，最快几天就可以注册成功，然而其透明度低，中国香港地区不接受其上市。在英属维尔京群岛注册的离岸公司有高度的保密性及较少的外汇管制，所以对从事金融、保险的公司来说是较好的选择。此外，在选择避税地时，离岸企业还要时刻关注国际反避税对避税地的政策、方针，合理地进行税收筹划。

（3）根据离岸企业与避税地的关系

从地理位置来说，中国香港拥有完善的金融设施，处于通向中国内地门户的关键性位置，也是内地企业与世界沟通的窗户，有着得天独厚的地理位置。从成本方面来说，香港的所得税比世界上很多地方都低，而且只对来源于香港的利润才征收所得税。同时，香港的预提所得税仅征收5%，相比于国内对开曼群岛、英属维尔京群岛征收的预提所得税都要低。因此，在构建国际离岸架构中，很多内地企业将香港作为离岸架构中的最后一层，从而减轻预提所得税。

8.6 国内离岸企业税收筹划的建议

8.6.1 强化税收整体筹划

成功的税收筹划都是综合借鉴了以往税收筹划方案的成功经验，处理好整体与局部、短期与长期利益的关系，才能为企业增加效益。我国离岸企业在国际税收筹划时应注意掌握基本的原则和尺度，不能因为某一个公司税收的增加而使整体税收利益受损，应以公司整体利益最大化、可持续发展为原则。公司在进行国际税收筹划时要站在整体、宏观的角度，有长远和发展的眼光，注重公司的长期发展，而非仅考虑增加企业当前的经济利益，即境外分支机构服从集团整体规划、维护集团整体利益最大化。

8.6.2 提高离岸企业税收筹划的专业水平

国际税收筹划离不开专业的税收筹划人才，具备税收筹划专业技能的人才是国际税收筹划成功的保障。税收筹划人员的判断在整个税收筹划方案的制订、实施以及结果检测方面起着举足轻重的作用，这要求他们不仅要立足于本企业的生产经营情况，了解行业的发展趋势，而且要具备国际会计、国际税收等相关专业素养，并且还能够准确预测国家税法发展的调整方向。针对我国目前国际税收筹划专业水平低的现状，企业应加大对税收筹划方面人才的培养力度，设立专门的税收筹划机构，通过安排其参加国内外举办的税收筹划学习交流会、研讨会，组织更多的培训和学习，从而使其更全面地掌握各国税收政策及动向、相关会计政策及风险管理等知识，优化集团内税收筹划人员的整体素质。此外，离岸企业可以考虑聘请第三方专业人员或机构来更详细全面地进行税收筹划。

8.6.3　熟悉离岸税收筹划制度

在复杂的离岸架构下，每个离岸公司的经营地都可能处在不同的国家，而不同国家税基、税率、税种千差万别，且不同行业税收制度与税收优惠政策不尽相同并处于动态变化中，这就要求离岸企业税收筹划者一方面要充分了解各国现行的税收制度与政策，另一方面还要掌握所在国最新的税务立法、全球税务状况、财税政策动向和税收筹划策略动态，根据相关变化调整税收筹划策略，以实现税收筹划的目的。合作博弈理论认为企业通过强化信息交流使其经营活动存在的信息不完全风险最小化，同时通过企业的内部联盟关系发挥各组成部分的优势，实现企业价值最大化。对各国或各地区税收制度的了解不要局限于法律文本，每个国家税法的内容和细节并非都是以法律形式固定下来的。所以，离岸企业应积极主动与当地税务部门的工作人员进行沟通交流，对可能产生争议或不明白的地方及时与税务机关进行沟通，认真听取税务部门对国际税收筹划相关问题的看法和建议，与其达成一致的意见。此外，离岸公司还要充分利用会计师事务所、律师事务所、税务顾问等中介部门，通过其专业判断降低集团税收筹划的风险。

8.6.4　加强税收筹划风险管理

成功的离岸企业税收筹划会产生巨大的经济效益，反之，失败的税收筹划可能会造成企业经济和名誉上的双重损失。国际税收筹划工作的前提是合法，企业必须在遵守各个国家税收法规的前提下才能真正发挥税收筹划应有的作用，引导公司税收筹划人员意识到多变的国际税收环境、复杂的组织结构带来的风险。离岸公司不仅要结合各国税收法规和企业实际情况做出正确的税收筹划，而且要在公司内部建立风险控制模型，在设计税收筹划方案之前测评风险承受水平和风险偏好，做好事前的防范和评估。事中利用一些类似于纳税筹划成本收益率、实际税收负担率、实际税收负担降低率、税法遵从程度等量化指标检测税收筹划的成功与否，并依据各项指标反映的问题及时对税收筹划活动进行调整。事后依据成本效益原则即收益是否大于成本，判断纳税筹划是否成功。当纳税筹划符合成本效益原则时，表示此纳税筹划是成功的，总结经验为下一次的税收筹划做铺垫；对于失败的筹划，分析失败的原因，吸取经验教训，做好风险应对措施。在国际税收筹划中，存在如税收筹划人员专业素养低、国际反避税政策、税收筹划方案不恰当、税务部门与企业理解偏差等风险因子，这些风险都可能会引致税收筹划失败。此外，采用传统的离岸公司架构规避国内税收可能引致严厉苛刻的巨额税务罚单，存在较大的法律风险。因此，离岸企业加强重视对税收筹划风险的把控是企业国际化的重要保障。

8.7 本章小结

近年来，我国内地企业纷纷前往离岸金融中心注册离岸公司，开展离岸税收筹划业务以降低税负。离岸企业税收筹划不仅可以减轻公司整体税收负担从而提升公司盈利水平，还能够增强企业的国际竞争力。

本章在追溯比较优势理论、博弈论等相关理论基础上，以离岸企业为切入点，从税收筹划的概念、现状、经济效应三个方面对相关文献进行综述。由于税收制度是一种比较优势，本章还结合我国离岸企业运用避税地的节税现状，分析了我国离岸企业税收筹划的正负面效应。接着，采用案例研究法对中国香港、开曼群岛和英属维尔京群岛三个最常用避税地的税收制度进行了详尽的分析和比较，深入剖析了国内著名离岸企业的离岸税收策略，通过对避税地的税收法律规则的深刻理解和合理运用，归纳出内地企业在运用避税地进行税收筹划时应遵循的原则、策略和方法，总结了其风险和收益的平衡点。然后，本章利用汇源果汁案例分析了国内离岸企业的税收筹划，从典型避税地的税收优惠制度总结出离岸企业选择避税地的三种方法。最后，针对我国离岸企业在税收筹划方面还存在税收筹划意识淡薄、专业水平低下、片面追求局部利益而忽视风险等问题，本章从强化整体筹划、提高专业水平、熟悉筹划制度、加强风险管理这四个方面提出了具体的税收筹划建议，以期为推动我国离岸企业税收筹划发展提供一些有价值的参考。

9 中国香港离岸金融发展的制度嵌入性

从20世纪80年代开始，中国香港实行了金融自由化政策，香港离岸金融市场迅速成长壮大。香港凭借自身地理优势、高度的经济自由、政局稳定、低赋税、低金融监管等独特条件，招引了一大批世界各国金融机构进驻，扩大了与周边及全球的金融交流业务。由此，香港不仅成为世界著名的国际金融中心，还逐步演变成亚太地区主要的内外一体型离岸金融市场。由于香港离岸金融市场是由当时的港英当局金融自由化政策催生发展起来的，又在地理位置上与内地毗邻，是内地发展离岸金融市场的重要参考对象。因此，本章选取中国香港作为研究对象，借鉴已有的研究成果，将香港离岸金融市场纳入经济社会学研究范围，从新经济社会学角度探讨香港离岸金融中心的制度嵌入性。

本章将在分析香港离岸金融市场的发展历程及现状基础上，运用嵌入性理论，从结构、政治、文化和认知等社会学角度对推动香港离岸金融市场发展的动因进行探讨和研究，并对影响香港离岸金融市场发展的制度因素进行归纳总结，探寻离岸金融市场演进的动力源泉，意在对前述离岸金融市场发展理论进行补充与拓展，从而推进中国内地离岸金融市场的发展。

9.1 文献回顾

9.1.1 香港离岸金融市场发展的外生动因

(1) 得天独厚的地理位置

金融地理学认为，金融资源和信息的聚集作用对于国际金融中心的形成与发展具有强大的推动作用。香港位于华南沿岸地区，背靠广袤的内陆市场，盘踞于亚太地区的海运和航空要道。借助于上述区位优势，香港内有中国政府的强力政策支撑，外有东南亚邻国及西方传统资本主义强国的科技及资金联络，其离岸金融市场得以迅速发展。

（2）独特的历史和社会渊源

从历史角度来看，香港工业化进程从20世纪中叶才逐渐开始。第二次世界大战之后，香港借着中西方意识形态的较量，在社会主义与资本主义的角逐中左右逢源（陈俊杰，1994）。从政局稳定上，中华人民共和国对香港地区采取“长期打算，充分利用”的特殊政策，把香港打造为亚太地区的政治避风港，吸引了内地大量资本的流入，为香港的社会发展奠定了坚实的基础。另外，美、英等西方大国也视香港为对社会主义中国的前沿观察阵地，力图为香港经济发展营造良好的政治和社会环境。所以，此后的30余年，中西方对香港地区的策略在无形中达成了共识，香港的政局稳定也因此得以保证。

20世纪末，世界局势的两极格局失衡，美、英等西方国家夺得了意识形态斗争的主动权。西方国家出于对社会主义国家“战略大包围”的目的，极力支持香港的发展，推动了“亚洲四小龙”的产生与繁荣，从而在社会主义的大门口打造出一个精致的“资本主义文明橱窗”，与当时不够发达的中国内地形成了鲜明的对比。同样时代背景下，中国内地进行了经济体制改革，实行了对外开放的政策。香港“近水楼台”，充分利用了其地缘优势，背靠内地的廉价生产要素和庞大市场，外联众多西方国家的先进科技、管理经验以及源源不断的资金，实现了香港离岸金融中心的产生与发展。时至今日，香港已经成为中国对外开放的门户和世界重要的离岸金融中心。香港在“一国两制”的政策背景下，继续保持着资本主义市场经济制度和繁荣稳定的局面。

9.1.2 香港离岸金融市场发展的内生动因

（1）开放的金融政策

从香港离岸金融市场产生条件、模式和发展历程等方面进行研究的文献相对丰富。香港离岸金融中心的形成是依据香港当局传统的金融自由化政策产生的（夏强，1994）。世界上离岸货币市场形成与发展的主要推动力是市场参与者避险与规避管制的需求，而香港离岸货币市场的推动因素主要是监管政策的放松（梁雅敏，2013）。陶硕（2006）认为影响香港离岸金融市场发展的最主要因素是其比较稳定的资本资源和支援金融市场的基础系统。香港经济发展的成果来自市场经济正常运行、政府充分发挥价值规律作用的结果。香港“不干预”政策的实质是充分尊重市场经济所应当恪守的价值规律，由此成为市场活力的根本依据所在（陈俊杰，1994）。香港政府自回归以来长期奉行自由主义经济政策，在社会资源配置、对外贸易往来、制造业与金融业等方面，都充分地依靠市场这只“无形之手”进行调节。所以从政策层面来看，施行开放金融政策，保持市场经济平稳运行，使得市场充分发挥价值规律作用，是香港离岸金融市场发展的内在动因之一。

（2）发达的在岸金融

香港离岸金融与在岸金融和经济的关系非常密切，形成了良好的金融生态。在岸金融和经济的良好表现有利于吸引离岸资金的大量流入。王应贵等（2012）通过对香港离岸金融中心的竞争力进行实证分析后认为，香港离岸金融与在岸经济和金融之间存在着明显相关性。香港在岸银行业发展历史悠久，其良好运作与对外开放是离岸金融市场发展的根本基础，有力保障了离岸金融的稳定有序发展。同时王应贵（2019）对香港与内地证券、期货交易市场的对比分析结果中，揭示了香港在岸证券市场发展的深厚基础和香港交易所优越的产品开发设计与经营能力。由于在岸资本市场在长期资本配置中发挥着重要的“造血”功能，香港不仅在20世纪凭借繁荣的资本市场吸引了各方资源，完成自身发展，如今还可借助粤港澳区域金融一体化的东风，结合其庞大的市场规模和制度经验，实现离岸金融市场发展的更大飞跃。

（3）经济繁荣的刺激和带动

香港作为一个金融产业高度发达、金融依赖性极强的地区，在经济增长的同时也会通过加大对金融业基础建设的投入推动离岸金融市场的发展。当香港经济稳定、繁荣，并且拥有内地经济体的强大支持时，离岸资金的流入和流出速度就会加快，资金效率明显提高。

曹梦可（2007）通过实证研究对中国香港、新加坡和日本东京三个亚洲离岸金融市场规模的决定因素进行分析，得出香港在人力成本和经济开放程度上具有显著优势的结论。首先，经济发展必然导致香港政府对教育投资的增加，这将会为金融人才的输出提供最直接的途径，也为离岸金融市场的发展提供人力资源支撑；其次，离岸金融业务利润已经成为目前香港稳定的经济来源之一，且香港开办离岸金融业务的收益大部分用作香港本地发展的投资，这必将推动其离岸金融市场持续进步；最后，为保持领先金融地位以及稳定经济收入，政府也会加大对金融技术的投入，尤其是在互联网飞速发展、网络技术更新换代频繁的今天，金融技术的发展不仅可以提升香港银行业的国际竞争力，为香港争取到更多国际资金，而且在投行业务和财富管理业务方面金融技术的发达意味着更加安全、快捷和方便。因此，金融技术发展也可视为经济增长对香港离岸金融业务开办的影响之一。

9.1.3 香港离岸金融发展的经济后果研究

金融市场发展与经济增长之间相互影响的关系向来是金融学中的热门议题。然而至今为止，关于二者之间的相互作用关系依然没有得到一致的结论，既有文献通过理论和实证两个层面的研究证实了二者间存在着很强的正相关性，不论是从宏观层面的技术进步、基本积累，还是微观层面的金融服务与功能创新来看，香港金融市场发展都对经济增长产生了至关重要的影响。

关于离岸金融市场对经济发展存在的影响，现存文献中认为其对所在地区或国家经济发展的影响多为正面。由于离岸金融市场的扩张表明了资本的理念和意图，为了追逐最大利益，必然流向低监管、低税收国家或地区，给当地经济带来活力和效率，尤其是“香港”内外一体型离岸金融市场，可以吸收大量国外资本从而借贷给本地企业，使得当地生产经营、投资活动更加活跃，扩大了当地经济发展规模（郭云钊和胡传雨，2013），促进了所在国经济发展，并进一步推动经济的全球化发展（乔懿和徐陈，2007；Sikka，2003）。此外，越来越多的学者还倾向于认为，离岸金融发展不仅带动了当地的金融繁荣，还刺激了当地其他相关行业的发展，如交通业、旅游业、餐饮业、零售业和房地产业等，推动开办地经济结构优化和产业升级。相应地，离岸业务开办地实行较为优惠的税收政策，使得国外先进的生产技术、设备以及专业人才流入当地，提升了离岸地区的综合实力。

但是也有研究指出，离岸金融市场的低税收政策可能导致恶性税收竞争和资本外逃，进一步扩大贫富差距，对经济带来不利影响，因此离岸金融发展离不开国际合作组织的协调和监管（Hampton，2002）。

9.1.4 文献评述

综览现有文献，少有学者专门对香港离岸金融市场进行深入研究，导致涉及香港离岸金融市场的形成和现状的分析研究进展缓慢。更多的学者把香港离岸金融中心当作国际金融中心，从其形成过程和经济效应角度进行探究，领域涉及香港外汇市场、汇率制度、商业银行、股票市场以及债券市场等，内容颇为丰富。然而由于香港是一个内外一体型离岸金融市场，其举世瞩目的国际金融中心地位以及发达的金融市场奠定了其坚实发展的基础。香港离岸金融市场的发展得益于国际金融一体化和世界、区域局势的变迁。在内因上，受益于香港地区政府开放的金融政策、在岸银行业的稳健发展、发达的资本市场与良性的社会经济循环机制。在外因上，对香港的离岸金融市场而言，优越的地理禀赋和特殊的国际地位为其打造了发达的交通枢纽，营造了稳定的政局环境，并提供了丰厚的生产要素来源。

既有研究虽然对香港离岸金融市场的发展动因有着较为详尽的讨论和分析，但其本身仍具有不够全面系统的局限性。本章论述试图加入社会学中结构、政治、文化及认知的维度框架，对香港离岸金融市场的发展进行嵌入性分析。由于结构嵌入性分析注重结构位置在经济主体中的影响，其核心在于结构位置因素对经济主体产生的经济效应（Granovetter，1992）。因此本章将详尽而透彻地分析香港的空间布局、人口分布、资源分布等因素，同时结合时代特点，本章还以对香港自由贸易港的嵌入性分析为契机，试图为正在建设的中国特色自由贸易区提供结构嵌入等方面的发展经验。

9.2 香港离岸金融发展综述

香港离岸金融市场作为整个香港金融体系不可或缺的一部分，对其发展历程的研究应该从香港整体金融环境变化的大背景开始。从这个意义上来说，整个香港离岸金融市场的发展史也是一部研究香港如何从一个转口港转变为国际金融中心的金融变革历史。

20世纪70年代后期，随着香港经济腾飞，香港逐步成为亚太地区不可取代的国际金融中心，也成为亚太地区最具代表性的内外一体型离岸金融市场。著名商业资讯机构Z/Yen集团对香港离岸金融中心的地位给予了高度评价。国际清算银行、世界银行、IMF等机构对14个离岸金融市场的外部负债进行的综合统计表明，中国香港的离岸金融业务不仅远超中国内地、中国澳门，甚至与伦敦、纽约、日本和开曼群岛等离岸金融市场发达程度较高的地区相比也毫不逊色，其发达程度令世人瞩目。

9.2.1 香港离岸金融市场发展历程

(1) 萌芽：20世纪60年代

20世纪50年代，在伦敦形成的欧洲美元市场被认为是最早的离岸金融市场，其兴起的原因是第二次世界大战后美国的对外贸易产生了大量贸易逆差，美元不断流向欧洲。为控制不断扩大的国际收支赤字，美国政府采取了一系列金融管制措施，如开征利息均衡税、利率上限管制、高税率等。然而，这些举措不仅没有制约美元外流，反而在一定程度上加剧了欧洲地区美元泛滥，美国本土公司却出现资本短缺、难以发展与扩张的局面。在此背景下，许多美国本土跨国公司及金融机构转而在伦敦发行欧洲美元债券来筹集资本，欧洲美元市场逐渐产生并发展起来。随着跨国公司欧洲市场的开辟，大量的美国本土金融机构也跟随着客户的步伐大举开辟海外市场，进而在金融环境较为宽松的欧洲为非当地居民提供美元存贷款业务的办理，最终形成欧洲美元市场。

此后，20世纪70年代两次石油危机的爆发，欧洲美元市场突破欧洲这一区域限制，逐渐向全球其他地区扩散，最终形成离岸金融市场。其后果导致全球油价飙升，各个国家对美元的需求也在急速增多，欧洲美元市场以令人瞠目的速度在全球蔓延开来，逐步形成了四种不同类型的离岸金融市场。随着欧洲美元市场向全世界扩散，香港离岸金融市场开始萌芽。

（2）形成：20 世纪 70 年代

在欧洲美元市场形成的同时，亚洲离岸金融市场开始起步。1968 年，新加坡最早开办离岸金融业务。此后，在东南亚经济高速发展的推动下，中国香港、马尼拉、东京、马来西亚、曼谷等也都相继开办离岸金融业务，形成诸多分散的离岸金融市场，且保持着良好的增长态势。

由于离岸金融市场是香港金融市场的一个分支，想要探寻香港离岸金融市场的发展历程，必须先从香港国际金融中心的形成入手。冯邦彦（2007）在《香港金融业百年》一书中认为，香港被称为亚洲国际金融中心最早起源于第二次世界大战之后。当时的香港金融环境稳定，股市蓬勃发展，经济呈现百业繁荣的良好态势。基于此，香港特区政府逐步地采取包括解除外汇管制、开放黄金市场、取消银行牌照禁令以及取消存款利息税等一整套金融自由化政策，种种举措吸引了大批外资银行和跨国金融机构的目光，资金和人才大规模地流入香港。由此香港金融业开始进入一个急速发展的新时期，为其成为举世闻名的国际金融中心奠定了坚实的基础，并创造了有利的环境。在逐步迈向多元化、国际化的进程中，香港金融市场不仅形成了门类齐全且发达的市场体系，同时政府对其监管制度进行了完善，以便更好地抵御金融风险，使其在随后的几十年中，经受住了一系列政治变迁与经济冲击的考验。

（3）危机及解除：20 世纪 80 年代至 20 世纪末

20 世纪 80 年代以来，全球离岸金融业务开始迈入高速发展时期，资产规模迅速扩大（见表 9-1）。

表 9-1　世界主要离岸金融中心资产状况　　单位：亿美元

年份	世界	开曼	中国香港	卢森堡	新加坡	英国
1977	8896	315	175	512	181	1715
1985	29840	1672	1012	1309	1205	5901
1990	68772	3894	4638	3551	3467	10690
1995	80632	4577	6552	4239	4200	13504
2001	1116315	8232	4052	5192	4074	20188

数据来源：IMF 官网。

但是香港的离岸金融发展并非一帆风顺。自布雷顿森林体系崩溃，美国宣布美元不再与黄金挂钩，1973 年受美元大幅贬值的影响，美元游资大量流入香港，令当时正处于固定汇率制度下的香港政府无法在外汇市场采取大规模干预措施，妨碍了香港经济的稳定运行。1974 年，香港政府亦正式对外宣布港元不再继续与美元挂钩，其汇率实行自由浮动制度。然而当时香港并没有一个清晰的货币政策目标，也没有实质上的货币管理机构，无法影响银行体系间的利率和流动资金水平，因此在有效货币政策的出台方面出现了危机。之后由于货币供应量增加过快和外贸赤字的持续增长，港元开始出现贬值趋势。1978—1982 年，港汇指数从 93.7 跌至 80.1，跌幅达 14.5%。

与此同时，由于货币政策的失调和宽松的金融监管，香港信贷过度膨胀，港元资产价格大幅上涨，资本大量流入，香港的金融泡沫逐渐开始膨胀。到 1982 年，香港经济基本面急剧恶化，港元资产价格大幅下跌，之前信贷规模的过度收缩造成流动资金短缺，港元贬值压力进一步加大。加之香港即将回归中国已经提上议事日程，却被西方国家过分曲解，以至于引起的政治变动更是触发了港元资产的抛售危机。其间中英两国的谈判陷入僵局，政治氛围剑拔弩张，一些境外银行和公司纷纷将资产从香港撤离，香港金融陷入困境。

上述一系列危机使得香港政府开始对货币制度改革进行反思，以挽救仍在急跌中的港元汇率。1983 年，香港为增强境内港元存款对投资者的吸引力以及稳定汇率，宣布两项措施：第一，停止对境内港元存款业务应收利息预扣税款；第二，改变港钞发行机制，重新制定与美元相挂钩的联系汇率制度。其中，联系汇率制度的形成对香港的货币、金融体系产生了极为深远的影响。该制度一经确立就发挥出了很大的作用，快速挽回了港元不断贬值的势头，将香港金融体系从危机中解救出来，并使香港整体经济稳步进入过渡时期。在此过程中，终于在 1993 年，香港创设了类中央银行——香港金融管理局。

实施联系汇率制度后，香港的金融市场发展并非一帆风顺，但平稳度过一系列政治、经济危机的事实说明，港府实行新的汇率制度的改革是卓有成效的。在经济稳定上，1983 年在联系汇率制度实行后，香港成功应对了 1984—1987 年 5 次港元投机风潮，并在 1987 年的全世界股灾中顺利存活。虽然 1991 年国际商业银行破产事件造成香港金融业的波动，然而香港政府应对措施得当，平稳度过了危机。在政局稳定上，20 世纪 90 年代开始，由于回归日期的临近，香港经历了一系列的政局动荡，1989 年的政治性挤提和 1992 年中英政治争端虽引起投资者信心的波动，但香港金融发展的大方向没有改变。在经历 1994 年墨西哥金融危机触发而引起的亚洲股市风暴后，香港国际金融中心的地位逐渐稳固下来。1983—1994 年，港元与美元之间兑换汇率的最低价和最高价分别为 7.950 和 7.714，二者之间的波动幅度甚至没有超出 2%的范围，港元在外汇市场展现出了强大的稳定性。

由于香港当局面对多次金融危机的临危不乱和应付得当，加之 1997 年香港回归后政局逐渐稳定，香港金融市场越发稳固，发展势头更加强劲。良好的金融环境吸引了大批岛外资金流入香港，使得香港外汇基金资产自 1996 年至 2000 年稳中有升（见表 9-2），为香港离岸金融市场的快速发展打下了坚实的基础。截至 20 世纪末，全世界开办离岸金融业务的国家和地区已有 67 个，世界离岸金融市场的资产规模也从 1977 年的 8896 亿美元增长到 1995 年的 80632 亿美元，增长达 8 倍之多。而香港作为亚太地区首屈一指的离岸金融中心，对全球离岸金融市场发展发挥了不可或缺的作用，离岸资产规模由 1977 年的 175 亿美元增加到 2001 年的 4052 亿美元，24 年间上升了 22 倍之多。

表 9-2　1996—2000 年香港外汇基金资产负债概况　　单位：亿港元

年份	外币资产	港元资产	负债证明书	流通硬币	银行体系结余	外汇基金票据及债券	其他香港政府基金存款	其他负债
1996	4938.02	407.15	824.8	41.64	4.74	835.09	1458.98	451.3
1997	5884.75	481.98	870.15	53.99	2.96	893.38	2376.29	267.7
1998	7012.39	2110.36	864.65	57.78	25.27	983.34	4245.62	523.64
1999	7551.11	2476.41	1181.95	57.77	79.6	1018.28	3922.06	859.32
2000	8566.8	1666.83	992.65	59.18	6.69	1092.88	4171.62	839.62

数据来源：香港金融管理局。

（4）稳步发展：21 世纪初至今

进入 21 世纪后，香港离岸金融市场进入稳步发展阶段。主要表现在两个典型指标上：一是从银行角度统计的香港离岸金融市场对外负债及债权，亦即对外存贷款数量；二是从资本市场考虑其 CPIS 指标。由于现有文献中少有专门针对香港离岸金融市场的研究，学者们对于描述香港离岸金融市场规模及离岸金融业务发展程度的指标的选取至今也无定论。郭云钊和胡传雨（2013）曾在对香港离岸金融中心经济效应的研究中使用外币存款指标来描述香港离岸金融业务的发展水平。但外币存款这一指标作为银行对外负债各项目中的一部分，是无法精确衡量离岸金融业务开展规模的。因此，本章将选用香港的对外负债及债权数量以及 CPIS 两个指标，对香港离岸金融市场进入 21 世纪后的发展现状进行分析。

1）对外负债及债权。

2000 年，IMF 在界定离岸金融中心时，认为离岸银行与其他离岸金融机构为非当地居民提供包括解决资金存贷等在内的金融服务，这些服务的形式包括将非居民的存款贷放给企业、非当地银行及市场参与者，也可以吸收其他外部存款，投资其他地区的金融市场。因此从银行角度来考虑其对外负债及债权规模变量显然可以说明香港离岸金融市场的发展程度。

对于香港离岸金融市场的发展，银行业的参与功不可没。1994 年以来，香港银行业持有的离岸资产占总资产的月度比例均未低于 50%，离岸业务不仅成为香港银行业发展的主要推动力之一，还是行业国际竞争力的主要促成因素。各银行通过其信用发放、资产管理、投资理财、投行业务以及清算和结算功能为全球离岸公司提供离岸金融服务，加速离岸金融的资金流通速度，提高资金运行效率，从而为香港带来最直接和最大化的经济效益。香港银行业素来经营稳健，清偿能力强，各项财务指标也均优于国际同业水平，其经受多次金融危机的洗礼依然傲视全球。

表 9-3 描述了 2010—2014 年香港银行对外负债及债权的规模。由表可知 2010—2014 年，香港对境外银行的外币存款数量增幅达到 63.30%，而对境外非银行客户的存款数额增幅高达 104.80%。香港作为典型的内外一体型离岸金融市场，所有的外部存款都可为香港的经济发展所用，同时吸收的外部存款可贷放给境内外客户赚取利差。5 年间，香港外币贷款增幅也较大，尤其是对境外非银行客户的外币贷款，从 2010 年的 1.43 万亿港元升达到 2014 年的 2.90 万亿港元，102.80%的涨幅不仅与外币存款的 104.80%的涨幅相贴近，更意味着巨大的利差收益。

表 9-3 2010—2014 年香港银行对外负债及债权概览

单位：十亿港元

年份	对香港境外银行所负债务		对香港境外银行所持债权		对香港境外非银行客户所负债务		对香港境外非银行客户所持债权	
	港币	外币	港币	外币	港币	外币	港币	外币
2010	3474	29666	4511	50192	4197	12455	2051	14272
2011	4514	38330	3914	58905	4359	15370	2563	17694
2012	4565	37850	2984	60380	4837	17777	2950	21577
2013	4053	39634	2967	64151	5521	21256	3317	25025
2014	4274	48474	2977	75524	5994	25588	3848	28968

数据来源：香港金融管理局。

虽然香港银行业对外贷款数额一直处于增长的态势，但与香港银行总的资产规模相比较，其涨幅呈下降态势。王应贵（2012）对香港离岸资产和负债规模的统计数据进行分析发现，离岸业务是香港银行业发展的主要推动力之一，但在财富管理和投行业务兴起的背景下，存贷业务占比有所下降。与总资产规模进行对比得知，在过去十几年中，香港银行业的贷款比例由 61.8%降至 35%，说明香港离岸金融市场银行业的存贷业务收益占整个离岸金融业务收益的比重在下降，存贷业务的重要性已不复当初，投行业务、资产管理和财富管理正在慢慢演变为稳定的利润增长点。

2）CPIS。

CPIS 是由资本的跨境流动而引起的某个国家相应资产负债头寸的变动。基础性资本流动会影响到离岸金融中心的资产与负债头寸。由 IMF 出具的 CPIS 主要统计的是某一个经济体持有的以权益、长期和短期债务证券形式存在的组合证券投资资产头寸。截至 2012 年底，CPIS 涵盖了世界上 78 个参与经济主体的权益和债务证券头寸，是一套从“一方”到“另一方”经济体的详细双边数据指标，表达了每一个 CPIS 向 IMF 申报的经济体持有的按照世界上每一个其他经济体分类的跨境持有的组合证券投资量。CPIS 数据根据居住地原则记录，按照每年年末的市场价进行统计。作为日常跨境交易的一部分，离岸金融中心拥有大量合法注册的重要金融机构，如银行、证券商、共同基金、对冲基金、保险公司、养老基金、非金融公司等。它们代替境外客户持有并管理着巨额的证券资产，代表非居民执行指令，交易非居民发行的股票和债券，离岸金融中心已将所有金融机构纳入 CPIS 的统计范围。

表 9-4 列示了 2005—2014 年香港 CPIS 规模的变化，可以看到，10 年间 CPIS 数额规模由 2005 年的 4366 亿美元上升至 2014 年的 11689 亿美元，是 2005 年的 2.68 倍。这 10 年间每年香港的 CPIS 数额都保持着温和的增长态势，除去受 2008 年全球金融危机冲击的影响，其 CPIS 数额跌至 5572 亿美元，其他年份基本保持着较为稳定的涨幅。

表 9-4　2005—2014 年香港特别行政区 CPIS 数额　　单位：亿美元

年份	2005	2006	2007	2008	2009	2010	2011	2012	2013	2014
CPIS	4366	5806	7786	5572	8115	9295	8258	9872	11212	11689

数据来源：IMF 官网。

为了观察中国香港离岸金融发展的相对速度，笔者选取了新加坡、塞浦路斯、巴哈马、巴巴多斯、巴林、巴拿马、马耳他和毛里求斯八个著名离岸金融中心，将中国香港与之进行更为直观的对比。图 9-1 是 2001—2012 年九大离岸金融中心的 CPIS 变化趋势点状图。可见包括新加坡在内的其他 8 个著名的离岸金融中心，不论是从 CPIS 的规模还是增长速度来看，均远不及中国香港。

9.2.2　香港离岸金融发展的经济效应

随着全球经济一体化程度不断加深，香港离岸金融中心在国际经济与金融交往中的地位和作用越发重要。同时，香港人民币离岸市场地位不断巩固，一直是中国内地与世界经济体系之间不可或缺的纽带，扮演着资金流通、信用创造的重要角色。数据显示，目前全球 70%以上的离岸人民币结算业务都在香港，因此香港本地经济受离岸金融的影响颇深。

（1）增加财政收入

大多数离岸金融中心为吸引外来企业会施行税收减免的优惠政策，但这并不妨碍香港财政收入的增加，而且香港政府还将发展离岸金融市场作为快速增加其财政收入的重要途径。由于在香港能够办理离岸金融业务的单位组织众多，不仅离岸金融中心的公司注册，而且众多金融机构在对外开办离岸金融业务的过程中，需要缴纳多种税费，如银行所得税、预扣

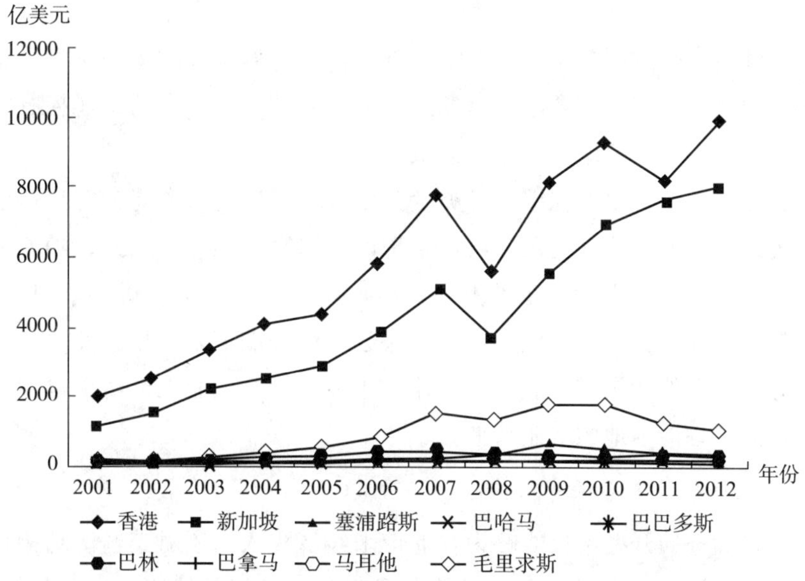

图 9-1　2001—2012 年九大离岸金融市场 CPIS 持有量变化趋势图

数据来源：IMF 官网。

税、注册费、印花税、营业费收入税等，为政府带来丰厚的财政收入。同时银行雇员作为金融行业的高端人才，其不菲的收入也会为政府带来个人所得税收入。虽然香港政府也会为吸引更多的企业来港设立各种分支机构而给外来投资者一些政策和税收的优惠，但是客观上又增加了企业来香港设立分支机构的数量，促进了香港离岸金融的业务量增长，从而扩大了税源。

（2）提升整体金融发展水平

香港离岸业务的发展意味着离岸金融机构的业务量和利润水平不断攀升。离岸金融在提高香港金融业收入的同时也持续刺激了香港在岸金融业的繁荣，有利于当地金融水平的进一步提升。开办离岸金融业务还要求从业人员具备过硬的专业知识和技术水平，香港离岸金融市场的繁荣地位，离不开全球高素质金融人才的聚集，极大提升了香港金融产业的综合竞争实力。同时金融业激烈的竞争还提高了香港地区整个金融系统的效率。因此，离岸金融作为香港国际金融中心的重要组成部分，对香港的金融发展大有裨益。

（3）降低了香港地区失业率

全球离岸金融服务是专业密集型领域，香港离岸金融中心不仅具备完善的法律体系、拥有符合国际标准的监管体系，更为核心的是还拥有具备专业技能的人才。离岸金融业务涉及法律、会计、信托、不动产中介机构等各类专业人才，只有在综合各类专业服务的基础上，才能为客户提供稳健合理的离岸资产管理建议并设计合理的离岸金融结构。因此，随着香港离岸金融市场朝着更加稳定的方向发展，越来越多的中介机构落户香港，香港旅游业和交通业等其他行业随之崛起，给香港带来大量就业机会。除了金融业，其他如旅游、航运、会计、律师等行业从业人员需求也大幅提升，提高了香港本地的就业水平。

（4）优化了香港经济结构

离岸业务的开办不仅能够为香港带来经济收入，还对其经济结构调整发挥积极作用。①离岸金融市场的发展刺激与其相关的律师、财务行业、旅游业、交通业、餐饮业、零售业甚至是房地产业的发展，不仅能够提高相关行业就业水平，还能刺激香港本地经济结构和生产力布局的升级和优化；②境外企业来香港成立分支机构，带来了先进的生产技术、人才和设备，进一步带动了香港本土企业发展；③由于香港开办离岸金融业务所获得的外币资金用于香港本土，资本量的增加能使香港本地企业生产经营活动更加活跃，扩大了香港的经济发展规模。

9.3 香港离岸金融发展的制度嵌入机理

基于本书第 2 章理论基础，本节从结构、政治、文化以及认知嵌入性四个经典维度对香港离岸金融市场发展的动力机制进行分析。新经济社会学虽然给出构建了嵌入性分析框架，但是受到社会学学科性质的限制，并不能将这些维度完全运用到金融发展的研究中，也不能完美解释其影响机制。因此，本节将综合经济学中的地缘经济学、政治经济学、行为金融学等学科来阐述经济关系是如何与社会关系相嵌入的。

根据本书第 7 章研究内容，一方面，回顾嵌入性相关理论的分析维度，结构嵌入性是表明主体所嵌入的社会网络予以主体逾额价值，这些逾额价值包括信息和资源方面的优势，即主体在网络中的地位决定了其享有哪些优势。早期在互联网技术出现之前，结构嵌入性这一概念实际上更倾向于对一个地区地理禀赋的强调，然而随着时代的发展、技术的进步，对结构嵌入性的理解不能只局限在对地理位置的研究这一层面，其影响已经逐渐变弱。另一方面，在经济学研究领域中，经济学家对政治、文化、地理位置等因素影响经济发展的作用已进行过深入研究，并形成了比较成熟的理论体系。借鉴社会学的研究视角和研究方法，将经济学与社会学中嵌入维度的研究相结合，分析离岸金融市场发展的社会结构，能够从跨学科角度阐释本章的主题。

本章聚焦于香港离岸金融发展，由于嵌入性分析涉及范围过于宏大，为具体分析不同的嵌入维度如何对香港离岸金融市场发展产生推动作用，本章将从这些维度中选出四个具有代表性的指标进行研究，力图清晰表达香港离岸金融市场发展动因的社会学机制。

9.3.1 结构嵌入性

(1) 嵌入要素

Granovetter（1985）在其结构嵌入性分析中强调结构位置对经济主体所产生的经济效应，并使之成为结构嵌入性分析的核心。而区位经济学、金融地理学、金融产业集聚与信息外溢效应等经济学理论已从国际金融中心、离岸金融中心结构位置的角度对其演进与发展机制做出了有力解释。

区位经济学认为，在不同空间布局上，人口分布、市场供求、资源分布等状况不一样，经济主体的额外经济利益就具有非常大的差异。不同的区位决策主体对不完全流动、不完全可分的生产要素与产品服务的依赖程度不同，从而对距离、市场、资源分布、环境等状况的要求有所差异（李静等，2014）。关于金融企业的选址标准，关键要将一个地区的地理位置、政治、文化、经济开放度等综合条件与其他地区进行比较，以便判断是否能使该企业获得更大净收益。根据金融产业集聚理论，正是因为一些具有共同性或互补性而联系在一起的金融企业和机构，由于地缘上接近，这些金融企业和机构所在地可以形成强劲、持续的竞争优势。从各大离岸金融中心的发展过程中也可以发现，“金融中心是金融机构和金融市场聚集的结果，是金融企业高度集聚后的产物”（Pandilt et al.，2001）。产生今天这些离岸金融中心的主要地域条件包括便捷的地理位置、稳定的政治局面、完善的基础设施、健全的金融法律法规、专业化的金融法律服务、优惠的税收政策等。同时离岸金融中心全球范围布局状况呈现出显著的地缘性和时区性特征。

金融地理学对国际金融中心形成的决定因素的解释重点落脚于金融资源流动性和信息作用等方面，其研究和信息经济学互相统一。从信息外溢效应角度来看，金融业对信息的依附水平很高。一方面，信息能否及时得到，不仅关系到金融机构的风险控制，而且影响到金融机构的发展步伐和方向，甚至决定着金融机构的生死存亡。金融集聚地是地区乃至世界金融信息的源泉或扩散中心，具有很强的信息收集优势。在金融集聚地，信息的共享和传递迅速，成本较低，甚至具有公共产品的性质。另一方面，金融机构能够在金融集聚地获得知识的外溢效应及产业内差异性、互补性的知识外溢效应等。距离是影响信息传递的重要因素，在地域上的集聚有利于金融机构争夺有限的市场资源，缩小与市场的距离。金融地理学认为，决定金融经济中心最重要的因素体现在信息外在性、不对称性及信息局限等方面。研究者可以借助信息外在性和路径依赖来熟悉国际金融中心在一定地域范围内形成金融霸主地位的原因，而通过信息不对称性和信息局限理论来阐述国际金融中心的取代机制。

（2）嵌入机理分析

香港经济腾飞以及其金融中心的形成都得益于其有利的地理条件。香港位于东经114°15′，北纬22°15′，北邻我国经济特区深圳市，南对广东省万山群岛，往西与澳门隔江相望，拥有成为国际金融中心的得天独厚的地理位置。整个香港地区由三部分组成，分别为约78平方千米的香港岛、约50平方千米的九龙半岛以及约968平方千米的新界内陆地区和262个大小岛屿（离岛），总体面积占比只略超过我国总国土面积的万分之一。香港土地和水域的管辖面积总和在2755.03平方千米左右，水域面积率高达59.9%，管辖区域甚至大于其土地面积。即使香港房地产业曾兴衰交替，然而，事实上其已开发土地还不到总面积的25%，自然保护区和郊野公园的面积高达40%之多。由于回归祖国之前英国的殖民主义政策，香港一直作为一个自由贸易港而被英国统治。香港的进口物品关税征收政策极其宽松，除烟、烈酒和动力用燃油外，其他物品均免收进口关税。香港的市场化率非常高，从英国殖民统治时期开始，经济就素以贸易自由、税率低和政府干预少而闻名全球。香港曾被多个国际著名评级机构评选为全球最自由的经济体，著名学者米尔顿·弗里德曼更是将香港作为世界自由经济的典范。

香港是亚太地区的交通要道，也是著名旅游胜地之一。香港的公共交通系统非常发达，交通运输网由铁路、小轮、公共汽车等组成，交通网遍布全港，线路几乎覆盖了港内每一角落。作为国内外重要的商港之一，其航运往来业务涵盖了100多个国家和地区的460个港口，形成了以香港为运输核心，航线通达五洲三洋的海上运输网络，从香港通往世界其他地方的航线多达20余条。香港的航空运输业也同样发达，作为国际航线重要中转地，是国际友人到达内地经商和旅游的常经之地。2009年，外地旅客经香港到达的人数已超千万人次。内地居民往返于内地和香港之间也非常频繁，每日穿梭在内地和香港之间大约有130班轮船、100班航机、超过400班列车及40200台次车辆，为香港和内地居民的互相往来提供了极大的便利。目前，香港已然成为内地居民的购物天堂。

香港是著名的国际航运中心，更是发达的地区贸易中心。从金融地理学与金融聚集效应来看，香港之所以能成为国际金融中心，是因为香港拥有无法被邻近国家和地区替代的优越地位。若以吞吐量来估算，香港的集装箱港口无疑是全球最繁忙的货柜港口之一；而用乘客量和国际货物处理量来估算，香港国际机场也是世界最忙碌的机场之一。巨大的货物吞吐量和国际机场客流量更是夯实了香港世界第十一大贸易实体的地位。

（3）小结

综上所述，结合区位金融学理论来解释香港离岸金融市场的结构嵌入性可知，香港较优越的地理位置和自然禀赋条件为其成为国际金融中心打下了坚实的基础。对外施行的开放政策以及发达的海上、航空交通路线使得香港处于世界网络结构的中心位置，外连亚欧各大经济体，天然的有利地位使得世界各国的资金纷纷输入香港境内，加之其发达的进出口贸易和金融产业链，很难不让香港成为亚太地区乃至世界上重要的离岸金融市场之一。

当然，香港最有利的地理条件在于其作为中国的一部分，又是毗邻内地最发达的经济区之一，受到内地各项政策的有力支撑，使其能平稳度过离岸金融市场发展过程中遭遇的各种危机。然而香港同时也受其占地面积和人口数量的限制，存在经济体量较小、经济纵深不够、内部消费能力较弱的劣势。

9.3.2 政治嵌入性

(1) 嵌入要素

社会学家发现经济活动和政治活动之间有很复杂的关系。经济活动的频率和复杂性与政治活动的频率和复杂性呈正相关（斯梅尔瑟，1963）。社会学家恩伯（1963）认为经济活动和政治活动有相互增进的作用——可能是经济活动越复杂，冲突、不平等和不和谐等现象就越多，需要政治力量加以协调；也可能是政治、法律体系越复杂、越制度化，就越能为经济的蓬勃发展提供保障。

政治一词在社会学中一直没有统一的解释，其内涵的复杂性使得各学者对其阐释也充满了争议。一般来说，政治多指政府、政党等治理国家的行为。斯梅尔瑟（1963）认为，要弄清楚经济与政治之间的关系，一方面要找出有利于发展民主政治的经济条件，另一方面则要找出社会上正式群体与非正式群体的权力结构。20 世纪 50 年代以来，有关由精英掌握国家权力、还是由多数人掌权的争论频繁出现在社会学、政治学的论述中。显然，不一样的权力结构将会导致不一样的利益集团。利益集团对经济的影响一度被社会学家和经济学家所关注，而随着金融发展对一国经济影响程度的加深，越来越多的金融学家开始研究利益集团对金融发展的影响，正如本书第 5 章研究所指出的，利益集团的存在对金融发展起到了阻碍作用。

金融自由化已经成为国际金融中心发展的本质要求（Meyer，1991）。国家或地区对内宽松、高效的制度安排和对外开放的政策环境是实现金融机构自由运行的必要条件。因此将政治要素作为衡量金融发展的变量就显得十分必要。国家或地区的政治环境、政府的经济干预及金融业和其他产业中既得利益集团都对当地的金融发展产生或积极或消极的影响，此点对离岸金融市场发展的影响来说更甚，原因在于离岸金融市场就是在经济全球化开始推进和以美国为首的发达国家实施较多金融管制的背景下产生并快速成长起来的，离岸金融业务开展地就是将宽松的监管和低税收等优惠政策作为主要吸引力，从而在国际金融交易活动中占有一席之地。

政治环境是一个国家或地区的政局稳定性、大政方针和选举制度等的政治制度安排，对该国或地区金融发展有着不容忽视的影响（Bordo & Rousseau，2006）。一方面，金融机构往往偏向于选择政局稳定，政治制度较为开放、友好的地区开展业务。金融服务产业总是以企业集聚的方式呈现再形成金融中心，金融中心更是金融企业高度集聚的结果，因此金融机构的进驻可以为该地区的金融产业发展奠定必要的基础；另一方面，一个政局稳定、政治独立的国家，对经济发展的路径会提出更高的要求。因而建立一个开放、有效的金融制度必然成为加强金融产业发展、优化资源配置，使其成为政府控制资本积累、享有金融红利的重要政治手段。在制度经济学中，制度被认为是一个组织中规范组织成员交易活动的规则，它通过界定和限制交易主体的选择集合来减少交易的不确定性，从而降低交易成本。众多学者已通过探究表明制度演变会推动经济发展。实际上，金融制度变迁可通过产权改革、激励调整、降低交易费用来影响金融资源配置、金融技术创新和金融结构调整这一路径实现经济发展。

（2）嵌入机理分析

香港的政治制度在回归前和回归后存在着相当大的差别，其政局的稳定性也因此而受到影响。在香港回归前，1982 年 9 月英国首相撒切尔夫人访华，中英关于香港问题的会谈陷入僵局，香港政治氛围陡然紧张起来，香港人心浮动，部分岛内资产被迅速向国外转移，国际炒家趁机对港元进行大肆投机操作，港元遭遇持续贬值，对香港金融市场的稳定造成了巨大的冲击。

随后在 1996 年，临近香港回归之际，香港政局虽有短暂动荡，但是中国政府积极落实的“一国两制”方针和“港人治港”等一系列政策，有效安抚了香港市民和国际投资者。随着香港特别行政区筹备委员会的组建，整个香港政府的政治交接得以有条不紊地进行，香港经济呈现出空前繁荣景象。政局的稳定引来外国基金大举进入香港股市，彼时的香港股市连续 7 次创历史新高，由 1995 年底的 10073.39 点升至 1996 年底的 13451.45 点。而在此之间，香港的对外债务由 1995 年的 58.82 万亿港元上升至

1996年的61.68万亿港元，对外债权由55.45万亿港元增加至58.34万亿港元。正是由于当时政局的稳定，投资者信心增强，才使得当时香港离岸金融市场的规模稳健扩大。香港回归之后，内地的政策支持使得香港离岸金融市场稳定发展，除受2008年金融危机影响之外，香港地区CPIS数量一直持续上涨，至2014年已达到11689亿美元。

除了受到政治制度和政局稳定的影响之外，香港离岸金融市场的繁荣离不开其法律制度的强有力保障。法律体系作为政治制度的衍生产物，影响着辖域内的经济金融发展。香港特殊的历史背景决定了其法律制度的渊源直接来自英国，法律的制定与实施也都追随英国，其随着时间的推移逐渐形成了由《英皇制诰》等宪法性文件、衡平法、普通法、条例、附属立法、判例和习惯法组成的法律体系和法律制度。因此严格意义上来说，香港的法制建设早于内地，其完善程度也远高于内地。总之，完善的法律框架明确了离岸金融市场的运行规则，保证了离岸金融市场在稳定的环境中运行，有效控制了离岸金融发展面临的各种纠纷和风险。

(3) 小结

香港离岸金融中心的形成和发展是个渐进的过程，其稳定的政治环境、颇具竞争力的金融产业政策是离岸金融市场发展的关键推动因素。香港回归祖国以后，“一国两制”政治体制为香港的繁荣发展奠定了基础，稳定的政局以及完善的法律制度对离岸金融业务极具吸引力，成为各类离岸金融业务平稳运行的重要保障。

9.3.3 文化嵌入性

(1) 嵌入要素

“文化”一词几乎涉及社会科学的所有领域研究，然而深究其核心内涵，却又没有一个精准的定义。且在各学科之间，对“文化”一词的沿用，其意思都不尽相同（Trosby，2000）。

社会学家Weber（1904）于其著作《新教伦理与资本主义精神》中从宗教角度解析文化对经济活动的影响，认为新教的教义要求每一个人都应“专精于”一个行业，人与人的社会关系也应合乎理性。由此，才使得新教的苦修精神与资本主义精神二者之间建立相关联系。信仰新教的人，抱着救世态度，过着规律生活，妥善运用自然资源，并使人际关系趋于和谐。因此，新教造就了中产阶级，也创造出许多新的社会制度。然而在Weber之后，有社会学家指出Weber仅用宗教信仰来解释经济发展的原貌是存在局限性的，因此产生了后来的国家主义观念，认为国家主义会促成工业化，进而刺激经济发展。

在经济学领域中，虽然文化同样扮演着较为重要的角色，但经济学家在对文化进行定义时，也有着各自的理解。Guiso等（2007）认为文化是一种社会约束力，它使得习惯、信仰、价值观、道德和宗教的传承维持不变。社会学家Dimaggio（1997）从社会学角度对文化进行解读，提出经济本身就是一种“文化体系”。他在其“约束”与“促成”二分法观点中提出，文化不仅“约束”个人的行为，也“促成”了人们的交流和决策等。Trosby（2001）提出文化是划分并聚集人类群体的一整套价值观、信仰和传统习俗，也是一种识别和聚合人类群体的过程。同时，Trosby（2001）进一步深化了前人对“文化资本”概念的研究。他认为，文化价值的积累最终会以资产的形式表现出来，而随着时间的推移，文化价值的积累就会使得商品既有文化价值又有经济价值，这就是文化资本。“文化资本”概念的提出不论是对经济学家还是社会学家，在后续对文化与经济发展之间关系的研究中，都产生了较为重要的影响。

文化资本作为经济发展的源泉（高波，2004），可以给大家带来连续收益的价值观体系，它决定着经济发展的主要生产要素，并可以成为其自变量。Bourdieu（1986）认为地域、习俗和资本是文化资本中三个最重要的概念。在他的定义中，场域就是位置间的网络或者构型。场域的相对独立性、结构性和历史性决定了场域内不同位置的主体在场域动态发展的进程中不断地进行着权力斗争，最后使得地域内的习俗形成了文化资本的三种形态：具体化形态、客观化形态以及制度化形态。而文化资本经过再生产，即文化资本后天习得、增值的过程，会进一步推动经济的发展。

在20世纪80年代之前，文化一直是以给定外生变量的形式出现在金融学研究领域中。然而随着新制度经济学的发展以及金融研究的深入，金融学家们开始重新审视文化，并将其作为影响因素纳入金融发展的研究中。North（1990）从制度经济学角度定义文化，他认为文化是一种信息，在社会中进行传递并最终被传承下来。文化产生了轨制中的非正式约束。同时，North等学者也认为文化演变的过程就是知识积累与传播的过程

（Mantzativos et al.，2004），知识溢出效应对文化嵌入性做出了合理的解释。知识溢出效应认为，在产业活动空间集中的地区，知识人才在不同地区范围内的流动以及在与不同人群的互相交流过程中，不仅促进了知识在不同群体和地区之间的传播和扩散，还能够创造出新的知识来促进地区的各种技术取得进步（Malecki，1997）。而社会网络与社会资本又将不同的个人、群体、产业和区域有效地连接起来，基于社会网络与社会资本形成的具有历史延续性、建立在共同信任及理解基础上的联系，能够有效地交换信息，降低交易成本，从而促进集群中知识的持续流动和扩散，使得区域内接受相同知识的群体达到相近认知水平，提高了经济主体交换思想的效率，降低了科学发现和科学商业化的成本，进而促进集群的发展和创新产出的增长。

此外，从新制度经济学角度来看，文化会影响制度选择和制度绩效，从而影响市场主体的经济行为。文化决定着人际间行为选择、互相影响的方式。文化的变迁是人际间互动、博弈的结果，如风俗、信任等的形成，在这个过程中形成了集体主义文化与个体主义文化，并由此对制度变迁产生影响。新制度经济学认为，在影响经济发展的制度安排中，隐形的意识形态，如习惯、价值观等因素会影响人们的行为选择，相似的文化可以增强认同感从而促进合作，优秀的意识形态决定制度创新方向和进程。North（1994）认为非正式制度是正式制度的延拓，其来源于价值的文化继承。合适的非正式制度在节约交易费用以及提高效率方面的效果非常显著，从而更好地推动经济发展。

（2）嵌入机理分析

虽然香港被英国占领了一个半世纪之久，但由于香港本地居民中超过90%都是华人，香港文化的根基仍是中华传统文化。在此文化基础之上，英国人在100多年中附加给香港社会的是自由资本主义的意识形态。这种将中国传统文化和殖民主义掺杂在一起的多元性、混合性意识形态渐渐渗透香港各阶层，形成了香港独具特色的文化，并引导香港人民的一切社会活动。

香港文化堪称中西方文化碰撞后的结合。崇尚中华传统道德风尚、价值观的华商和注重物质主义、个人主义的外商，在香港经济发展100多年中都凸显了各自存在的价值。英国也曾通过多种途径对香港输入资本主义文化，如一直实行自由经济的政策，并且其文学艺术等文化也是完全开放的。尽管香港受到了中西方文化的影响，但仍保留了华夏儒家和道家的主流思想，注重人文主义，主张中庸之道。

(3) 小结

文化开放与经济开放相辅相成。香港的经济自由度和开放度举世闻名，除了归结于英国曾经的殖民统治和大陆“一国两制”“港人治港”的政治因素外，也要得益于香港海派开放的思想文化氛围，使香港形成“积极不干预”的经济哲学思想，进而使其市场向全世界开放，与外界进行广泛而密切的商品、技术和信息的交换。如此的开放和交流为香港离岸金融市场的形成提供了关键的文化基础，开放的文化氛围为离岸金融业务的扩张提供了更多的客户，增加了其自身的吸引力。

9.3.4 认知嵌入性

(1) 嵌入要素

Hayek (1949) 对人类的理性的观点是，对于整个社会演化来说，人类的理性是微不足道的。人类文明的成果，如语言、文字、宗教和法律等，并不是人类“精心设计的结果”，而是经验和知识逐步累积的成果。这种累积不仅依靠个人，还通过社会的互相作用演化而来。新制度经济学也提出，新古典经济学中对经济人的超理性假设是不准确的，因此提出人的理性是有限的假定。North (1994) 提出，人的理性包括以下两个层面的内容：一是人们在面临非常复杂和不确定的环境下，往往获得的信息也不完整；二是人不可能无所不知，因为人对所处环境的认识和估算能力是一定的。由此，经济人的理性应是一种基于认知的理性，是在一定社会环境下，通过交换信息、不断学习等方式在其所掌握的信息范围内做出的理智行为，与新经济社会学中的认知嵌入性是一致的。

“认知理性”这一概念最早是由社会学家 Boudon (1998) 提出的，宗旨是为了调和“价值理性”和“工具理性”的冲突。我国学者黄凯南、程臻宇 (2008) 认为，认知理性是具有完整生物神经系统的个体，经过生物调节以及对社会学系等多个层次过程的了解，建立起适应外在环境信号的一种有效的认知模式，这种模式可以提高人类的生物适存度，增强个体与各种外部境况的相互适应性。

North（2000）认为心智模式（Mental Models）在认知能力发育的过程中担负着组织认知和保存记忆的责任。心智模式是完全可以被修正或彻底否定的，原因在于它只是人脑在结果发生之前对环境所给出的推测和愿望。而学习就是对心智模式进行修正的过程。当心智模式被“稳固化”后便演化为能使个体顺应环境的“信念体系”，也就是个体做出决策的依据。在一定个体组织构成一个整体时，整体学习的过程将会发生改变。

从社会层面来看，组织规模在社会组织集体心智模式的演进中起着至关重要的作用。组织在现代组织学理论内被视为分配知识的体系。当各组织进一步发展壮大后将形成组织间博弈的规则——制度。从内部来看，规则就是组织为处理在社会交往过程中反复出现的错误问题而产生的一种集体的心智模式。在离岸金融市场发展进程中，随着时间的推移，特定群体将会逐渐深化与强化对离岸金融发展的认知，由此在离岸金融市场中产生正式制度和非正式制度。制度类型和实施特征将决定知识的形成、扩散和分类所带来的交易成本的高低。这是因为一方面，制度能够对市场行为主体之间的文化进行协调，而特定组织中对于制度共同学习的过程不同将会导致不同的交易成本。同时由于价格机制的存在，共有心智模式在交易过程中得以产生，因此价格机制同样会对市场中的知识协调起作用。另一方面，制度也决定了竞争的方式与频率。公司为提升竞争力、提高收益，将会加深对科学知识的运用，同时也会进行一定程度的知识创新，从而在该市场中自发产生技术进步。

（2）嵌入机理分析

经济活动主体进行理性计算和行为选择时，很容易受到周边环境和原有思维意识的引导或制约。很显然，离岸金融业务开办时间的长短会影响经济主体在离岸金融市场发展过程中的认知与行为。离岸金融业务开办时间越长，经济主体就会越了解整个离岸金融市场的运行规律，对市场出现的预警信号也会做出更加敏锐的判断与反应。随着对市场规律的探索，当局也会顺应金融发展规律制定适合当地金融业务开展的法规与政策。香港离岸金融市场的产生和进步显然离不开其经济主体对当地金融发展以及离岸金融业务的深刻认知。

亚洲离岸金融中心的成形是在 20 世纪 60 年代，而早在 20 世纪 50 年代，香港就已凭借其政策优势，成为境外货币贷款的自由市场和转口贸易结算中心。继香港于1973年和1974年相继开放外汇市场和黄金市场后，香港银行业的外币存款量激增。由1971年的1704美元上升至1975年的66.28亿美元。然而，最初对离岸金融市场的认知偏差使得香港当局开始担心外币过多流入会对港元造成冲击，进而影响出口。于是在之后的3年中，香港政府开始对境外货币存款征收15%的利息预扣税，并在1979年对境外美元借贷交易征收17%的法人税，在此之前，香港政府对于这项交易是实行免税政策的。上述决议影响了香港离岸金融市场的发展，使得香港银行业外币存款数额急剧下降，同时也缩小了外币贷款市场的规模。随后香港政府便深刻意识到这一错误，最终在1982年取消了外币存款征收利息所得税的政策条约，并全力开展离岸金融业务。因此，一系列离岸金融政策的出台及取缔的过程，不仅反映了香港政府对当地离岸金融市场形成过程中认知的改变，同时也促进了香港离岸金融业务范围的扩大。

（3）小结

由于香港离岸金融市场开办时间较早，其离岸金融市场发展的时间相对较长，在整个发展过程中香港积累了应对各种金融危机的丰富经验。一方面，银行业是离岸金融市场的重要力量，金融机构认知的深入使得香港愈加了解整个离岸金融市场的运行规律，提高了香港银行业的创新水平与安全意识，能够对市场出现的预警信号做出敏锐的判断与反应；另一方面，香港特区政府在应对宏观经济波动上的强大认知，有助于在离岸金融市场监管的问题上出台适用的法律法规，保证离岸金融市场在可控的范围内运行。

9.4 研究启示与政策建议

20世纪50年代，离岸金融市场作为一个监管宽松、税收优惠、利率低廉的世界货币交易市场，受到发展中国家的广泛青睐，主要目的是以借款人身份参与国际离岸金融市场交易，利用国际资金发展本国经济。20世纪60年代后，由于离岸金融蓬勃发展，为开办地带来巨大经济收益，诸多国家开始效仿放宽税收及金融政策，积极开办离岸金融业务。在中国目前国内国际双循环格局之下，国际金融环境较不平静，亟待扩大金融开放，加大离岸金融业务开办力度，争取建立起离岸金融市场，倒逼金融制度改革，加大国际金融人才培养力度，推动对国际金融资源的充分利用。因此，香港离岸金融发展的制度嵌入性能够为我国离岸金融市场建设提供有益的启示，本节借此提出引导离岸金融发展的对策建议。

9.4.1 研究启示

（1）结构嵌入性

根据上述对香港离岸金融发展的结构嵌入性分析可知，离岸金融市场的形成与该地所处的地理位置及网络结构关联性极大。中国香港正是由于其得天独厚的地理条件而成为举世闻名的离岸金融中心。中国内地虽然幅员辽阔，但兴建离岸金融市场的关键在于如何进行合理的区位选择。上海国际金融中心当仁不让地成为中国内地建设离岸金融市场的首选，同时按照服务区域经济的逻辑，我国粤港澳大湾区、海南自由贸易港以及十多个自由贸易区都具备试水离岸金融业务的天然优势。中国如今最有发展潜力的城市集中在上海、北京、广州和深圳等特大城市，与其背后所依赖的经济发展实力密不可分，同时这也印证了最早的国际金融中心往往首先出现在经济较为繁荣的海港城市的历史经验。

（2）政治嵌入性

香港离岸金融发展有其独特的政治影响因素，这种政治因素是由香港独特的历史背景而形成的，并非简单模仿就能奏效，如香港的政治制度、法律制度等。香港离岸金融市场的形成与发展在很大程度上离不开内地的有力支持。反观我国在开展离岸金融业务的过程中，相较于香港来说，内地有着更为稳定的政局，已然在逐渐完善法律体系，可以设立特定区域先行先试，鼓励离岸金融业态不断落地。

香港离岸金融市场的构建自然离不开当地政府在政策上的扶持。优惠的税收政策、相对灵活的资本账户管理，以及自由市场经济机制，便于国际资本进出香港，最终使其资本市场成为世界上最活跃的交易场所之一。从政治嵌入性的角度来看，香港离岸金融市场因有利的宏观经济政策环境而在国际上赢得广泛声誉，成为国际资本流动所偏爱的区域性金融中心。但若没有中央政府相关政策扶持，任何一个地区的离岸金融市场都不会得到很大的进步。同理，内地离岸金融市场也必须进一步深化金融制度改革，合理选择离岸金融业务开办地，并对开办地给予相应的优惠政策。

（3）文化嵌入性

香港经济的开放与其文化开放的程度密不可分。首先，香港的“积极不干预主义”经济哲学是其经济高度自由的文化基础，其次香港银行业长久以来形成的银行文化也在进一步影响着香港离岸金融业务的开展。然而文化的形成过程较为漫长，并且香港开放的文化环境也受到自身特有的历史因素影响，因而简单的文化效仿并不能对我国离岸金融市场的发展起到积极的推动作用。文化环境会随时间的推移而变迁，文化的形成需要时间的积淀。虽然目前整体文化大环境难以改变，但是在金融行业，尤其是银行业文化制度的建设仍可以效仿香港，将文化自信倡导到内地离岸金融市场的建设中来。

（4）认知嵌入性

只有正确地认知风险才可能有效地管控风险，香港因为较早开办了离岸金融业务而积累了丰富的经验，与当时金融监管机构对离岸金融收益和风险的科学判断不无关系。同时由于离岸金融早期多是银行业务，银行业一直贯穿香港离岸金融市场萌芽到腾飞的始终，其兴衰与成败积累了对离岸金融市场的深刻认知。依目前的经验来看，只有银行业经营稳健、运行良好，才能有效地保障离岸金融的稳定有序发展。因此，加大对银行业的投入力度，强化银行业务创新能力是目前构建中国离岸金融市场的关键。此外，对离岸金融市场认知的不足意味着金融监管和从业人员人才的匮乏，因此我国在发展离岸金融市场时，应注重人才的培养培训机制，加大国际复合型金融人才的引进力度。

9.4.2 我国发展离岸金融市场的政策建议

（1）构建内外分离型离岸金融市场

从认知嵌入性的角度看，中国的离岸金融业务开办时间较短，曾在1998年因亚洲金融危机一度被叫停，其中管理层对离岸金融的认知发挥了内在主导作用。从香港离岸金融市场建立的经验分析，其模式的选择与一国或一个地区的市场化程度、金融市场自由度、金融基础设施完善程度密切相关，并且当地监管环境宽松与否也是不可或缺的影响因素。香港的内外一体型模式更适合自身经济体量较小、需要借助国际交易与国际结算的途径来推动经济发展的市场主体，而中国的离岸金融业务具有广阔市场的鲜明“中国特色”。因此在离岸金融市场类型选择方面，内外分离型离岸金融市场模式应是我国开办该业务的首选模式。主要原因在于我国市场化程度、金融市场自由度、金融基础设施完善程度并未达到相应水平，对金融风险掌控和金融危机的应对经验还有待积累。又因为离岸金融极易对在岸经济产生冲击，内外分离型还有利于避免离岸金融市场的变动对国内经济、金融产生的不良效应。

（2）完善相关法律法规制度

本书前言中已经分析，我国离岸金融业务发展并不尽如人意，主要因为离岸金融发展对中国金融的监管制度提出了前所未有的挑战。对于金融发展不完善的发展中国家来说，离岸金融业务的开办会带来巨大风险。不仅开办地可能成为犯罪分子的洗钱天堂，自由流通的全球资本也会将风险与危机带到全球每一个地方。因此，我国在发展离岸金融市场的同时，应尽快完善与离岸金融市场相关的法律。事实上，我国并没有一部比较系统完整的法律法规可以对离岸金融业务的开展做出规范，对于离岸金融市场的准入条件、经营业务范围、税收安排以及保密义务等内容还均有待细化。因此我们应在借鉴国外立法经验的基础上，进行多方沟通和协调，尽早制定出相关的法律法规，保障离岸金融市场参与者的合法权益，并制约参与者的行为，对不法分子起到威慑和制裁作用。

（3）深化利率市场化改革

在我国金融双向开放进程中，汇率和利率市场化机制改革是其中的重要任务，资本项目的自由兑换也应是未来的必然趋势，在上述改革尚未成熟之前，我国离岸金融市场管理模式的选择仍然受到诸多限制，以至于我国离岸金融市场国际竞争力不强，无法吸引大量国际资本流入。但由于我国目前的金融制度在抵御风险方面的能力仍然不够，商业银行的市场化体系仍处于不断完善中，内部控制和风险管理机制也还有待提升，因此，基于我国金融体系稳健发展的考虑，利率市场化改革应谨慎进行、稳步推进，构建一个较为温和的市场化过渡机制。只有成功推进利率市场化改革，才能为推动进一步的汇率自由化改革和资本账户自由兑换打下基础。

(4) 提升商业银行业务创新和风险管控能力

开办离岸金融业务对我国商业银行的业务能力提出了更高层次的要求。商业银行不仅要在离岸金融产品创新方面有所作为，而且全面防控扩大离岸金融市场将要面对的危机。由于离岸金融市场的监管程度较低，资金流动相对自由，离岸银行应有更多的创新机会与更大的创新能力，然而这种创新应是在政策条件要求之内的创新。在开办离岸金融业务过程中，商业银行最常见的风险莫过于信用风险，利率、汇率风险和法律风险等。信用风险的规避需要依靠建立信息采集系统来完成，由此对我国商业银行分析市场和客户信息的业务提出了较高要求。汇率、利率变动所带来的风险依靠离岸银行推出多种金融工具、降低经营成本来规避，如通过无本金交割的远期汇率交易合约和远期利率掉期合约等产品进行风险规避等。总之，商业银行要掌控金融风险，必须对规避风险的金融工具进行创新，使其能够在离岸金融业务开展的过程中及时发现、识别和分析风险，并进一步制定相关的对策来化解危机。

9.5 本章小结

香港离岸金融发展受到制度嵌入性因素的影响，尤其受其独特的历史内在成因和外在表现因素影响。本章在讨论香港离岸金融发展的经济效应基础上，采用经济社会学的相关理论方法对香港离岸金融市场发展的动因进行了分析。阐释香港离岸金融中心快速发展背后的机理，厘清阻碍离岸金融演进的因素。本章着重从结构、政治、文化、认知四个嵌入角度对香港离岸金融市场的形成与发展进行了解读，得出香港离岸金融发展离不开其优越的地理条件、稳定的政局、开放的文化环境以及对离岸金融市场正确认知的结论。

香港离岸金融市场从20世纪60年代形成之初到21世纪初的腾飞，再到今天的稳定运行与发展，其间曾饱受来自政治、经济各方面的危机和压力，通过香港特区政府的努力和中央政府的支持，其不平凡的发展过程为世人瞩目。从目前香港对外债权与债务、当地CIPS两个指标来看，整个离岸金融市场的发展已处于世界领先地位，且为香港带来了正向的经济影响。本章着重从增加财政收入、培养高素质金融人才、调整经济结构等几个方面阐述了香港离岸金融市场的正向经济效应，同时也认为离岸金融市场的发展为香港带来了诸多挑战，如影响宏观经济的稳定和货币政策的效果、增加金融监管压力等。

香港离岸金融市场的发展历程同样也为内地进一步发展离岸金融业务提供了经验与启示。从嵌入性分析的结构、政治、文化、认知四个视角入手，可得出香港离岸金融市场的发展对内地开展离岸金融业务的四个启示。鉴于社会嵌入在香港离岸金融市场演进过程中发挥的重要推动作用，内地应逐步展开离岸金融业务试点，进一步深化金融制度改革，对开办地给予相应优惠政策。尤其在国际循环中部分中资企业正在谋求“走出去”的大背景下，更应放宽市场准入限制，积极进行金融产品的创新，鼓励红筹企业发行离岸人民币债权，加强国际监管合作，防止离岸风险向内地渗透，最终防范系统性金融危机。

10 开曼群岛离岸金融发展的制度嵌入性

开曼群岛位于中美洲加勒比海西北部，属于英国海外殖民地。20 世纪 60 年代至今，开曼群岛从几乎没有实体经济的岛屿群落演进成为著名金融中心，是继伦敦、纽约、香港、东京之后的世界第五大离岸金融中心，也是离岸金融中心形成与发展的典范。

开曼群岛的成功不单有独特的历史原因，更有地理、经济和社会因素。开曼群岛拥有的地理禀赋和根植于自身经济特征的后天制度体系在其离岸金融市场演进过程中发挥了举足轻重的作用，这些被新经济社会学称为“嵌入性”的特质突出表现在：第一，尽管开曼群岛司法管辖区在内部政治事务上有一定的独立性，但英国支持并控制着它们。英国女王任命了辖区的许多高级官员，她的头像印在开曼群岛的邮票和钞票上。与英国在政治上保持高度统一，保证了开曼群岛的政治稳定。第二，开曼群岛等加勒比海离岸金融市场凭借其优越的地理位置，吸引了大量来自美国的国际资本流入，成为其发展离岸金融业务的最大优势。第三，从开曼群岛政治制度衍生出的法律和监管制度为开曼群岛离岸金融发展保驾护航，也为开曼群岛赢得了良好的国际声誉。上述特征较好地契合了新经济社会学所提出的制度嵌入性思想，制度嵌入性成为对开曼群岛离岸金融发展史的极好概括和总结。

本章将在回顾新社会经济学的制度嵌入性理论和现有国内外文献基础上，从正式制度下的政治制度、法律制度、监管制度以及非正式制度下的地理禀赋、国际关系五个维度分析影响开曼群岛离岸金融发展的制度嵌入性因素。将嵌入性视角应用于开曼群岛离岸金融市场的分析中不仅有助于拓展嵌入性理论的研究维度与层次，也能在一定程度上丰富嵌入性理论的应用范围。此外，在我国扩大金融开放、积极参与全球一体化的时代背景下，探究开曼群岛离岸金融市场发展的制度因素，对于促进我国金融资源有效配置、创新离岸金融发展具有重要意义，也可以为中国自贸区（港）等试点离岸金融业务提供新的思路和政策参考。

10.1 文献回顾

10.1.1 关于离岸金融市场的发展动因研究

国外学者首先探讨了离岸金融市场的发展特征和发展动因等方面。Davis（1990）认为较大的离岸金融市场自由化程度更高，金融机构聚集的可能性更大，这是因为离岸金融的出现便是由于当时某些西方国家的政府管制较为严重，资金更倾向于流入金融自由度更高的地区（Palan，1998）。金融管制是影响一个地区金融发展的基本变量（Cobb，1998），放松管制的经济体开放程度更高因而对国外直接投资和贸易的吸引力更大（Raposo，2013）；部分学者从税收的角度分析，认为离岸金融中心常被作为避税天堂和洗钱中心，对离岸金融发展发挥了决定作用（Hampton，2004；Rose，2005）。一些学者从政治环境出发，将政治稳定性和犯罪率作为变量，研究发现政治高度稳定、资金高度安全会为离岸金融中心带来良好的国际声誉，而声誉是新兴经济体发展离岸金融的必要前提（Masciandaro，2006；Dharmapala，2006）。2008年全球金融危机后，国外学者认识到离岸金融中心的爆发式增长为国际恐怖主义融资提供了便利性（Wulf，2009），故而完善透明的制度环境是离岸金融中心建设的首要标准。进一步地，Foad（2017）和Lundberg（2017）通过分析离岸金融中心吸引外资投入的宏观因素，发现政府的稳定性、制度环境和地理位置的优越性是离岸金融中心吸引外资流入并获得快速发展的关键因素。

国内学者主要基于离岸金融市场的形成原因和必要条件进行研究，学者们普遍认为离岸金融发展的决定因素是多重的。国际金融一体化和金融自由化被认为是离岸金融产生发展的先决因素（刘振芳，1997；左连村，2002），地理条件作为先天禀赋对离岸金融发展的作用同样不容忽视，与国际金融中心处于同时区的地区更容易形成离岸金融市场（巴曙松和郭云钊，2008）。此外，后天因素对于离岸金融的发展也同样重要，如胡坚

(2003) 通过实证分析 1998—2003 年 8 个国家和地区的数据，认为经济发展水平高、经济体系更为复杂的金融市场，其成为离岸金融中心的可能性更高。除伦敦等离岸金融中心初期具有自发因素外，绝大部分离岸金融中心是在政府支持下发展建立起来的（鲁国强，2007），可见政府支持是新兴离岸金融市场建立的主要推动力。许多新兴经济体通过宽松的监管制度和低税负标准，广泛地吸引国外非居民资金流入（张谊浩等，2009）。总之，从现有国内外相关学者研究成果来看，优越的地理禀赋、高度稳定的政局、健全的法律体系和优惠的税收政策是影响离岸金融中心建立与发展的主要因素（杨叠涵和陈瑛，2013）。

10.1.2 关于开曼群岛离岸金融市场的研究综述

开曼群岛是当代国际金融的关键节点，对国际金融体系运转发挥了重要作用，但国际上关于开曼群岛离岸金融市场的研究相对较少（Fichtner，2018）。现有关于开曼群岛的研究多是围绕“开曼群岛是如何崛起成为离岸金融中心”而展开的。

英国海外属地的国际地位赋予了开曼群岛诸多政治优势，为其开展离岸金融业务提供了有利的政治经济基础（Roberts，1997；Hudson，1998；Palan，2010）。首先，开曼群岛稳定的政治和社会形象依赖于其英国海外领地的地位，政局的稳定增加了对国际投资者与国际资金的吸引力（Roberts，1997）。巴哈马原本是加勒比地区离岸金融的领导者，19 世纪 70 年代初期宣布独立后其金融管制日趋严峻，致使大量离岸金融客户转移到开曼群岛进行展业（Ridley，1997），巴哈马的衰落表明开曼群岛保留英国殖民地位的巨大优势（Palan，1996）。其次，基于英国普通法的开曼群岛法律制度具有高度可靠性，开曼群岛政府在相关法律制度上的创新也对其开展相关业务创新起到了保驾护航的作用（Freyer & Morriss，2013）。

开曼群岛离岸金融发展还离不开对于美国的依赖。20 世纪 70 年代是开曼群岛离岸银行业务迅速发展的阶段，这一时期在开曼群岛注册的银行资产中很大一部分是美国银行在其开曼群岛注册分行设立隔夜存款，开曼群岛银行存款的 98%来自美国投资者，如果没有美国客户，开曼群岛就不会有银行业（Fichtner，2018）。直到如今，开曼群岛银行业国际资金的来源很大一部分仍是美国银行将客户资金转移到其隔夜清算账户中（2017 年占所有资产的57%以上）。

部分研究认为开曼群岛创建的制度体系在其成功发展离岸金融中居功至伟。如Freyer和Morriss（2013）认为开曼群岛创建的一套政治外交体系，使其能够在国际金融市场上成功进行金融交易、控制金融犯罪率的同时，还避免了困扰加勒比区域许多国家的政治、种族等问题。而且开曼群岛凭借宪法合法性促进了监管和税收竞争优势，同时制定了一个有效且具有成本效益的监管框架（Fichtner，2018），使其获得了良好的国际声誉。

10.1.3 关于金融发展的制度嵌入性

Granovetter（1985）提出“关系—结构”嵌入性理论分析框架后，Zukin等（1990）在该嵌入性理论的基础上引入制度因素，在理论层次上拓展到社会关系，并将制度因素解构为四个维度，即结构、认知、文化和政治嵌入性。金融市场的运行是建立在各种制度规则基础之上的（陈林生，2013），意味着对经济行为的研究要从制度的各个维度来展开（周业安，2001）。因此诸多制度金融学家开始纷纷着手从嵌入性理论出发展开对金融现象的研究（侯龙龙，2004）。

当今金融行业电子化交易遍布世界每个角落，金融市场依然嵌入厚重的国家政策和国家政治力量之中。江春和许立成（2005）从投资者保护的角度展开研究，认为“法律制度完善的国家对投资者的保护程度较高，金融市场及金融机构将因此而越发达，金融体系也就越有效”。如前章所述，金融市场的发展同样嵌入政治制度之中，利益集团通过影响政治团体，进而影响具体法律框架的制定，从而约束金融交易，以此实现自己的政治利益。另外，金融地理学家们认为金融服务业是具有根植性的经济活动，地理区位对金融集聚乃至金融市场的形成具有重要作用（劳拉詹南，2001）。因此可以说，金融市场的运行嵌入以法律、政治、地理等形式存在的社会制度要素基础之上（费雷格斯坦，2008；王国伟，2012）。

10.1.4 文献评述

综上所述，离岸金融市场是国际金融的重要组成部分，政局稳定、法制健全、地理禀赋优越等制度因素是离岸金融市场形成的关键因素。开曼群岛离岸金融市场的形成与发展自然也不例外。开曼群岛离岸金融市场与英美等国家之间的关系、根植于开曼群岛本土的制度体系，为其适应国际经济形势变化发挥了不可磨灭的作用。既有研究虽然诠释了离岸金融市场发展的动因，对开曼群岛离岸金融市场的发展动因进行了较为全面的探讨，但尚没有学者从制度嵌入性视角展开研究。本章借助制度嵌入性纲领，更全面地揭示影响开曼群岛离岸金融市场发展的制度因素，意在补充现有对开曼群岛离岸金融市场研究的不足，同时丰富离岸金融发展和制度金融相关理论。

10.2　开曼群岛离岸金融发展综述

本节对开曼群岛离岸金融市场几十年演进历程进行综述，意在勾画开曼群岛发展成为名副其实离岸金融中心的全景视图，揭示其发展的动因，从而为进一步制度嵌入分析打下基础。

10.2.1　发展历程

（1）萌芽期：20世纪60年代至80年代

20世纪60年代，美国实行的高税率政策迫使许多跨国公司前往境外低税收地区，通过各种转移定价和金融交易等手段逃避美国的高税收。由于开曼群岛地理上与美国同时区，是历史上的避税天堂，美国跨国公司纷纷在开曼群岛开展业务，无形中促进了开曼群岛离岸银行业务的发展。20世纪70年代，美元体系和地位受到世界经济发展的冲击，牙买加体系宣布世界进入浮动汇率时代，美国宣布允许本国银行开展跨国经营业务，受加勒比区域的税收优惠与宽松监管政策的吸引，大量美国银行在加勒比地区设立国际分行，进一步繁荣了加勒比区域离岸金融发展。据国际清算银行统计，1970—1981年，开曼群岛的离岸银行机构以每年23.4%的速度增加，为开曼群岛离岸金融市场的形成夯实了稳固的基础。

20世纪60年代巴哈马在离岸银行业务方面曾一度领先加勒比地域其他地区，然而1973年巴哈马宣布独立后，为防止国际游资的冲击，巴哈马制定了更加严格的金融管制，国际金融界对其金融开放程度深感忧虑。此间，处于加勒比地区的开曼群岛为了发展经济、吸引投资，率先创设了一系列法律。如颁布《银行与信托公司基本法》以及《外汇管理法》，法律设立的主要意图是创造宽松的税收环境吸引跨国公司来此展开金融交易。

于是，在开曼群岛法律体系逐步完善、发展离岸金融态度日益明朗、金融基础设施逐步建成后，大量离岸公司、离岸银行等离岸金融主体相继从巴哈马转移到开曼群岛，巴哈马的离岸银行业领军地位逐渐被开曼群岛所取代。截至1972年，入驻开曼群岛的离岸公司已超过3000家，信托公司超过300家，诸多私人银行如丰业银行、花旗银行等也相继在开曼群岛登记注册。开曼群岛金融服务体系日益完善复杂，为其成为著名的离岸金融中心奠定了基础。1976—1980年开曼群岛银行资产、负债和注册公司数量对比如图10-1所示。

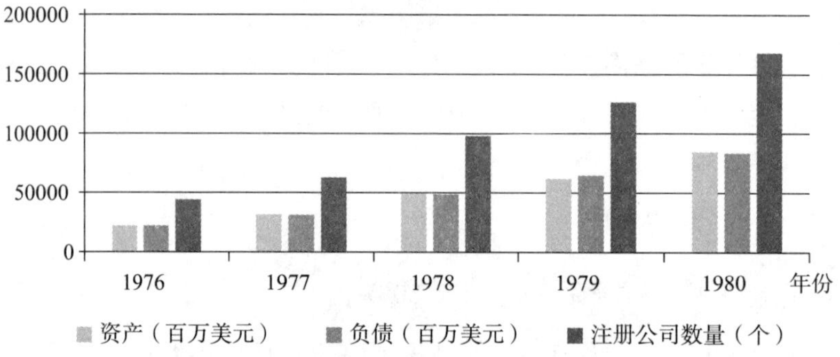

图10-1　1976—1980年开曼银行资产、负债和注册公司数量对比

数据来源：开曼群岛金融管理局。

（2）扩张期：20世纪80年代至20世纪末

这一时期是开曼群岛离岸金融业务多元化发展的阶段。20世纪70年代，全球离岸银行主要经营石油美元，向发展中国家发放美元贷款。进入20世纪80年代，由于第三世界国家“债务危机”频现，离岸银行发放贷款数量急剧下降，单一的离岸银行业务已不能满足境外跨国公司的需求，跨国非居民对信托、基金与保险等业务的需求日益增加，开曼群岛的离岸业务服务功能也因此开始向多样化演进。受高净值人群不断壮大及其金融需求不断膨胀的驱动，开曼群岛大力发展私人银行业务和公司注册业务，保证了开曼群岛金融服务业始终沿着与国际离岸金融需求同步的方向发展。此间开曼群岛致力于提供全方位的离岸金融服务和产品，围绕核心离岸金融业务如基金、保险、信托等提供一系列融资支持服务，成为开曼群岛离岸金融业务多元化发展的因素。

值得一提的是，开曼群岛开展离岸业务的关键优势之一是开曼群岛具备世界级的法律、会计、审计和基金管理公司，可以提供与金融相关的所有学科的专业知识，确保客户在投资管辖区域获得最大收益。截至 20 世纪末期，除银行业务外，开曼群岛拥有 502 个专属保险公司，2000 多家共同基金，近 5 万家注册公司，开曼群岛由此成为全球第五大离岸金融中心。1994—2000 年开曼群岛基金管理人、银行和信托公司数量对比如图 10-2 所示。

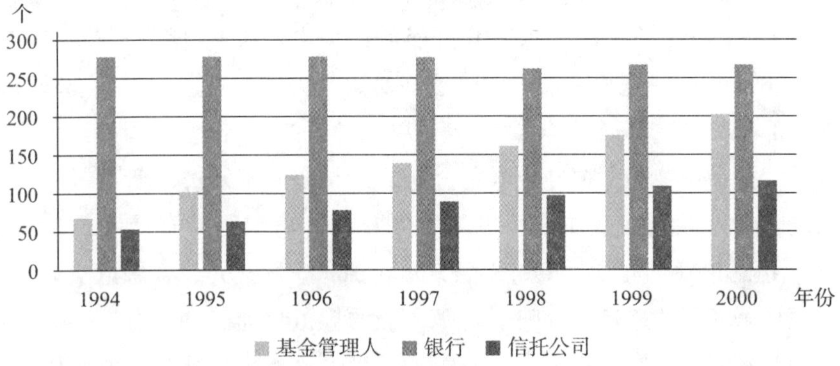

图 10-2　1994—2000 年开曼群岛基金管理人、银行和信托公司数量对比

数据来源：开曼群岛金融管理局。

（3）调整恢复期：20 世纪末至今

随着对离岸金融认知水平的逐步提高，离岸金融衍生工具盛行和对冲基金的兴起加剧了金融体系的脆弱性，给国际社会三个层次的离岸监管带来前所未有的挑战。20 世纪末期见证了国际社会规范全球离岸金融中心的努力以及后离岸金融时代的到来。G8、OECD、金融行动特别工作组、金融稳定论坛、IMF 以及税收正义网等一些超国家组织凭借对离岸金融中心税收天堂的指控，发起了一场声势浩大、对离岸金融中心的责难和动议（Maurer，2008），要求各离岸金融中心重点提升金融监管水平。

开曼群岛作为全球重要的离岸银行集中地，其离岸银行业务几乎承载了对开曼群岛离岸金融中心的所有声讨和指责。此外，离岸金融行业高度的保密制度、低所得税甚至无所得税的做法，不仅为富人提供了避税的机会，客观上也为洗钱、恐怖主义融资提供了便利。在国际重压下，开曼群岛金融管理局按照 2006 年巴塞尔监管协议的核心原则，采用基于风险的监管方法，加强了对银行业务的审核监管，着手修订和颁布了一系列法律以加强和完善监管，陆续与一些国家签订信息交换协议，承诺增加透明度，加大了对洗钱和恐怖分子利用离岸业务筹资的打击力度等，从而满足国际社会的要求。于是，转变发展模式无疑增加了开曼群岛离岸业务经营成本，削弱了既有优势，造成了部分顾客流失，及至2008年，金融危机又给了这个转变过程沉重一击，致使离岸金融业务达到阶段高点。但是，经历了此次艰难转变之后，开曼群岛并没有像悲观者预期的那样从此衰落下去，经过整治后的离岸金融反而逐渐走上了稳健发展之路。

表10-1统计了2008—2017年开曼群岛离岸银行业的资产与负债变化情况。2008年金融危机之前，国际法规对离岸银行信息透明度的要求逐年提高，部分银行选择通过合并和重组寻求更高的效率回报，诸多透明度较低的银行被吊销牌照。据开曼群岛金融管理局资料显示，尽管开曼群岛辖区内国际银行数量一直在稳步下降，但开曼群岛银行的资产和负债额于2008年达到顶峰，分别为17.99亿美元和18.03亿美元，金融危机之后并未呈现显著下降的趋势，反映了离岸金融的规范化监管和信息透明并未明显影响开曼群岛离岸银行发展，表明了在当今资本全球化配置潮流下，开曼群岛借助多元化的离岸业务能够更好地吸引资本、降低运营成本，并未因国际社会对离岸金融中心的压力和经济危机而受到明显的影响，开曼群岛离岸金融业凭借制度优势发展壮大，呈现出旺盛的生命力。

表10-1　2008—2017年开曼群岛离岸银行业的资产与负债情况

单位：百万美元

年份	资产	比率变化/%	负债	比率变化/%
2008	1799	-4.0	1803	-2.9
2009	1756	-2.4	1771	-1.8
2010	1761	0.3	1796	1.4
2011	1544	12.3	1585	-11.7
2012	1409	-8.7	1434	-9.5
2013	1578	12.0	1516	5.7
2014	1599	1.3	1579	4.2
2015	1545	-3.4	1557	-1.4
2016	1455	-5.8	1600	3.0
2017	1500	3.1	1576	-2.1

数据来源：开曼群岛金融管理局。

截至2017年12月，在开曼群岛注册营运的银行与信托公司近350家，保险公司近950家，共同基金约10200家，全球排名前50的银行中有40家落户开曼群岛，开曼群岛不断地巩固维持全球离岸金融中心的地位。在2018年3月的全球金融中心指数报告中，开曼以671的得分在全球各大金融中心名列第22，较2017年9月排名上升9位，其他著名离岸金融中心如百慕大群岛、巴哈马、英属维京群岛分别只名列第36、第59和第60。此外，开曼群岛连续九年在全球调查中被列为主要的专业金融中心，经过几十年发展，开曼群岛全球排名第5的离岸金融中心地位已然实至名归。

10.2.2 经济效应

（1）正面影响

第一，增加财政收入。尽管避税港型离岸金融中心采取了低税或者免税的优惠政策，如开曼群岛无论是对个人、公司还是信托行业都未征收任何所得税、利润税和财产税，唯一收取的税项为印花税，但吸引了数量庞大的外来公司与金融机构来本地注册，因此并不妨碍开曼群岛政府财政收入的增加，其财政收入主要来源就是从金融活动中获取大量的间接税以及数量可观的注册费和管理费。截至2017年末，在开曼群岛注册的公司数量已达10655家，共同基金10200家，开曼群岛的金融服务收入约占全岛GDP的1/3，随着离岸金融业务发展，开曼群岛本地经济对财政收入的依赖越来越深。

第二，推动经济结构升级。开曼群岛离岸金融市场汇集了大量国际银行、离岸基金和离岸保险公司，经济结构的复杂性导致开曼群岛对金融业、会计、法律业、旅游业、商业、建筑业的需求上升，第三产业飞速发展，横向产业结构对于增加国民生产总值（GNP）、改善国际收支状况发挥了重要作用。开曼群岛开办离岸金融业务所获得的外币资金有相当大的一部分用于本土发展，资本量增加加快了开曼群岛企业生产经营活动，扩大了开曼群岛的经济发展规模。

第三，增加就业机会。随着开曼群岛离岸金融市场朝着更加稳定的方向发展，外资银行和离岸企业不断落户开曼群岛，扩张的离岸金融市场与完善的金融服务体系对于离岸金融专业人才的需求持续增长。随着本土居民离岸金融专业知识的学习和积累，就业机会随着离岸金融业务的发展而增多，随之而来的相关其他行业如旅游、交通、会计、咨询、法律等也会随金融业务的不断深入而壮大，进而增加相关行业的从业人员需求，最终会极大提升开曼群岛区域内的就业水平。

（2）负面影响

第一，蕴含复杂的金融风险。开曼群岛离岸金融创新的市场自由化程度是空前的，涉及的交易主体性质复杂，离岸金融发展过程中也面临着诸多风险。开曼群岛离岸金融广泛的外延使银行难以完全彻底地对贷款者的财务状况、运营情况与信用层级进行了解，由信息不对称产生的道德风险与逆向选择情况会大大增加。大量短期资本进出开曼群岛离岸金融中心，导致离岸金融中心本币资产价格和本币汇率可能面临动荡。此外，离岸金融市场正在从传统银行中介业务向衍生金融业务发展，金融创新活动具有很强的生命力，金融衍生品的丰富势必给离岸金融市场带来衍生风险。由于离岸金融市场运行于一国或地区金融体系之外，一般央行不收取存款准备金，因而不可能成为最后贷款人，当受到国际经济形势的冲击时，该国或地区的离岸金融体系容易受到影响而崩溃。

第二，为不法行为提供庇护。开曼群岛如同大多数离岸金融中心一样，信息披露要求极少、税负接近于零，能够隐蔽资金流动的去向，大大降低了资本流动的成本，因此被认为是为各种非法收入和侵占行为提供了便利的资产转移渠道。加之各国在金融制度方面的差异与监管程度的不同，离岸投资者追求个人财产不断膨胀，往往会利用离岸制度漏洞进行离岸金融市场投机，特别是投机钻营于开曼群岛税收、管制等金融制度上的差异，维护个人财产的保值与增值，使得洗钱、逃税具备了生存的土壤。因此开曼群岛也常被指责为“变相窃取他国财政收入”，一度还深陷在贪污腐败和洗黑钱的案件之中，被国际社会谴责。

第三，监管难度较大。由于开曼群岛离岸业务的客户多为国外的投资者，离岸金融机构对客户信息的掌握难度要远远大于本国企业，前述种种不确定风险因素增大了国内金融体系的不稳定性，对辖区内货币供应量、银行管制与货币政策的实施都带来挑战，容易成为开曼群岛金融监管的薄弱部分。同时由于避税港型离岸金融中心自身客户保密性强等特点，在为国际资本外逃、洗钱等创造机会的同时也增加了金融监管难度。开曼群岛国际资本流动与本辖区经济政策和规章制度处于摩擦状态。随着离岸金融市场网络化交易的迅速发展，金融危机的爆发更具突发性，也更容易跨地区传导，容易导致开曼群岛监管当局在突发事件面前措手不及。

10.2.3 发展趋势

第一，未来开曼群岛离岸金融市场会朝着更加规范化和透明化的方向发展。由于离岸金融市场对世界资源配置起着重要作用，同时也存在着较大的潜在风险，一旦离岸金融市场发生大的监管漏洞，很可能引起全球经济的系统性风险。因此，规范离岸金融中心的监管方式、提升其监管能力是世界经济平稳发展的要求。同样，信息公开透明一方面可以促进监管，另一方面也可以有效地预防金融犯罪活动发生，这也是国际社会的强烈要求。越来越多的离岸金融中心在国际社会的评议和压力下进行了转变，提高了监管水平并加强了信息披露。如果开曼群岛离岸金融市场打算免于国际声讨和摆脱为逃税者提供便利及为不法分子提供避难场所的形象，就必须提升监管的规范化和透明化程度。

第二，新兴发展中国家和地区将成为开曼群岛离岸业务增长的主要来源。离岸业务最初随着发达国家金融管制的增强而迅速崛起，如今发达国家市场已经相对成熟，很多跨国企业早已经在经济全球化浪潮中进行全球布局，基本上度过了在国际金融市场大规模扩张的阶段。而新兴发展中国家的经济刚开始起步不久，发展潜力还很巨大，开曼群岛离岸业务要进一步成长和壮大，就必须开拓新兴国家市场。在此过程中，跨国公司进行跨国贸易融资等业务必然会不可避免地运用离岸金融资本运作工具，因而新兴发展中国家和经济发展势头良好的地区将在未来成为开曼群岛离岸业务的主要来源地。

10.3 开曼群岛离岸金融发展的制度嵌入机理

10.3.1 制度嵌入的维度和要素

(1) 嵌入维度

制度嵌入性理论作为新经济社会学的核心理论，其主要思想是“经济行动作为一种过程嵌入制度之中”，相应地，制度嵌入性本质是对经济行动在制度视角进行分析。为此本节首先对制度所包含的维度进行概括归纳，不同维度共同构成一个经济行为的制度分析框架，这个分析框架如一个坐标系一般，方便笔者为所研究的经济行动进行定位。

从嵌入性理论演进脉络可以发现，Granovetter（1985）的“关系—结构”嵌入性、Zukin 和 Dimaggio（1990）的“结构、认知、文化、政治”嵌入性，仅仅是影响经济行动的不同维度，影响经济行动更深层次的则是各种制度，包括正式制度和非正式制度。制度嵌入性指向的经济行动嵌于制度之中，并非指嵌入单一制度，而是嵌入多个制度维度之中，不同维度对经济行动的约束与影响不同，对经济行动提供的机遇和能动性也大相径庭。开曼群岛为适应国际政治经济环境变化构建的适合自身经济特质的制度体系，包括所拥有的地理禀赋、国际关系及其所构建的政治制度、法律制度和监管制度为经济活动创造了良好的制度环境，为开曼群岛离岸金融发展保驾护航。其中，地理禀赋和国际关系属于非正式制度，政治制度、法律制度和监管制度属于正式制度。因此，本节分别从上述五个维度分析制度与经济行动之间的作用机制。

（2）嵌入要素

根据制度嵌入理论，离岸金融市场制度嵌入存在主客体之分，经济行为作为嵌入主体嵌入嵌入客体即制度之中。从嵌入主客体的角度来讲，开曼群岛离岸金融市场的嵌入主体是开曼群岛离岸金融市场的种种经济行为，包括离岸金融交易和监管主体的一切经济行为，嵌入客体则指开曼群岛离岸金融市场的制度环境。Scott（2000）认为制度是由规制、规范和认知要素构成的为社会生活提供稳定性的约束。规制要素指强制性约束，其规定了社会经济行为的范围；规范要素是社会经济主体的内部状况，是社会经济主体展开活动所遵循的内部条件；认知要素是社会经济主体对事物的认识和理解。“规制、规范、认知”三个要素是应用最为广泛的制度嵌入分析工具，基于此，本章借助三个要素对开曼群岛离岸金融市场的制度嵌入性进行深入分析。

10.3.2 正式制度嵌入

(1) 政治制度

1) 嵌入客体和主体。

开曼群岛离岸金融市场的政治制度嵌入客体指开曼群岛离岸金融市场构建的政治体系，具体是指开曼群岛政府对开曼群岛离岸金融发展的态度、开曼群岛离岸金融发展的政治环境以及开曼群岛金融利益集团的发展情况。首先，开曼群岛历届政府对发展离岸金融的态度十分坚定，其清楚地认识到离岸金融对当地经济的重要性，因此在是否发展离岸金融的政策方向上从未动摇。其次，英国殖民地的地位给予了开曼群岛离岸金融市场高度稳定的政治环境。自17世纪以来开曼群岛就是英国的殖民地或附属领土，而1959年由牙买加统治，而后者本身也是英国殖民地。1962年，牙买加选择脱离英国独立，开曼群岛则选择留在英国殖民地，这被认为是促进开曼群岛离岸金融市场发展最重要的决定，从某种程度来说开曼群岛无论在政治层面还是经济层面都受制于金融一体化进程和对英国的依赖。最后，由于开曼群岛离岸金融市场离岸银行、基金、保险等业务多元化发展，各行业与政府联系较为密切，更得益于开曼群岛监管体系的有效性，开曼群岛离岸金融市场上金融利益集团的干扰并不明显。

开曼群岛离岸金融市场的政治制度嵌入主体指开曼群岛政府所做出的离岸金融发展政策。开曼群岛政府同本地区和外部离岸金融界的密切联系对于开曼群岛离岸金融政策的制定极为重要，二者一直保持着良好的关系，政府在一些离岸金融发展的政策上会同金融界的领军人物合作，因而离岸部门对政府的投诉很少，政府决策者能较快了解金融领域的竞争环境，制定相应政策。随着全球化趋势的加快，市场和就业的竞争随之加剧，能够为金融市场和金融机构提供最先进、最快速与最稳定环境的地区将占据该行业的最大份额。开曼群岛政府对这些金融动态变化的反应对于一个地区在这场金融竞赛中取得成功至关重要。

2) 嵌入机理分析。

在现有的政治体系环境下，开曼群岛政府根据内外部经济形势做出正确选择，制定了一系列符合自身发展的经济政策、法律法规。政策的制定与法律法规的变更使政府政治制度嵌入性需重点考虑本地区离岸金融发展的内部环境如政治环境、利益集团等，此时外部环境如国际政治经济环境的变化等仅作为外生变量。“政治制度—政府政策选择—法律监管体系—金融市场发展”可以作为政治制度嵌入性的研究范式，政治制度环境是开曼群岛政府做出金融政策的依据，开曼群岛政府在对国外政治经济形势做出判断后，结合本地区离岸金融的政治制度环境，寻找适应本区域内金融发展的最佳策略，进而制定相应的法律法规规范区域内离岸金融发展环境，进而提高区域内离岸金融发展效率。

根据Scott（2000）的“规制、规范和认知”维度分析框架，开曼群岛离岸金融市场的政治制度嵌入性可以分别从“规制、规范和认知”三个维度进行分析。首先，规制维度是指开曼群岛离岸金融政策与法规的制定应在现有的坚定发展离岸金融态度、拥有稳定的政治格局、低程度的金融利益集团影响的情况下进行。规制制度规定了开曼群岛离岸金融发展所必须遵循的条件，脱离以上相关条件开曼群岛离岸金融政策的制定效率将会受到制约。其次，规范维度是指在现有政治制度框架下，开曼群岛政府制定政策的具体方式。由于政治上的独立性，开曼群岛政府可以独立于英国政府而做出决策，原则上不违背英国的海外领土发展方针与利益即可。同时政府决策者可以通过与金融业领军人物的合作，了解本区域内金融领域的竞争环境，最终制定出适应金融业发展的政策。认知维度是指开曼群岛政府对本区域内离岸金融发展水平、发展形势的了解程度。通过开曼群岛金融管理局下设五个部门的监管与各行业领军人物的合作，开曼群岛政府可以及时有效地对离岸金融的发展程度、发展变化有清晰的认知。

3）嵌入效应。

开曼群岛的政治制度对离岸金融政策的制定具有主导性作用。由于不同的政治制度会造成不同国家或地区在金融发展效率上的不同，进而制约一国离岸金融发展的水平。开曼群岛政府同本地区和外部离岸金融界保持密切联系，不仅有利于洞察国际经济形势变化，稳定的政局限制了金融利益集团的消息阻碍，也使开曼群岛更容易吸引国际金融机构与国际资金的流入。在如此政治制度环境下，开曼群岛因地制宜，有针对性地制定相应经济政策，可以最大限度地提高离岸金融发展效率，防范内外部风险的冲击，保障离岸金融的稳健发展。同时，政策推动型离岸金融市场共同存在的问题是金融自由化程度不足，来源于英国保守政治的开曼群岛政治制度对于离岸金融发展存在一定制约，限制了本地区金融自由度，因而开曼群岛离岸金融自由化程度总体上低于自发形成的中国香港离岸金融中心。

（2）法律制度

1）嵌入客体和主体。

开曼群岛离岸金融市场的法律制度嵌入客体指开曼群岛离岸金融市场构建的法律体系。离岸金融机构的规范运作需要健全的法律体系保障，开曼群岛法律体系的多元化、创新性与稳定性对离岸金融市场上金融机构的经济策略选择具有深刻的影响。第一，多元化。20 世纪 60 年代至今，开曼群岛制定了一系列旨在吸引国外银行、离岸基金、离岸保险等离岸业务的法律，来自英国的律师与开曼群岛本地律师共同制定了开曼群岛法律体系，并在日后的时间内反复对相关法律进行修订以适应国际环境和客户需求。第二，创新性。由于普通法采用判例法，在金融创新方面比大陆法系规定的范围更为宽泛，开曼群岛在发生金融创新方面具有更大的可能性，如资产支持证券（ABS）和债务担保证券（CDO）等大大增加了开曼群岛对国外离岸公司的吸引力。同时由于开曼群岛法律基于英国普通法，与美国、加拿大等邻近国家采用相同的法律体系，来自美国、加拿大等一些国家的银行或基金等金融机构对开曼群岛法律体系较为熟悉，这也是美国或加拿大人习惯在开曼群岛展开金融活动的部分原因。第三，稳定性。开曼群岛的法律一般被认为是稳定且符合国际标准的，对寻求资金和资产安全性的客户有较大吸引力。

开曼群岛离岸金融发展的法律制度嵌入主体指离岸金融机构采取的战略抉择，包括离岸金融市场外的金融机构与离岸金融市场内的金融机构，其战略选择均需要依托现有的法律制度体系。以开曼群岛的离岸基金业务为例，开曼群岛政府于 1993 年制定的《共同基金法》旨在对在开曼群岛展开离岸基金业务的公司资质进行审核，只允许声誉良好、技术完备的离岸基金公司在区域内注册、管理与运营。同时开曼群岛还引进了大量世界级的法律、会计、审计和基金管理公司来提供所有与金融相关的学科的专业知识，以确保将客户要求转化为在投资管辖区域获得最大收益。《共同基金法》的颁布实施在对离岸金融市场内外的基金公司有了更高程度要求的同时增加了离岸金融公司对客户的吸引力，大大促进了离岸基金业务的发展。

2）嵌入机理分析。

法律制度要素或法律制度的变更对企业战略选择或者战略行为产生重大影响。换句话说，开曼群岛离岸金融机构的战略选择是“制度化”的结果，而非机构自由选择的结果。离岸金融机构作为嵌入主体，要获取合法性和外界支持就必须遵守嵌入客体即法律制度环境，法律制度直接决定了离岸金融机构在建立和运用战略时所有可能的行动。“法律制度环境—金融机构战略选择—金融机构发展—金融市场”可以作为开曼群岛离岸金融市场法律制度嵌入性的研究范式。法律制度环境是开曼群岛离岸金融机构做出战略金融决策的依据，机构管理者在对法律制度环境特征进行感知和分析的基础上，寻找适应法律制度环境发展的战略决策。以离岸金融机构的创新活动为例，离岸金融机构决策者会权衡在该法律制度体系下创新活动的收益，然后决策者根据企业家才能配置模型，引导金融机构从事创新等生产性活动，机构的发展绩效和地区内的经济水平便能够不断提高。而且，离岸金融的创新成果是现有法律制度环境下离岸金融机构战略选择的直接表现形式。因此可以认为，法律制度环境影响金融机构战略的制定，通过制定战略的实施对本机构金融创新的规模与效率产生作用。

法律制度嵌入作用还主要表现在能够为离岸金融机构从事金融创新等活动提供合法性。实际上，合法性是影响资源和利益分配的激励机制，通过法律制度约束来刺激离岸金融机构努力获得社会认可。合法性本身也是一种战略性资源，良好的法律制度环境意味着离岸金融机构易于获得合法性，进而促进离岸金融机构的创新活动。为了更好地分析法律制度环境与金融机构战略选择的嵌入关系，本节仍采用Scott（2000）的“规制、规范和认知”三个维度来具体分析。法律制度环境对金融机构战略选择的影响。首先，规制维度指支持金融活动开展的法律、法规和政府政策。规制维度主要影响金融创新等活动的开展，为其金融行为提供法律支持，帮助金融机构获取创新等行为的合法性资源。现存法律法规的改变会使金融机构改变战略选择，对金融机构的创新等活动形成障碍或者创造机会，因而法律制度环境直接影响金融机构进行金融创新的意愿。其次，规范维度是指在现有法律制度框架下，一个特定区域内所形成的信任和互惠的关系和氛围，同时包括为行业内其他竞争对手带来金融创新压力。良好的信任互惠关系与竞争会促使金融机构有更强的主动性、更好的承担风险的能力以及选择更积极的竞争活动，并最终促进本区域内金融发展。最后，认知维度是指金融机构所具有的知识和技能，随着金融机构间通过分工协作实现信息等资源共享，集聚区的金融机构拥有更高的金融信息量，最终有利于自身的战略选择。

3）嵌入效应。

开曼群岛的法律制度对其金融活动开展的合法性与合理性提供了行动框架，同时也对降低金融市场的风险、维持金融市场的稳定具有基础性的作用。金融体系的稳定性是开曼群岛离岸金融市场发展的先决条件，一切经济活动都需要在法律制度的约束下进行。开曼群岛法律制度在保障开曼群岛金融多元化发展的同时，降低了金融交易的成本，保障了金融体系的创新，是开曼群岛发展成为国际领先离岸金融中心的决定性因素。同时法律制度作为政治制度的衍生产物，完善与否会对辖域内经济金融发展产生较大影响。在政策支持下，法律制度成了开曼群岛离岸金融市场繁荣的强有力保障。可以说，开曼群岛协同合作的政治制度使开曼群岛官员、英国官员、开曼群岛驻地外籍律师和金融专业人员能够携手合作，实施一系列金融多元化战略。此外，政府和商业部门还共同努力完善有效的法律制度，既维护了司法管辖区的声誉，又使得国际银行、律师事务所、会计师事务所和保险公司等可以在金融交易活动中合理地赚取利润。开曼群岛通过制定一个有效且具有成本效益的法律框架，使其从一个几乎没有实体经济的岛屿群落发展成为一个包含复杂成分的发达经济体。

(3) 监管制度

1）嵌入客体和主体。

开曼群岛监管制度嵌入客体指开曼群岛离岸金融市场构建的监管体系。开曼群岛拥有被国际机构认可的金融服务行业监管制度，许多国际客户将其作为财产保护与财富管理的首选司法管辖区。成熟的监管制度被认为是开曼群岛吸引世界各国公司展开金融业务等活动的重要因素，也是开曼群岛吸引世界各地投资者主要的原因之一。1997 年开曼群岛成立了半独立的金融管理局，对本地金融服务业加以管制，继续与其他金融中心和包括国际金融反洗钱特别工作小组在内的监管机构合作。开曼群岛金融管理局下设五个监管部门，涵盖了银行、保险、投资、证券和信托等业态，各部门分别负责处理各自行业发生的金融问题，以及负责起草各行业的运营规则和指导意见。另外，开曼群岛于2002年与美国、2009年与中国等13个国家和地区签订了税收信息交换协议。同时开曼群岛拥有各种机构，共同执行反洗钱、打击国际恐怖主义的制度，其中包括开曼群岛金融管理局、财务汇报局、开曼群岛皇家警察局金融犯罪调查组等。

开曼群岛离岸金融市场的监管制度嵌入主体指在现有监管体系下，开曼群岛离岸金融市场中各金融机构受约束的经济行为。离岸金融业的外部效应和信息不对称性均十分突出，离岸业务客户大多为国外的投资者，银行业难以完全彻底地对贷款者的财务状况、运营情况与信用层级进行调查了解，此时以监管当局为代表的外部监管作为一种使公共利益不受侵害的强制性制度安排是十分必要的。由于离岸金融市场的开放性，发生欺诈、垄断和非法内幕交易等不正当金融行为的可能性远大于一般的金融市场，监管当局需要对展开金融业务的金融机构的资格、信用评级、财务状况等进行监管审核，以减少市场上有害金融行为的发生。同时，由于开曼群岛离岸金融市场金融创新行为发生的频率较高，带来的金融风险较大，适当的金融监管对于盲目的金融创新将产生有效的约束。

2）嵌入机理分析。

与法律制度嵌入类似，开曼群岛离岸金融市场的监管制度嵌入性同样强调离岸金融机构作为嵌入主体，其开展经济行动需要具有合法性并严格遵守现有监管体系。监管制度环境减少了开曼群岛离岸道德风险与逆向选择，金融机构管理者能够采取更加有效的金融决策，直接决定了离岸金融机构的经济行为选择。监管机构首先分析开曼群岛离岸金融机构的财务或运营状况，在其设立未来发展战略或设置具体规章制度时，采取审慎的行为监督管理，保证金融机构运行的稳定性与安全性，形成“监管制度环境—金融机构行为—金融市场运行”的模式，从而构成了开曼群岛离岸金融市场监管制度嵌入性的研究范式。

金融机构是一个社会有机组织，在当局的规范监管环境下，不能纯粹以追求经济利润为终极目的，其经济行为还要受到监管制度和条例的约束，金融机构的行为选择只有遵循合法性要求才能得以生存和发展。根据“规制、规范和认知”三维度理论，开曼群岛离岸金融市场的监管制度嵌入性中，首先规则维度来自金融监管机构强制性的约束，一项金融创新的问世，需要符合法律法规所规定的技术和产品规范，遵循相关的开发程序，并在监管机构的监督下进行，这是保持创新性与合法性的必要条件。其次，规范维度是指金融机构进行金融交易投资等行为要符合自身的运营情况与信用评级，不能在自身运营情况恶化或信用评级过低时进行过度的金融投资。与规制的强制性特点不同，规范强调金融机构采取金融投资交易行为应以自身情况为基础，不能超越自身评级采取经济行动。最后，认知维度强调金融机构应明确地认识到，自身的经营或财务运行状况应可以被金融监管机构获取，金融市场的平稳运行依赖于各金融机构的披露情况。

3）嵌入效应。

金融体系的稳定与否会对国民经济发展产生深刻影响，开曼群岛发达的金融监管制度是确保金融机构稳健经营、维持信用体系的稳定与促进本地区金融发展的重要保证。对于避税港型离岸金融中心来说，由于客户信息的保密性较强，其成为国际恐怖主义洗钱地的可能性与金融风险发生的概率要远远大于一般的综合型离岸金融中心，从这个意义上来说，避税港型离岸金融中心的监管制度显得尤为重要。开曼群岛先进的监管制度为离岸业务的发展提供了合理行动框架，同时也有效地防范了金融风险的产生。同时成熟的、符合国际规定的监管制度也为开曼群岛带来了良好的国际声誉，使开曼群岛成为加勒比地区唯一免于被美国监管机构监管的地区，由此为开曼群岛获得美国投资者的信任与吸引国际资金流入提供了制度条件。

IMF从2000年开始组织了对于离岸金融中心的评估，开曼群岛的监管制度被认为发展良好并符合广泛的国际标准，开曼群岛基于自身成熟的监管制度在最大可能降低金融风险的同时，还可以利用金融创新提高开曼群岛自身离岸金融的竞争力。经济学人信息部在1972—2002年发布了一系列有关离岸司法管辖区的报告，报告显示了开曼群岛如何通过推广高价值金融创新产品来增加自身竞争力，尽管其承认开曼群岛的某些沿海发展战略与陆上司法管辖区所采用的一些策略一样，但他们指出开曼群岛相较于其他离岸金融中心的竞争优势在于其拥有更有效的监管制度，这种监管通常与全球最佳监管制度相一致。在2007年现场评估中，加勒比金融行动特别工作组（CFATF）认为开曼群岛的法律和监管制度在反洗钱和反恐怖主义方面可以发挥很大的作用。

10.3.3 非正式制度嵌入性

（1）地理禀赋

1）嵌入客体和主体。

开曼群岛离岸金融市场的地理禀赋嵌入客体指开曼群岛所拥有的地理区位与自然条件。开曼群岛优越的地理禀赋为开曼群岛离岸金融市场的发展提供了有利条件。从地理区位来看，开曼群岛离岸金融市场与美国纽约国际金融中心、迈阿密位于同一时区，同时开曼群岛离岸金融市场紧邻拉美大陆原材料市场，位于西半球主要资本运动路线之上，是北美洲和西欧国家信贷资金向拉美国家转移的中转站。从自然条件来看，开曼群岛是典型的小国寡民，其自然与人文经济条件组合难以满足现代农业与制造业的发展要求，由于缺少深水港和广阔的腹地，开曼群岛也不具备发展航运物流产业的有利条件。种种独特的自然条件使开曼群岛走上了旅游业与离岸金融业双重发展的道路。

开曼群岛离岸金融市场发展的地理禀赋嵌入主体指在既有的地理区位与自然条件下离岸金融发展的政策选择。历史上，由于缺乏发展农业、制造业与航运物流产业的先天条件，开曼群岛在物资需求上依赖进口，设置了少数税种调节进口以及收入，自然条件限制使得开曼群岛拥有很长的非税地位历史。20世纪60年代至70年代美国政府提高税率，与英、荷等国签订了避免双重征税协议，大规模的跨国公司和高净值个人对于合法避税需求不断上升，以至于许多离岸公司迁移到距离美国较近的加勒比地区。此时凭借避税乐园的历史基础、毗邻美国的区位优势、优美的岛屿风光，开曼群岛具有吸引国际金融机构、国际金融人才和国际资金的优势，适时制定发展离岸金融政策，为自身经济发展打下了良好的基础。

2）嵌入机理分析。

开曼群岛离岸金融市场的地理嵌入性表现为在现有的自然区位条件下，开曼群岛政府因地制宜所能选择的发展策略。地理禀赋是开曼群岛离岸金融市场选择发展模式的初始依据，开曼群岛政府在对地理禀赋进行分析的基础上，寻找适应和匹配自然禀赋的战略决策。综观纽约、伦敦等国际综合型离岸金融市场多进行实质金融投资交易等活动，吸引大规模国际金融业务到其管辖区内，而后依靠国内成熟完善的金融体系孕育出结构完整的国际金融市场，而开曼群岛作为典型的小国寡民，其地理面积并不足以支撑发生大量实际性质的金融活动，因此避税港型离岸金融市场是开曼群岛选择的市场模式，由此构成了“地理禀赋—政府政策—离岸金融发展模式选择”的地理嵌入性研究范式。

因此，根据Scott（2000）的“规制、规范和认知”维度分析框架，规制维度是开曼群岛离岸金融市场发展模式的选择，受开曼群岛的地理禀赋限制，其小国寡民的自然条件使开曼群岛开展离岸金融业务时只能选择避税港型离岸金融市场发展模式；规范维度是开曼群岛离岸金融市场发展策略的制定充分发挥地理禀赋所带来的优势，吸引国际资金流入；认知维度是开曼群岛离岸金融市场充分认识到自身的自然条件，选择合适的离岸金融发展战略。

3）嵌入效应。

开曼群岛优越的地理区位与自然条件使得开曼群岛对国际金融机构、国际金融人才与国际资金的吸引力增加，为开曼群岛开展离岸金融业务提供了良好的契机。区域内大量金融机构的聚集有利于开曼群岛成为信息腹地，金融机构通过分工协作与金融基础设施共享，便于金融机构利用更多社会资源扩大生产规模，使集聚区市场拥有更低的市场交易费用，提高了资源的利用效率，有效降低了运营成本。另外，区域内的金融信息源会随着金融业发展水平的提高而拓展，金融信息的传播速度与传播量也会随之加快和增加。因此，开曼群岛区域内的金融集聚有助于金融创新的产生，并促进新的金融工具形成与交易形式的演变，最终提高信息的传播效率，这对降低单个金融机构搜寻信息的成本、提高区域内金融机构的收益具有重要作用。

（2）国际关系

1）嵌入客体和主体。

开曼群岛离岸金融市场发展的国际关系嵌入客体指开曼群岛促进自身离岸金融发展所不可或缺的国际关系，主要指开曼群岛与英国的政治经济关系、与美国的经济关系。

开曼群岛离岸金融发展与其作为英国附属殖民地的地位密不可分。第二次世界大战，英国的海外司法管辖区都很好地适应了当时国际经济形势变化，其原因可以分为经济和政治两个方面。在经济方面，英国实施的经济税收政策要求其司法管辖区减少税收，发展自身经济与吸引外资流入，同时英国提供了一系列会计、法律和银行服务，助其设计和实施资产处置战略，助推了管辖区内经济发展，也为日后发展离岸金融业务打下了基础。在政治方面，1955 年加勒比地区的英国殖民地就加强地方自治与英国本土官员进行了激烈辩论，迫使英国减少了对管辖区的政治控制权，赋予地方政府自治权，开曼群岛的宪法演变也正是在这样的时代背景下发生的，并由此确定了自身独特的宪政结构与政治制度。

同时，与美国的外交关系也推动了开曼群岛离岸金融业务初期的飞速发展。与英国不同，美国促进开曼群岛离岸金融发展更多地体现在经济方面，主要体现在来自美国国际资金的流入。美国银行家 Matheweson（1999）在有关开曼群岛与美国关系的陈述中揭示了美国对开曼群岛境外融资的重要性，其认为“开曼群岛银行存款的98%来自美国投资者，如果没有美国客户，开曼群岛就不会有银行业”。直到今天，开曼群岛银行业国际资金的来源很大一部分仍是美国银行将客户资金转移到其隔夜清算账户中（2017 年占所有资产的57%以上）。这种清算账户对美国银行及其客户（主要是大公司）来说是有利可图的，因为它们可以降低准备金要求，并且其支票账户中的多余资金可以作为欧洲美元存款、回购协议或货币市场基金等工具自动“隔夜”，开曼群岛成了该领域外资银行的专用渠道。开曼群岛财经首席执行官 Gonzalo Jalles 也证实了在开曼注册的银行资产中，很大一部分是美国银行在其开曼群岛注册分行设立的隔夜存款，这笔资金实际上是在纽约的账户之间转移，而不是由开曼群岛的当地银行家决定如何投资它。迄今为止，美国已是开曼群岛最大的直接投资来源地，也是开曼群岛对外直接投资的最大目的地，根据国际清算银行 2017 年报告，开曼群岛跨境资产头寸中以美元计价的比例高达 70%。2017 年 6 月，开曼群岛的美国银行和短期证券、债券总额达到近 7200 亿美元（占美国国际债权总额的近 20%），仅次于英国的 8600 亿美元。在 2017 年，所有开曼群岛银行的合并债权中，美国银行所占比例高达 32%，其次是日本和瑞士。

开曼群岛离岸金融发展的国际关系嵌入主体指在开曼群岛与英、美的政治经济关系背景下开曼群岛政府的离岸金融政策选择。开曼群岛最初制定的离岸金融发展政策是基于英国对海外司法管辖区的政治政策，其允许海外司法管辖区降低税收以吸引外资，同时也赋予了开曼群岛高度的政治自治权，使得开曼群岛政府可以根据自身经济特征制定离岸金融政策。后来开曼群岛保留英国殖民地地位的决定树立了开曼群岛政局稳定的形象，为开曼群岛离岸金融发展提供了一定的竞争优势。20 世纪 60 年代是开曼群岛离岸金融大发展时期，其制定的发展离岸银行业的政策与颁布的离岸银行法主要受美国外汇管制政策的影响，外汇管制严格时期来自美国银行的隔夜存款促进了开曼群岛离岸银行业的繁荣发展。

2）嵌入机理分析。

开曼群岛离岸金融市场的国际关系嵌入性是开曼群岛的国际政治与经济往来对其离岸金融政策选择产生的影响，国际关系中最重要的包括其与英国的政治、经济关系及与美国的经济关系。首先，开曼群岛离岸金融政策的选择受限于英国海外领土管理政策，同时也需要根据美国的外汇管制政策及时调整自身的发展方向。作为嵌入主体的政府政策选择必须适应嵌入客体，国际关系的存在决定了开曼群岛政策的制定选择必须以外部政治经济环境变化为依据，政策制定才能具有合理性。开曼群岛国际关系嵌入性的研究范式可以分为“国际关系—政府政策选择—法律监管体系—金融市场发展”与“国际关系—金融市场发展”，前者指国际关系是开曼群岛政府做出金融政策的外部依据，开曼群岛政府据此对国际宏观环境进行分析，制定符合自身经济特质的离岸金融发展政策与法律法规；后者指国际关系中政治经济环境的变化将直接影响开曼群岛离岸金融市场的发展。当美国金融社会对避税港型离岸金融中心的保密性与税制不透明性提出质疑时，开曼群岛政府应及时决定是否改进现有金融政策与法律法规，以免被美国国际监管组织列入“黑名单”，影响本区域内离岸金融发展的效率。

Scott（2000）的“规制、规范和认知”维度分析框架能够揭示开曼群岛离岸金融市场的国际关系嵌入路径。首先，规制维度主要指开曼群岛离岸金融政策制定所必须遵循的外部条件，主要以与英国的政治、经济关系和与美国的经济关系为依据。虽然开曼群岛的离岸金融业早已实现飞跃式发展，但未来其发展仍将受到英、美的影响，如英国脱欧将对开曼群岛的政局稳定形象造成不可避免的冲击，进而影响其离岸金融业的发展，可见规制维度限制了开曼群岛离岸金融政策制定的范围。其次，规范维度是指当外部政治经济环境发生变化时，开曼群岛政府变更现有离岸金融政策法规的愿景，辖区内各金融机构依规反馈。最后，认知维度是开曼群岛离岸金融市场主体对国际关系与离岸金融发展之间关系重要性的认知程度。通过对外部政治经济环境的认知，开曼群岛政府可以及时调整自身经济政策与法律法规，为离岸金融发展创造更为良好的运营环境。

3）嵌入效应。

开曼群岛离岸金融政策的实施与国际社会的关系十分紧密，主要表现在三个方面：第一，开曼群岛经济行为在一定程度上依赖于英、美的行动和政策。对开曼群岛而言，英国对海外殖民地的政策是开曼群岛展开离岸金融业务的起点，且其作为英国殖民地的地位有利于维持政治稳定，国外投资者出于对英国的信任对开曼群岛的政治稳定性也保持信任。英、美宏观经济政策的变动常常会直接给开曼群岛经济活动带来变化，从而迫使后者也相应地做出调整。第二，英、美的经济状况直接影响开曼群岛离岸金融发展，20 世纪 70 年代开曼群岛离岸银行业的发展就与美国的金融业波动有重要联系，对美国国际资金流入的依赖使得美国经济任何的变化都会对开曼群岛离岸银行业的发展有着重大的影响。第三，良好的国际关系有利于开曼群岛获取其需要的信息经济资源。金融业发展受制于信息不对称，对于资源匮乏的加勒比地域避税港型离岸金融中心来说，经济、信息等资源的获取是发展本地域内经济与离岸金融市场的制胜法宝，开曼群岛与英、美密切的政治或经济往来使得开曼群岛获得比其他经济体更多的信息和资源优势，从而对离岸金融行业发展大有裨益。

10.3.4 研究结论

开曼群岛离岸金融市场发展的制度嵌入性表明，制度因素下的地理禀赋、国际关系、政治制度以及依托于政治制度衍生出的法律制度、监管制度是开曼群岛离岸金融市场形成发展的关键因素，各制度维度与开曼群岛离岸金融发展的作用机制各不相同，但最终总体上促进了开曼群岛离岸金融发展。第一，在地理禀赋方面，优越的地理位置是离岸金融市场形成的重要条件之一，开曼群岛以及世界其他著名离岸金融市场都具有优势明显的地理位置，优越的地理区位是引起金融集聚的必要条件，对周边经济也具有一定的辐射作用，提高了离岸金融市场的影响力。第二，开曼群岛的国际关系形成了对英、美的政治、经济依赖，与英国的政治、经济关系为开曼群岛离岸金融业务开展开创了良好的起源，与美国的经济关系带来了开曼群岛离岸金融业务的飞速发展。第三，高度稳定的政治环境是离岸金融市场形成的首要条件，政府支持是开曼群岛离岸金融市场形成的助推器，同时宽松的金融管制和低汇率是吸引各国投资者的直接因素。第四，法律制度体系对金融活动展开的合法性与合理性提供了行动框架，规范完善的法律体系在保障开曼群岛离岸金融市场有序运转、维护开曼群岛金融市场健康运行中起着不可或缺的作用。第五，完善的监管机制是离岸金融市场有序运行的重要保障，开曼群岛成立的金融管理局对反洗钱、反恐怖主义起到了严厉的打击作用，对离岸金融市场的健康运行起到了有效的监督作用。正式制度和非正式制度的共同运行，使得开曼群岛从没有实质经济活动的岛屿群落迅速发展为金融经济繁荣的发达经济体。

10.4 研究启示与政策建议

10.4.1 研究启示

(1) 政治制度嵌入性

政治制度将决定一个地区的经济决策效率进而影响金融发展效率，不同政治制度对金融发展的促进效用也不尽相同。开曼群岛政府同本地区及外部离岸金融界的密切联系、稳定的政局与良好的经济环境对开曼群岛离岸金融的发展起到了主导作用。其离岸金融市场的构建与完善是当地政府顺应经济增长和金融发展的客观要求以政策法规形式推动形成的，政府在其离岸金融发展的过程中起到了不可磨灭的助推作用。我国自贸区在发展离岸金融过程中，应积极响应中央政府出台的政策法规，结合自身离岸金融发展的实际状况，完善相应配套措施，在政策层面加大金融开放、防范金融风险，关注国内外离岸金融的发展趋势及控制防范本区域可能发生的金融风险，推动自贸区离岸金融的发展。在国家宏观经济政策指导下，我国自贸区应加大对金融业等重点领域的开放力度，为逐步实现资本项目可兑换、扩大金融业开放以及谋求更多发展机遇创造机会。同时，自贸区发展离岸金融业务还需要结合自身经济建设和金融发展水平，积极发展离岸金融相关配套措施，如税收优惠、自由贸易账户、开放外资准入等，推动离岸金融业务的发展，配合“一带一路”倡仪的需要，最终发展成为具有我国特色和地方特质的离岸金融市场。

（2）法律制度嵌入性

在政府政策支持下，法律制度对金融活动开展的合法性与合理性提供了行动框架，对降低金融市场的风险、维持金融市场的稳定起着至关重要的作用。可以说，法律制度是开曼群岛离岸金融市场繁荣的强有力保障。开曼制定的法律制度与监管制度在保障开曼群岛金融多元化发展的同时降低了金融交易的成本、保障了金融体系的创新，是开曼群岛发展为国际领先离岸金融中心的决定性因素。另外笔者发现，法律体系的不完善对于一个地区的金融创新会产生阻碍作用，极易造成金融风险。基于此，我国在发展离岸金融过程中应尤其注重法律制度，及时完善法律法规，并使得区域内监管制度达到国际标准，为发展离岸金融提供制度保障。

（3）监管制度嵌入性

开曼群岛的监管制度被IMF认为发展良好并符合广泛的国际标准，其自身成熟的监管制度在利用金融创新提高开曼群岛自身离岸金融竞争力的同时最大可能地降低金融风险，为其地区内经济平稳运行与离岸金融的健康发展提供了保障。在党的十九大和中央政治局会议上，习近平总书记提出了推动金融高质量发展、扩大金融开放、防范金融风险与金融服务实体经济的要求，因此，自贸区在发展离岸金融过程中应尤其注重监管制度，即在注重金融开放的同时，也应同步加强金融监管，防范金融风险，并使得区域内监管制度达到国际标准，使其成为现阶段我国离岸金融市场发展的关键一环。

（4）地理禀赋嵌入性

开曼群岛早期离岸金融的发展与其得天独厚的地理禀赋密不可分。尽管对于开曼群岛来说，其小国寡民的先天条件使得其难以由避税港型离岸金融中心向经济复杂的国际金融中心转型，但其优越的地理条件仍有助于其信息腹地的形成，降低金融交易成本，加快金融机构的聚集，促进离岸金融市场的发展。这为我国发展离岸金融中心提供了重要经验，表明了我国在离岸金融中心的地理选择上应该有所侧重，优先选择海岛或沿海地区作为离岸金融市场的发祥地。

(5) 国际关系嵌入性

开曼群岛作为英国殖民地拥有高度的政治稳定性，同时还占有来自美国国际资金大量流入的优势，离岸金融获得了空前发展。任何经济体的发展都不能脱离与外部的交往而独自发展，经济体在经济发展过程中需要得到外界的认可，如开曼群岛离岸金融市场所拥有的安全稳定的环境受到其他国家或地区的承认是其获得资金投入的前提。因此我国现阶段离岸金融的发展应以离岸贸易为基础，在发展离岸金融过程中，需结合自身经济金融发展的实际条件，拓宽与其他地区和其他国家的贸易往来关系，在加强离岸贸易的基础上发展离岸金融。

10.4.2 政策建议

(1) 构建内外分离型离岸金融市场

一国或地区离岸金融市场模式的选择应首先考虑该国或地区的金融自由化程度，其次，经济体量、监管制度的完善与否也是选择离岸金融市场模式需要重点考虑的因素。1998 年，受亚洲经济危机影响，我国及时叫停了离岸业务。我国于 2002 年重新允许开办离岸业务，虽然经过十几年的经济发展，对外开放水平逐步提高，应对金融风险的能力已大大提升，但内外一体型离岸金融市场发展模式需要具备较高经济水平，完善的金融规章制度，同时要求提升监管当局的能力及较多金融方面的人才储备。鉴于离岸业务的风险远超在岸业务，为避免离岸金融市场变化对国内经济和金融产生不利影响，中国自贸区在实际发展过程中，并不具备内外一体型金融市场的条件，内外分离型离岸金融市场模式是我国现阶段开展离岸业务的首选模式。

(2) 完善金融服务体系

离岸金融业务的发展离不开符合准入条件的金融机构的积极参与，相应地，离岸金融业务发展要实现多元化也离不开金融中介机构的繁荣。发展离岸银行业务时，除建议将国有大型商业银行纳入提供离岸服务的机构体系外，还可鼓励或吸引外资银行参与离岸服务来自贸区发展，以提高我国整体离岸银行业务服务水平。此外，为丰富离岸金融业务种类，可吸引一些非银行金融机构入驻，如证券公司、信托公司等，通过外资银行与外资金融机构的宣传，以吸引境外非居民企业和非居民个人参与离岸交易。与此同时，自贸区也应加快促进其本土金融业的发展，以完善金融机构的服务体系，除了现有持牌的交通银行、浦发银行、招商银行和平安银行外，对于符合条件的银行类金融机构，经相关监管部门核准后，也可以在自贸区开展离岸金融业务。

（3）完善离岸金融监管与法律体系

中国离岸金融业务的发展应保持开放与监管并重的姿态，打造创新开放和包容型金融体系。扩大金融开放、实施更为宽松的外资准入措施，并不意味着金融监管的取消或弱化。相反，更为自由宽松的市场经济环境需要更高标准的金融监管。这就要求在推进金融创新改革开放的同时，构建高效透明的金融监管框架，按照开放与监管并行的原则，科学有效地设计金融交易投资体系，实施监管离岸金融交易行为，加快世界范围内产业资本及金融资本的集聚。在金融监管推进过程中，要根据自贸区发展的目标和实际情况，推进相关金融开放政策出台与实施，成熟高效地控制防范金融风险，最终为实现国家战略而服务。同时，可以设置专一金融监管部门，按照符合国际标准的方法对离岸业务进行监管。未来，随着科技发展，互联网与金融领域融合，金融科技、大数据在金融监管方面发挥着日益重要的作用。金融监管部门应基于大数据金融安全监管平台，加快金融监管科技建设步伐，为金融监管提供顶层设计，学习其他自贸区互联网金融管理的成功经验，采取积极主动的态度应对时代发展及金融产业进步给金融监管带来的严峻挑战。

（4）培养离岸金融专业人才

离岸金融专业人才队伍的发展壮大，不仅可以提高我国离岸金融业务的整体水平，同时有利于自贸区根据国际政治经济形势、国际金融发展方向的变化，调整离岸金融发展政策，提升中国自贸区离岸金融业务的竞争力。现阶段中国自贸区离岸金融专业人才队伍的发展壮大可以通过以下几个途径实现：一是开展离岸金融业务的机构对其从业人员进行针对性培训，并适时根据离岸金融产品的创新来调整培训方案；二是引进境内其他地区与境外等地掌握离岸银行、离岸证券、离岸保险、信托基金多方面专业知识的复合型人才；三是加强与高校合作，尤其是加强与中国本土大学的合作，在学校特设离岸金融专业，为自贸区离岸金融业务的发展直接输送专业人才。

10.5 本章小结

本章基于新制度经济学、新制度金融学以及制度嵌入理论，从离岸金融市场发展、开曼群岛离岸金融市场、金融发展制度嵌入三个方面进行了文献综述。研究内容分为三个部分。一是开曼群岛离岸金融市场的发展演进。开曼群岛离岸金融自发轫伊始便成了其支柱产业，为其带来不可估量的金融收益，对开曼群岛经济发展的总体贡献令其他行业难以匹敌。本章通过对开曼群岛离岸金融市场发展历程的回顾，分析了其对开曼群岛经济发展的影响，以及开曼群岛离岸金融的未来演进趋势。二是开曼群岛离岸金融市场的制度嵌入机制分析。本章从制度嵌入性视角区分了开曼群岛离岸金融市场的正式制度与非正式制度，然后从正式制度下的政治制度、法律制度、监管制度与非正式制度下的地理禀赋、国际关系五个维度探讨开曼群岛离岸金融发展的制度嵌入机理。三是基于中国自贸区发展离岸金融的现实条件，对自贸区离岸金融发展的优势条件与制约因素进行分析，并以开曼群岛离岸金融发展的制度嵌入性为启示，提出自贸区发展离岸金融的相关政策建议。

参考文献

[1] Abbott. Treasure Island or Desert Island Offshore Finance and Economic Development in Small Island Economies: The Case of Labuan [J]. Development Policy Review, 2000 (18): 157-175.

[2] Abolafia. Markets: Opportunism and Restraint on Wall Street [J]. Cambridge: Harvard University Press, 1996: 6-11.

[3] Acemoglu, Daron, Simon Johnson, James Robinson. The Colonial Origins of Comparative Development: An Empirical Investigation [J]. The American Economic Review, 2001, 91 (5): 1369-1401.

[4] Agarwal S., Mazumder B. Cognitive Abilities and Household Financial Decision Making [J]. American Economic Journal: Applied Economics, 2013, 5 (1): 193-207.

[5] Aggarwal R., J. W. Goodell. Financial Markets Versus Institutions in European Countries: Influence of Culture and other National Characteristics [J]. International Business Review, 2010, 19 (5): 502-520.

[6] Agnes, P. The "End of Geography" in Financial Services: Local Embeddedness and Territorialization in the Interest Rate Swaps Industry [J]. Economic Geography, 2000, 76 (4): 347-366.

[7] Alex Preda. The Sociological Approach to Financial Markets [J]. Journal of Economic Surveys, 2007 (3): 506-533.

[8] Allen, Franklin, Meijun Qian. Law, Finance and Economic Growth in China [M]. philadelphia University of Pennsylvania Press, 2002.

[9] Alstadsæter A., Johannesen N., Zucman G. Tax Evasion and Inequality [J]. American Economic Review, 2019, 109 (6): 2073-2103.

[10] Alwyn Y. Learning by Doing and the Dynamic Effects of International

Trade [J]. Quarterly Journal of Economics, 1991, 106 (2): 369-405.

[11] Amin A., Thrift N. Globalization, Institutions, and Regional Development in Europe [M]. Oxford: Oxford University Press, 1994.

[12] Andrew K. Rose, Mark M. Spiegel. Offshore Financial Centres: Parasites or Symbionts? [J]. The Economic Journal, 2007: 1310-1335.

[13] Ann Markusen. Sticky Places in Slippery Space: A Typology of Industrial Districts [J]. Economic Geography, 1996, 72 (3): 293-313.

[14] Armstrong, H., Read, R. The Economic Performance of Small States and Islands: The Importance of Geography, 2004.

[15] Bailey, W., Liu, Edith X. Incorporation in Offshore Financial Centers: Naughty or Nice? [EB/OL]. Available at SSRN: http://ssrn.com/abstract=2357074orhttp://dx.doi.org/10.2139/ssrn.2357074.

[16] Baker, W. The Social Structure of a National Securities Market [J]. American Journal of Sociology, 1984, 89 (4): 775-811.

[17] Baldacchino G., Milne D. A. Lessons From the Political Economy of Small Islands [M]. London: Macmillan Pubishers Limited, 2000.

[18] Baltagi B. H., Egger P., Pfaffermayr M. Estimating Regional Trade Agreement Effects on FDI in an Interdependent World [J]. Journal of Econometrics, 2008, 145 (1-2): 194-208.

[19] Barber B. All economies are "embedded": The Career of a Concept, and Beyond [J]. Social Research, 1995, 62 (2): 387-413.

[20] Becerra O., Cavallo E., Scartascini C. The Politics of Financial Development: The Role of Interest Groups and Government Capabilities [J]. Journal of Banking & Finance, 2012, 36 (3): 626-643.

[21] Beck T., Demirguc-Kunt A., Levine R. Law, Politics, and Finance [R]. World Bank Working Paper, 2001: 12-45.

[22] Beck T., Demirgüç-Kunt A., Levine R. Law and Finance: Why Does Legal Origin Matter? [J]. Journal of Comparative Economics, 2003, 31 (4): 653-675.

[23] Bordo and Rousseau. Legal-Political Factors and the Historical Evolution of the Finance-Growth Link [J]. Review of Economic History, 2006, 10

(3): 432-444.

[24] Bourdieu P. The Forms of Capital [J]. Handbook of Theory & Research of for the Sociology of Education, 1986: 280-291.

[25] Brock C., D. Smawfield. Education and Development: The Issue of Small States [J]. Educational Review, 1988, 40 (2): 227-239.

[26] Brown, J. R., Cookson, J. Does Law and Finance Matter? [Z]. Lessons from Externally Imposed Courts October 31, 2014.

[27] Bruce G., Laura. Money and Credit: A Sociological Approach [J]. Polity, 2010, 34 (8): 1227-1229.

[28] Buckley P. J., Clegg L. J., Cross A., et al. The Determinants of Chinese Outward Foreign Direct Investment [J]. Journal of International Business Studies, 2007, 38 (2): 499-518.

[29] Buckley P. J., Sutherland D., Voss H., et al. The Economic Geography of Offshore Incorporation in Tax Havens and Offshore Financial Centres: The Case of Chinese Mnes [J]. Journal of Economic Geography, 2015, 15 (1): 103-128.

[30] Bullock M., Stevens G., Thorp S. Do Financial Aggregates Lead Activity? A Preliminary Analysis [J]. Rba Research Discussion Papers, 1988.

[31] Buser S. A., Chen A. H., Kane E J. Federal Deposit Insurance, Regulatory Policy, and Optimal Bank Capital [J]. Journal of Finance, 1981, 36 (1): 51-60.

[32] Butkiewicz J., Land Gordon. The Economic Growth Effect Offshore Banking In Host Territories: Evidence From The Caribbean [J]. World Development, 2013 (44): 165-179.

[33] C. Mantzavinos, Douglass C. North, Syed Shariq. Learning, Institutions, and Economic Performance [J]. Perspectives on Politics, 2004, 2 (1): 75-84.

[34] Carpenter J., Graham M., Wolf J. Cognitive Ability and Strategic Sophistication [J]. Games and Economic Behavior, 2013 (80): 115-130.

[35] Chen C. C., Chiu I. M., Smith J., et al. Too Smart to be Selfish? Measures of Cognitive Ability, Social Preferences, and Consistency [J].

Journal of Economic Behavior & Organization, 2013 (90): 112-122.

[36] Choi, S., Park, D., Tschoegl, A. Banks and the World's Major Banking Centers, 1990 [J]. Weltwirtschaftliches Archiv, 1996, 132 (4): 774-793.

[37] Christelis D., Jappelli T., Padula M. Cognitive Abilities and Portfolio Choice [J]. European Economic Review, 2010, 54 (1): 18-38.

[38] Clark, G. L. Wójcik, D. The Geography of Finance: Corporate Governance in the Global Marketplace [M]. Oxford: Oxford University Pres, 2007.

[39] Coase R. H. The Nature of the Firm [J]. Economica, 1937, 4 (16): 386-405.

[40] Coase R. H. The Problem of Social Cost [M]. London: Palgrave Macmillan UK, 1960.

[41] Coase Rh. Problem of Social Cost [J]. The Journal of Law & Economics, 1960, 3 (4): 1-44.

[42] Coates N., Rafferty M. Offshore Financial Centres, Hot Moneyand Hedge Funds: A Network Analysis of International Capital Flows [A] //in L. Assassi, D. Wigan and A. Nesvetailova, Eds., Global Finance in the New Century: Beyond Deregulations [M]. Basingstoke: Palgrave Macmillan, 2006.

[43] Cobb S. C. Global Finance and the Growth of Offshore Financial Centers: The Manx Experience [J]. Geoforum, 1998, 29 (1): 7-21.

[44] Cobb S. C. Redefining "Offshore" in Latin America [J]. Growth and Change, 2009, 40 (2): 332-356.

[45] Cobham, A., Jansk'y, P., Meinzer, M. The Financial Secrecy Index: Shedding New Light on the Geography of Secrecy [J]. Economic Geography, 2015, 91 (3): 281-303.

[46] Corbridge S., Martin R., Thrift N. Money Power and Space [M]. Oxford: Blackwell, 1994.

[47] Daniel Beunza, Stark D. How to Recognize Opportunities: Heterarchical Search in a Wall Street Trading Room [R]. Economics Working Papers, 2005.

[48] Davis M. Clips Bids to Repeat UK Growth Success Offshore [J].

Money Marketing, 2005.

[49] Davis E. P. International Financial Centers: An Industrial Analysis [J]. Bank of England Discussion Paper, 1990 (51): 1-23.

[50] De Wulf O. A Critical Examination of the International Regulation of Offshore Financial Centres [J]. Ssrn Electronic Journal, 2009.

[51] Deary I. J., Yang J., Davies G., et al. Genetic Contributions to Stability and Change in Intelligence from Childhood to Old Age [J]. Nature, 2012, 482 (7384): 212-215.

[52] Desai M., Foley C., Hines J. The Demand for Tax Haven Operations [J]. Journal of Public Economics, 2006, 90 (3): 513-531.

[53] Dharmapala D., Hines J. R. Which Countries Become Tax Havens? [J]. Journal of Public Economics, 2006, 93 (9-10): 1058-1068.

[54] Dohmen T., Falk A., Huffman D., et al. Are Risk Aversion and Impatience Related to Cognitive Ability? [J]. American Economic Review, 2010, 100 (3): 1238-1260.

[55] Donato Masciandaro. Offshore Financial Centres: Explaning the Regulation [R]. Paolo Baffi Centre Boccini University, Working Paper, 2006 (170).

[56] Doyle M., Johnson A. Does Offshore Business Mean Onshore Economic Gains [R]. Central Bank of Barbado—Working Papers, 1999.

[57] Dunning John H. Third World Multinationals: The Rise of Foreign Investmentsfrom Developing Countries [J]. Journal of International Business Studies, 1985, 16 (1): 173-175.

[58] Donato Masciandaro. Designing Financial Supervision Institutions [M]. Baltimore: E. Elgar, 2007.

[59] E. Hayek, Th. Rehner. Thoriumtrijodid [J]. Experientia, 1949, 5 (3): 114-144.

[60] Eccles R. G., Crane D. B. Doing Deals: Investment Banks at Work [J]. Administrative Science Quarterly, 1988, 34 (4): 257-264.

[61] Federal Reserve Bank of San Francisco. Federal Reserve Bank San Francisco Sought or Sold? Social Embeddedness and Consumer Decisions in the

Mortgage Market [C]. Federal Reserve Bank of San Francisco, 2010.

[62] Fehrduda H., Gennaro M. D., Schubert R. Gender, Financial Risk, and Probability Weights [C]. CER-ETH-Center of Economic Research (CER-ETH) at ETH Zurich, 2004 (31): 283-313.

[63] Fichtner J. The Anatomy of the Cayman Islands Offshore Financial Center: Anglo-America, Japan, and the Role of Hedge Funds [J]. Review of International Political Economy, 2018 (23): 1-30.

[64] Finer Samuel. The History of Government: Volume 1: Ⅰ-Ⅲ, Cambridge [M]. U. K.: Cambridge University Press.

[65] Fisher, Glenn W. Some Lessons from the History of the Property Tax. (cover story) [J]. Assessment, 1997, 4 (3): 40-16.

[66] Foad H., Lundberg C. The Determinants of Portfolio Investment in Offshore Financial Centers [J]. International Review of Financial Analysis, 2017 (54): 76-86.

[67] Ford J. L., Ohlin B. Interregional and International Trade [J]. Economica, 1968, 35 (139): 312.

[68] Freyer T. A., Morriss A. P. Creating Cayman as an Offshore Financial Center: Structure & Strategy Since 1960 [J]. Social Science Electronic Publishing, 2013.

[69] G. A. S. Cook, N. R. Pandit, G. M. P. Swann. The Dynamics of Industrial Clustering in British Broadcasting [J]. Information Economics & Policy, 2004, 13 (3): 351-375.

[70] Gagné R. M. Conditions of learning [J]. 1965.

[71] Gál Z., Burger C. The Limits to Local Embeddedness Lending Activity of the Cooperative Banking Sector (The Case of Hungary) [J]. Ssrn Electronic Journal, 2014.

[72] Gerschenkron A. Economic Backwardness in Historical Perspective. [M]. Cambridge: The Belknap Press of Harvard University Press, 1962.

[73] Goldsmith R. Financial Structure and Economic Development [M]. New Haven: Yale University Press, 1969.

[74] Gordon L. An Empirical Investigation of the Relationship between Off-

shore Centre Activity and Banking System Performance in the Caribbean [R]. Bank of Jamaica, Working Paper, 2008 (7).

[75] Goulet, Jeanne P. International Tax Planning-an Essential Step for Global Start-ups [J]. Corporate Taxation, 2011 (1): 3-8.

[76] Grabher G. The Weakness of Strong Ties: The Lock-in of Regional Development in the Ruth Area [M]. London: Rutledge, 1993.

[77] Graham J. R., Harvey C. R., Puri M. Managerial Attitudes and Corporate Actions [J]. Journal of Financial Economics, 2013, 109 (1): 103-121.

[78] Granovetter M. Economic Action and Social Structure: The Problem of Embeddedne [J]. American Journal of Sociology, 1985, 91 (3): 481-510.

[79] Granovetter, M. The Impact of Social Structure on Economic Outcomes [J]. Journal of Economic Perspectives, 2015, 19 (1): 33-50.

[80] Granovetter M. Introduction The Sociology of Economic Life [M]. Colorado: Westview Press 1992.

[81] Gregory Rawlings. Mobile People, Mobile Capital and Tax Neutrality: Sustaining a Market for Offshore Finance Centres [J]. Accounting Forum, 2005 (29): 289-310.

[82] Grinblatt M., Keloharju M., Linnainmaa J. IQ and Stock Market Participation [J]. The Journal of Finance, 2011, 66 (6): 2121-2164.

[83] Grossman G., Helpman E. Politics and Trade Policy [R]. CEPR Discussion Papers, 1995.

[84] Guevara W., Marina. How We Did Offshore Leaks China [J]. Sources Toronto Canada, 2015.

[85] Guiso, Sapienza, Zingales. The Role of Social Capital in Financial Development [J]. The American Economic Review, 2004, 94 (3): 526-556.

[86] Haberly D., Wójcik D. Regional Blocks and Imperial Legacies: Mapping the Global Offshore Fdi Network [J]. Economic Geography, 2015, 91 (3): 251-280.

[87] Hagedoorn J. Understanding the Cross-level Embeddedness of Interfirm Partnership Formation [J]. Academy of Management Review, 2006, 31 (3): 670-680.

［88］ Hampton M. P. , Christensen J. Offshore Pariahs? Small Island Economies, Tax Havens, and the Re-Configuration of Global Finance ［J］. World Development, 2004, 30 (9): 1657-1673.

［89］ Hampton M. P . The Offshore Interface: Tax Havensin the Global Economy ［J］. Capital & Class, 1998, 22 (1): 135-137.

［90］ Hampton M. P. , Christensen J. Treasure Island Revisited Jersey's Offshore Finance Centrecrisis: Implications for other Small Island Economies ［J］. Environment and Planning A, 1999, 31 (9): 1619-1637.

［91］ Hampton M. P. Offshore Pariahs? Small Island Economies Tax Havens and the Re-configuration of Global Finance ［J］. World Development, 2002, 30 (9): 1657-1673.

［92］ Hampton M. P. The Offshore Interface ［M］. London: Palgrave Macmillan UK, 1996.

［93］ Hampton M. , J. Christensen. Small Island Economies: Exploring Alternative Development Strategies to Hosting Offshore Finance ［R］. University of Kent, IMF Working Paper, 2010 (7): 25.

［94］ Hampton M. Exploring The Offshore Interface ［J］. Crime, Law & Social Change, 1996 (24): 293-317.

［95］ Heinkel R. L. , Levi M. The Structure of International Banking ［J］. Journal of International Money and Finance, 1992 (16): 251-72.

［96］ Helpman E. , Krugman P . Market Structure and Foreign Trade: Increasing Returns, Imperfect Competition and International Trade ［M］. Cambridge: MIT Press Books, 1986.

［97］ Hiltonmccann. Offshore Finance ［M］. Cambridge: Cambridge University Press, 2006.

［98］ Hines J. R. , Rice E. M. Fiscal Paradise: Foreign Tax Havens and American Business ［J］. Quarterly Journal of Economics, 1994 (1): 149-182.

［99］ Hudson A. C. Reshaping the Regulatory Landscape: Border Skirmishes Around the Bahamas and Cayman Offshore Financial Centres ［J］. Review of International Political Economy, 1998, 5 (3): 534-564.

［100］ Hudson A. Offshore, Globalization and Sovereignty: A Postmodern

Geo-Political Economy? [J]. Transactions of The Institute of British Geographers, 2000, 25 (3): 269-283.

[101] Ingram P., Clay K. The Choice-Within-Constraints New Institutionalism and Implications for Sociology [J]. Annual Review of Sociology, 2000, 26 (26): 525-546.

[102] International Monetary Institute Working Papers (2010—2014 年合辑) [C]. 中国人民大学国际货币研究所, 2014: 10.

[103] J. L. Greger, Elise A. Malecki. Manganese: How Do We Know Our Limits? [J]. Nutrition Today, 1997, 32 (3).

[104] J. Slemrod, Yitzhaki S. Tax Avoidance, Evasion, and Administration [J]. Handbook of Public Evonomics, 2002, 3 (2): 1423-1470.

[105] J. Von Neumann, O. Morgenstern. The Theory of Games and Economic Behaviour [M]. Princeton: Princeton University Press, 1944.

[106] Jensen A. R. The g Factor: The Science of Mental Ability [M]. Westport: Praeger, 1998.

[107] Jervis R. Realism, Game Theory, and Cooperation [J]. World Politics: A Quarterly Journal of International Relations, 1988, 40 (3): 317-349.

[108] Johns, R. A. Tax Havens and Offshore Finance: A Study of Transnational Economic Development [M]. New York: St. Martin's Press, 1983.

[109] Johnson, Mcmillan, Woodruff. Property Rights and Finance [J]. American Economic Review, 2002, 92 (5): 1335-1356.

[110] Kahneman D., Slovic P., Tversky A. Judgment under Uncertainty: Availability: A Heuristic for Judging Frequency and Probability [J]. 1982, 10 (11): 163-178.

[111] Kahneman D., Tversky A. Conflict Resolution: A Cognitive Perspective [M]. Palo Alto: Stanford Center on Conflict and Negotiation, Stanford University, 1993.

[112] Kahneman D., A. Tversky. An Analysis of Decision under Risk [J]. Econometrica, 1979 (2): 263-292.

[113] Karin K., C. A. Preda. The Sociology of Financial Markets [M]. New York: Oxford University Press, 2005.

［114］ Kaufmann, D. Governance Matters Ⅲ: Governance Indicators for 1996, 1998, 2000, and 2002 ［J］. The World Bank Economic Review, 2003, 18 (2): 253-287.

［115］ King R., Levine R. Finance and Growth: Schumpeter Might Be Right ［J］. The Quarterly Journal of Economics, 1993, 108 (3): 717-737.

［116］ Kroszner R. S., Strahan P. E. What Drives Deregulation? The Economics and Politics of the Relaxation of Bank Branching Restrictions ［J］. Social Science Electronic Publishing, 1999, 114 (4): 1437-1467.

［117］ Krugman P. R. Increasing Return and Economic Geography ［J］. Journal of Political Economy, 1991, 99 (3): 483-499.

［118］ Kumar M. S., Persaud A. Pure Contagion and Investors' Shifting Risk Appetite: Analytical Issues and Empirical Evidence ［J］. International Finance, 2002, 5 (3): 401-436.

［119］ La Porta R., Lopezdesilanes F., Shleifer A., et al. The Quality of Government ［J］. Journal of Law Economics & Organization, 1999, 15 (1): 222-279.

［120］ Laporta R., Lopezdesilanes F., Shleifer A., et al. Law and Finance ［J］. Harvard Institute of Economic Research Working Papers, 2015, 106 (6): 26-68.

［121］ Laporta, Lopez-De-Silanes, Shleifer, Vishny. Agency Problems And Dividend Policies Around The World ［J］. Journal of Finance, 2000 (55): 1-33.

［122］ Laporta, Lopez-De-Silanes, Shleifer. What Works in Securities Laws ［J］. The Journalof Finance, 2006 (1): 16-27.

［123］ Laportat, Lopez-De-Silanes, Shleifer, Vishny. Legal Determinants Of External Finance ［J］. Journal of Finance, 1997 (52): 1131-1150.

［124］ Lee J. The Significance of Reputational Risk: New Evidence in Small Island Offshore Financial Centres ［M］. Social Science Electronic Publishing, 2010.

［125］ Levine Ross. Law, Financial and Economic Growth ［J］. Journal of Financial Intermediation, 1999, 8 (1-2): 8-35.

[126] Leyshon A., Thrift N. Money Space: Geographies of Monetary Transformation [M]. London: Routledge, 1997.

[127] Luigi G., S. Paola, Z. Luigi, Does Culture Affect Economic Outcomes? [J]. Social Science Electronic Publishing, 2006.

[128] Mark Granovetter. Economic Action and Social Structure: The Problem of Embeddedness [M]. Mark Granovetter, 1985, 91 (3).

[129] Mark Granovetter. Economic Institutions as Social Constructions: A Framework for Analysis [M]. Acta Sociologica, 1992, 35 (1): .

[130] Mark Hampton. Exploring the Offshore Interface, Crime [J]. Law & Social Change, 1996 (24): 293-317.

[131] Martin, R. Money and the Space Economy [M]. New York: Wiley, 1999.

[132] Masciandaro D. Offshore Centres Post 9/11: Economics and Politics [J]. Journal of Money Laundering Control, 2006, 9 (4): 365-372.

[133] Maseiandaro Donato. Offshore Financial Centres : Explaining the Regulation [R]. Paolo Baffi Centre Bocconi University, Working Paper, 2006 (170).

[134] Maurer, B. Re-Regulating Offshore Finance? [J]. Geography Compass, 2008 (2): 155-75.

[135] McCann, H. Offshore Finance [M]. Cambridge: Cambridge University Press, 2006.

[136] Mckee D. L., Garner D. E., Mckee A. A. Offshore Financial Centers, Accounting Services and the Global Economy [M]. London: Quorum Books, 2000.

[137] Mckinnonr'I. Money and Capital in Economic Development [M]. Washington D. C. : Brookings Institution, 1973.

[138] Mihir A. Desai, C. Fritz Foley, James R. Hines Jr. Foreign Direct Investment and the Domestic Capital Stock [J]. The American economic review, 2005, 95 (2): 33-38.

[139] Mihir A. Desai, C. Fritz Foley, James R. Hines. Do Tax Havens Divert Economic Activity? [J]. Economics Letters, 2005, 90 (2).

[140] Miyagiwa K. F. , Young L. International Capital Mobility and Commercial Policy in an Economic Region [J]. Journal of International Economics, 1986, 20 (3): 329-341.

[141] Monica Prasad. The Politics of Free Markets: The Rise Ofneoliberal Economic Policies in Britain, France, Germany and the United States [J]. The Economic History Review, 2006, 60 (4): 848-850.

[142] Naresh R. Pandit, Gary A. S. Cook, G. M. P. Swann. A Comparison of Clustering Dynamics in the British Broadcasting and Financial Services Industries [J]. International Journal of the Economics of Business, 2002.

[143] Nash J . Non-Cooperative Games [J]. Annals of Mathematics, 1951, 54 (2): 286-295.

[144] Nash J. F. , Jr. The Bargaining Problem [J]. Econometrica, 1950, 18 (2): 155-162.

[145] Neumann J. V . Zur Theorie der Gesellschaftsspiele [J]. Mathematische Annalen, 1928, 100 (1): 295-320.

[146] Neumann, John Von, Morgenstern, Oskar. Theory of Games and Economic Behavior [M]. Princeton: Princeton University Press, 1953.

[147] North D. , Weingast B. Constitutions and Commitment: The Evolution of Institutions Governing Public Choice in Seventeenth-century England [R]. Journal of Economic History, 1989 (49): 4.

[148] North D. C. Institutions, Institutional Change and Economic Performance [M]. Cambridge: Cambridge University Press, 1990.

[149] North D. C. The Historical Evolution of Politics [J]. Social Science Electronic Publishing, 2004, 2 (94): 133-148.

[150] Nugent P. D. , Abolafia M. Y. The Creation of Trust Through Interaction and Exchange: Theroal of Considerationin Organizations [M]. Globalisation, Development and Transition, 2006.

[151] O'Brien. Bureaucrats and Politicians in Western Democracies [M]. London: Harvard University Press, 1922.

[152] OECD. Toward Global Tax Co-operation-Report to the 2000 Ministerial Council Meeting and Recommendations by the Committee on Fiscal Affairs [M].

Progress in Identifying and Eliminating Harmful Tax Practices, 2000.

[153] Oechssler J., Roider A., Schmitz P. W. Cognitive Abilities and Behavioral Biases [J]. Journal of Economic Behavior & Organization, 2009, 72 (1): 147-152.

[154] Monetary and Exchange Affairs Pepartment [R]. Offshore Financial Centers-IMF Background Paper, 2000.

[155] Olson, Mancur. Dictatorship, Democracy and Development [J]. American Political Science Review, (87): 567-576.

[156] Pagano M., Volpin P. The Political Economy of Finance [J]. Oxford Review of Economic Policy, 2001 (17): 4.

[157] Palan R. International Financial Centers: The British-Empire, City-States and Commercially Oriented Politics [J]. Theoretical Inquiries in Law, 2010, 11 (1): 149-176.

[158] Palan R. Trying to Have Your Cake and Eating It: How and why the State System Has Created Offshore [J]. International Studies Quarterly, 1998, 42 (4): 625-643.

[159] Palan R. The Emergence of an Offshore Economy [J]. Futures, 1998, 30 (1): 63-73.

[160] Palan R., Murphy R., Chavagneux C. Tax Havens: How Globalization Really Works [M]. Ithaca: Cornell University Press, 2010.

[161] Palan R. Tax Havens and the Commercialisation of State Sovereignty [J]. International Organization, 2002, 56 (1): 151 -176.

[162] Palmberg J. Spatial Concentration in the Financial Industry [R]. Ratio Working Papers, 2012, 16 (7): 849-854.

[163] Park Ys. The Economics of Offshore Financial Centers [J]. Columbia Journal of World Business, 1982, 17 (4): 31-35.

[164] Paul Di Maggio. Culture and Cognition [J]. Annual Review of Sociology, 1997 (23): 263-287.

[165] Perotti E. C., Volpin P. F. Politics, Investor Protection and Competition [J]. Ssrn Electronic Journal, 2007.

[166] Pharo H., Sim C., Graham M., et al. Risky Business:

Executive Function, Personality, and Reckless Behavior During Adolescence and Emerging Adulthood [J]. Behavioral neuroscience, 2011, 125 (6): 970.

[167] Picciotto S. International Business Taxation, a Study in the Internationalization of Business Regulation [M]. London: Weidenfeld and Nicholson, 1992.

[168] Pistor K., Raiser M., Gelfer S. Law and Finance in Transition Economies [J]. Economics of Transition, 2000, 8 (2): 325-368.

[169] Podolny J. M., Baron J. N. Resources and Relationships: Social Networks and Mobility in The Workplace [J]. American Sociological Review, 1997, 62 (5): 673-693.

[170] Polanyi K. The Great Transformation: The Political and Economic Origins of Our Time [M]. Boston: Beacon Press, 1944.

[171] Polanyi K. The Great Transformation [J]. American Scholar, 2000, 28 (1): 87-95.

[172] Polanyi Karl. The Great Transformation [M]. Boston: Beacon Press, 1957.

[173] Preda A. The Sociological Approach to Financial Markets [J]. Journal of Economic Surveys, 2007 (3): 511-512.

[174] Raghuram G. Rajan, Luigi Zingales. Financial Dependence and Growth [J]. The American Review, 1998, 88 (3): 559-586.

[175] Rajan R. G., Zingales L. The Great Reversals: The Politics of Financial Development in The Twentieth Century-ScienceDirect [J]. Journal of Fmanciol Economics, 2003, 69 (1): 5-50.

[176] Rajan R., Zingales L. Saving Capitalism from the Capitalists: Unleashing the Power of Financial Markets to Create Wealth and Spread Opportunity [J]. Journal of Economics, 2004, 52 (5): 695-700.

[177] Rajan R., Zingales L. The Emergence of Strong Property Rights: Speculation from History [R]. NBER Working Papers, 2003.

[178] Rajan R. G., L. Zingales. Saving Capitalism from Capitalists [M]. New York: Random House, 2003.

[179] Raposo A. M., Mourao P. R. Tax Havens or Tax Hells? A Discus-

sion of The Historical Roots and Present Consequences of Tax Havens [J]. Financial Theory & Practice, 2013, 37 (3): 311-360.

[180] Rawlings G. Offshore Finance Centers: Institutions of Global Capital and Sites of Cultural Practice [J]. Australian National University, 2005.

[181] Raymond Boudon. Limitations of Rational Choice Theory [J]. American Journal of Sociology, 1998, 104 (3): 817-826.

[182] RenÉ M. Stulz, Rohan Williamson. Culture, Openness, and Finance [J]. Journal of Financial Economics, 2001, 70 (3): 313-349.

[183] Richardson G., Taylor G. Income Shifting Incentives and Tax Haven Utilization: Evidence from Multinational U. S. Firms [J]. International Journal of Accounting, 2015, 50 (4): 458-485.

[184] Ridley T. The Cayman Islands as an International Finance Center-an Overview [J]. Trusts & Trustees, 1997, 3 (2): 28-29.

[185] Robert D. Putnam. Tuning in, Tuning Out: The Strange Disappearance of Social Capital in America [J]. Political Science & Politics, 1995, 28 (4): 664-683.

[186] Roberts S. M. Small Place, Big Money: The Cayman Islands and the International Financial System [J]. Economic Geography, 1997, 71 (3): 237-256.

[187] Roberts, S. Fictitious Capital, Fictitious Spaces: The Geography of Offshore Financial Flows [M]. Oxford: Blackwell, 1994.

[188] Roe, M. Strong Managers and Weak Owners: The Political Roots of American Corporate Finance [J]. Social Science Elevtronic Publishing, 1995, 29 (4): 764-769.

[189] Romo, Frank P., Schwartz, Michael. The Structural Embeddedness of Business Decisions: The Migration of Manufacturing Plants in New York State, 1960-1985 [J]. American Sociological Review, 1995, 60 (6): 874-907.

[190] Rose A. K., Spiegel M. M. Offshore Financial Centers: Parasites or Symbionts? [J]. Economic Journal, 2007, 117 (52): 1310-1335.

[191] Roussakis E. N., Dandapani K., Prakash A. J. Offshore Banking Centres: Prospects and Issues [M]. Basingstoke: Palgrave Macmillan, 1994.

［192］ Santhi T.， Manonmani S.， Smitha T. Removal of Malachite Green from Aqueous Solution by Activated Carbon Prepared from the Epicarp of Ricinus Communis by Adsorption ［J］. Journal of Hazardous Materials， 2010， 179 （1）： 178-186.

［193］ Sassen， S. The Embeddedness of Electronic Markets： The Case of Global Capital Markets ［M］. New York： Oxford University Press， 2005.

［194］ Schmidt F. L.， Hunter J. General Mental Ability in the World of Work： Occupational Attainment and Job Performance ［J］. Journal of Personality and Social Psychology， 2004， 86 （1）： 162.

［195］ Schumpeter J. The Theory of Economies Development ［M］. Cambirdge： Harbard University Press， 1912.

［196］ Scott D. Dyreng and Bradley P. Lindsey. Using Financial Accounting Data to Examine the Effect of Foreign Operations Located in Tax Havens and Other Countries on US Multinational Firms1 Tax Rates ［J］. Journal of Accounting Research， 2009.

［197］ Scott W. R.， Institutions and Organizations： Ideas， Interests & Identities ［M］. London： Sage， 2013.

［198］ Scott W. R.， Christensen S. The Institutional Construction of Organaziton ［M］. London： Sage， 1995 .

［199］ Sharman J. C. Havens in a Storm： The Struggle for Global Tax Regulation ［M］. Ithaca： Cornell University Press， 2006.

［200］ Shipilov A. V. Should You Bank on Your Network？ Relational and Positional Embeddedness in the Making of Financial Capital ［J］. Strategic Organization， 2005， 3 （3）： 279-309.

［201］ Shleifer A.， Vishny R. W. Politicians and Firms ［J］. Quarterly Journal of Economics， 1994， 109 （4）： 995-1025.

［202］ Sikka P. The Role of Offshore Financial Centres in Globalization ［J］. Accounting Forum， 2003， 27 （4）： 365-399.

［203］ Slovic P.， Fischhoff B.， Lichtenstein S.， et al. Preference for Insuring Against Probable Small Losses： Insurance Implications ［J］. Journal of Risk & Insurance， 1977， 44 （2）： 237-258.

[204] Smith J. P. , McArdle J. J. , Willis R. Financial Decision Making and Cognition in a Family Context [J]. The Economic Journal, 2020, 120 (549): 363-380.

[205] Sokol, M. Financialisation, Financial Chains and Uneven Geographical Development: Towards a Research Agenda [J]. Research in International Business and Finance, 2017 (39): 678-685.

[206] Stijn Claessensl, Luc Laeven. Financial Development, Property Rights and Growth [J]. The Journal of Finance, 2003, 58 (6): 2401-2436.

[207] Swedberg R. The Role of the Market in Max Weber's Work [J]. Theory and Society, 2000 (29): 373-384.

[208] Tan S. J. , Vertinsky I. Strategic Management of International Financial Centers: A Tale of Two Cities [M]. Lexington: Lexington Books, 1987.

[209] Teitel S. , Stigler G. J. , Kindle berger CP. Economies of Scaleand Size of Plant: The Evidence and the Implications for the Developing Countries [J]. Journal of Common Market Studies, 1974, 13 (1): 92-115.

[210] Throsby D. Cultural Capital [J]. Journal of Cultural Economics, 1999, 23 (1-2): 3-12.

[211] Throsby D. Economics and Culture [M]. Cambridge: Cambridge University Press, 2001.

[212] Tischer D. The Embeddedness of Ethical Banks in the UK [D]. University of Manchester, 2013.

[213] Trentacosta C. J. , Izard C. E. , Mostow A. J. , et al. Children's Emotional Competence and Attentional Competence in Early Elementary School [J]. School Psychology Quarterly, 2006, 21 (2): 148.

[214] Tschoegl A. E . International Banking Centers, Geography, and Foreign Banks [J]. Financial Markets Institutions & Instruments, 2010, 9 (1): 1-32.

[215] Underhill G. R. D. , Zhang X. Setting the Rules: Private Power, Political Underpinnings, and Legitimacy in Global Monetary and Financial Governance [J]. International Affairs, 2008, 84 (3): 535-554.

[216] Uzzi J. A. Agencies Can Thrive in Information Age [J]. National

Underwriter, 2002.

[217] Uzzi, Brian. The Sources and Consequences of Embeddedness for the Economic Performance of Organizations: The Network Effect [J]. American Sociological Review, 1996 (4).

[218] VanRooij M., Lusardi A., Alessie R. Financial Literacy and Stock Market Participation [J]. Journal of Financial Economics, 2011, 101 (2): 449-472.

[219] Verdier D. Capital Mobility and the Origins of Stock Markets [R]. EUI Working Paper, 1999, SPS: 99/10.

[220] Vissing-Jorgensen A. Perspectives on Behavioural Finance: Does Irrationality Disappear with Wealth? Evdience from Expectations and actions [J]. Ssrn Electronic Journal, 2013 (18).

[221] Vlcek W. Offshore Finance and Global Governance [M]. Basingstoke: Palgrave Macmillan, 2017.

[222] W. B. Meigs, R. F. M. Accounting [M]. Princeton: Princeton University Press, 1984.

[223] Walter W. Heller. Tax Reform, Tax Revenue, and the Deficit [J]. 1985, 11 (1): 51-63.

[224] Warf, B. Tailored For Panama: Offshore Banking at the Crossroads of the Americas [J]. Geografiska Annaler Series B. Human Geography, 2002, 84 (1): 33-47.

[225] Weber M. The Protestant Ethic and the Spirit of Capitalism [J]. Scribners, 1930, 13 (8): 23-28.

[226] Westbrook M. D., Tybout J. R. Estimating Returns to Scale with Large, Imperfect Panels: An Application to Chilean Manufacturing Industries [J]. World Bank Economic Review, 1993, 7 (1): 85-112.

[227] White, H. Where do Markets Come from? [J]. Advanced in Strategic Mangement, 1981, 87 (3): 517-547.

[228] William Vlcek. The Global Pursuit of Tax Revenue: Would Tax Haven Reform Equal Increased Tax Revenues in Developing States? [J]. Global Society, 2013, 27 (2): 201-216.

[229] Williams R. A. Exogenous Shocks in Subsystem Adjustment and Policy Change: The Credit Crunch and Canadian Banking Regulation [J]. Journal of Public Policy, 2009, 29 (1): 29-53.

[230] Witherell W. Implementing International Financial Standards in the Offshore Financial Centres [J]. Journal of Financial Crime, 2002, 9 (4): 326-329.

[231] Wójcik D. The Global Stock Market: Issuers, Investors, and Intermediaries in an Uneven World [M]. Oxford: Oxford University Press, 2011.

[232] Wójcik D. Where Governance Fails: Advanced Business Services and the Offshore World [J]. Progress in Human Geography, 2013, 37 (3): 330-347.

[233] Woo J. J. Beyond Theneoliberal Orthodoxy: Alternative Financial Policy Regimes in Asia's Financial Centers [J]. Critical Policy Studies, 2015, 9 (3): 297-316.

[234] Workman, Douglas, J. The Use of Offshore Tax Havens for the Purpose of Criminally Evading Income Taxes [J]. The Journal of Criminal Law and Criminology, 1982, 73 (2): 675-706.

[235] Worsham J. Other People's Money: Policy Change, Congress, and Bank Regulation [M]. Boulder: Westview Press, 1997.

[236] Wrigley N. Corporate Finance, Leveraged Restructuringand the Economic Landscape: The Lbo Wave in Us Food Retailing [M]. New York: Wiley, 1999.

[237] Yasaswy N. J. Personal Investment & Tax Planning Yearbook [M]. New Delhi: orient Paperbacks, 2011.

[238] Zoromé A. Concept of Offshore Financial Centers: In Search of an Operational Definition [J]. Global Economy Journal, 2014, 9 (2): 1-32.

[239] Zukin, Sharon, Paul Dimaggio. Structures of Capital: The Social Organization of the Economy [M]. Cambridge: Cambrige University Press, 1990.

[240] 阿尔蒙德，等．比较政治学 [M]．曹沛霖，等，译．上海：上海译文出版社，1987.

[241] 巴曙松，郭云钊．离岸金融市场发展研究：国际趋势与中国路

径［M］. 北京：北京大学出版社，2008.

［242］博兰．批判的经济学方法论［M］. 北京：经济科学出版社，2000.

［243］曹恬．有关我国企业对避税地的利用［J］. 江苏商论，2009（8）：41-41.

［244］陈彪如．关于人民币迈向国际货币的思考［J］. 上海金融，1998（4）：3-5.

［245］陈国权．论政府能力的有限性与政府机构改革［J］. 求索，1999（4）：41-44.

［246］陈俊，胡宗义，刘亦文．金融集聚的区域差异及影响因素的空间计量分析［J］. 财经理论与实践，2013，34（6）：21-24.

［247］陈林生．市场的社会结构——场域理论对市场社会学的应用［J］. 华东理工大学学报（社会科学版），2013，28（4）：1-9.

［248］陈品先．金融地理与金融中心的研究进展——从专业社群运作来看［J］. 世界地理研究，2004（4）：1-8.

［249］陈弦．国际旅游岛背景下海南开展离岸金融业务的思考［J］. 海南金融，2010（6）：30-32.

［250］陈杨．跨国公司国际税收筹划探讨［J］. 商业时代，2009（5）：69-70.

［251］陈雨露，胡冰．关于建立上海离岸国际金融市场的探讨［J］. 国际金融研究，1994（4）：52-56.

［252］程超泽，华伟．第四次浪潮：资本金融全球化［M］. 上海：上海人民出版社，1999.

［253］程洲阳，王恕立．中国企业跨国经营的“离岸化陷阱”［J］. 国际贸易问题，2005（6）：112-115.

［254］大卫·李嘉图. 政治经济学及赋税原理［M］. 郭大力，王亚南，译．北京：商务印书馆，1962.

［255］戴珊珊．离岸公司的概念及其特征［J］. 中国商界（下半月），2009（11）：306.

［256］杜海鸥．基于经营决策视角的跨国公司税务筹划［J］. 税收与税务，2012（2）：57-59.

[257] 段秀芳．关于中国“利益集团”的概念辨析 [J]．中共南京市委党校学报，2008（3）：25-29.

[258] 樊琨．国际离岸金融中心发展路径：深圳选择 [J]．浙江金融，2013（8）：75-79.

[259] 方盛举．对政府能力内涵与结构的再认识 [J]．云南行政学院学报，2004（3）：42-45.

[260] 冯果，袁康．从法律赋能到金融公平——收入分配调整与市场深化下金融法的新进路 [J]．法学评论，2012（4）：85-91.

[261] 冯润祥，辛然．美国国际银行设施：发展与启示 [J]．中国货币市场，2011（11）：24-29.

[262] 福建师范大学福建自贸区综合研究院．自贸区大时代 [M]．北京：北京大学出版社，2015.

[263] 高超．股票投资者的风险偏好对交易频率及收益率的影响：在不干预股价及干预股价连续上涨情境中的行为实验 [A]．中国管理现代化研究会，2012（6）.

[264] 高印朝，姚洪心．基于“金融地理”观的金融中心形成理论的经济学评述 [J]．上海金融，2007（6）：15-18.

[265] 耿亚莹．日本离岸金融市场发展经验对上海自贸区的启示 [J]．中国市场，2015（42）：45-46.

[266] 郭海雄．构建海南国际旅游岛离岸金融市场的思考 [J]．海南金融，2010（11）：63-66.

[267] 郭云钊，胡传雨．离岸金融业务对经济发展的影响研究——基于香港地区的实证检验 [J]．中央财经大学学报，2013（3）：28-32.

[268] 郭云钊，张鹏．全球离岸金融中心的发展 [J]．中国金融，2012（15）：74-75.

[269] 荷兰国际财税文献局．国际税收辞汇（第 3 版）[M]．国家税务局税收科学研究所，译．北京：中国财政经济出版社，1992.

[270] 韩国文，江春．金融发展理论国外研究的最新进展 [J]．广东金融学院学报，2008，23（1）：106-114.

[271] 韩玉姝．欧洲货币市场演变历程对香港建立人民币离岸金融中心的启示 [J]．黑龙江金融，2012（9）：61-62.

［272］何光辉，杨咸月．避税港离岸金融中心经济亟待转型［J］．外国经济与管理，2003（12）：31-35.

［273］何杨．转让定价与避税地：唇齿还是盾矛？［J］．涉外税务，2008（3）：30.

［274］亨廷顿．变动社会的政治秩序［M］．张岱云，等，译．上海：上海译文出版社，1989.

［275］洪修文．基于国际经验的金融发展制度因素研究［J］．商业研究，2010（5）：104-110.

［276］洪修文．法律、金融结构与经济增长关系研究的理论回顾及其启示［J］．外国经济与管理，2004，26（10）：36-41.

［277］侯龙龙．金融行为与社会结构［J］．区域金融研究，2004（2）：8-10.

［278］胡坚，杨素兰．国际金融中心评估指标体系的构建——兼及上海成为国际金融中心的可能性分析［J］．北京大学学报（哲学社会科学版），2003，40（5）：40-47.

［279］胡莹，汪小亚．我国离岸金融的区域发展比较研究［J］．南方金融，2011（3）：20-25.

［280］滑冬玲，肖强．制度与金融发展：基于转轨国家的面板数据分析［J］．经济管理，2012（9）：121-128.

［281］黄凤羽．税收筹划：理论与实践［M］．北京：中国财政经济出版社，2003.

［282］黄明元．对税收筹划的几点误解之辨析［J］．财会研究，2005（6）：21-22.

［283］黄少安，张苏．人类的合作及其演进研究［J］．中国社会学，2013（7）：77-89.

［284］黄益平，黄卓．中国的数字金融发展：现在与未来［J］．经济学（季刊），2018（4）：1489.

［285］黄毅峰．再论政府能力及其提升的路径选择［J］．社会科学，2011（1）：33-42.

［286］黄植兰．我国企业国际税收筹划现状分析［J］．新财经，2013（1）：143.

[287] 江春，王鸾凤．发展中国家金融发展的制度分析［J］．财经科学，2009（4）：1-9.

[288] 江春，许立成．法与金融学的文献综述［J］．经济学动态，2005（5）：91-94.

[289] 江春，许立成．金融创新的新制度金融学探索［J］．武汉金融，2006（4）：4-7.

[290] 江春，许立成．金融发展的政治经济学［J］．财经问题研究，2007（8）：43-47.

[291] 江春，许立成．金融发展中的制度因素：理论框架与国际经验［J］．财经科学，2007（4）：1-7.

[292] 江春，周宁东．中国农村金融改革和发展的理论反思与实证检验——基于企业家精神的视角［J］．财贸经济，2012（1）：64-70.

[293] 姜玉英．日本离岸市场的发展及启示［J］．金融会计，2005（10）：4-8.

[294] 蒋殿春，张宇．行业特征与外商直接投资的技术溢出效应：基于高新技术产业的经验分析［J］．世界经济，2006（10）：21-29+95.

[295] 蒋海玲，王冀宁．基于演化金融地理学的金融中心演化分析［J］．经济论坛，2011（12）：113-116+148.

[296] 蒋水冰．我国金融发展的影响因素研究：理论与实证［D］．复旦大学，2010.

[297] 金太军．政府能力引论［J］．宁夏社会科学，1998（6）：27-32.

[298] 金学群．金融发展理论：一个文献综述［J］．国外社会科学，2004（1）：10-16.

[299] 金雪军，田霖．金融地理学研究评述［J］．经济学动态，2004（4）：73-77.

[300] 肖．经济发展中的金融深化［M］．王威，等，译．北京：中国社会科学出版社，1989.

[301] 康志勇，张杰．制度缺失、行为“扭曲”与我国自主创新动力不足［J］．现代经济探讨，2009（3）：76-80.

[302] 科思，阿尔，诺斯．关于制度变迁的经济学理论：诱致性变迁与强制性变迁［A］//林毅夫．财产权利与制度变迁：产权学派与新制度

学派译文集［C］. 刘守英，译. 上海：三联书店，1994：374.

［303］郎维维. 国外离岸金融市场发展的经验与启示［J］. 劳动保障世界（理论版）2010（11）：151-152.

［304］雷兴中. 关于创建我国离岸金融市场的探讨［J］. 市场周刊：财经论坛，2004（9）：92-93.

［305］李宝杨. 关于离岸金融市场风险监管的思考［J］. 黑龙江对外经贸，2004（3）：32-33.

［306］李怀斌. 经济组织的社会嵌入与社会形塑——企业社会嵌入及其对企业范式形成的自组织机制［J］. 中国工业经济，2008（7）：16-25.

［307］李季鹏. 离岸公司战略的竞争优势探讨［J］. 现代管理科学，2011（2）：73-75.

［308］李静，朱显平，白江. 我国地区金融集聚驱动因素的实证分析［J］. 东北师大学报（哲学社会科学版），2014（5）：107-112.

［309］李久鑫，郑绍濂. 管理的社会网络嵌入性视角［J］. 外国经济与管理，2002，24（6）：2-6.

［310］李俊梅. 浅析增值税的税收筹划［J］. 税收与企业，2003（0S1）：43-44.

［311］李小建. 金融地理学理论视角及中国金融地理研究［J］. 经济地理，2006，26（5）：721-725.

［312］连平. 离岸金融研究［M］. 北京：中国金融出版社，2002.

［313］梁雅敏. 香港离岸人民币市场发展动因与创新方向［J］. 银行家，2013（5）：86-89.

［314］梁艳，李爽，杨乾坤. 建立离岸金融中心的影响因素分析——基于大连的视角［J］. 北方经济，2012（6）：74-75.

［315］廖昌开. 离岸金融业务［M］. 北京：中国金融出版社，1998.

［316］林采宜. 上海自贸区会是第二个香港吗［J］. 新金融，2013（11）：16-19.

［317］林幸颖. 嵌入性的社会意义——论格拉诺维特的经济行动与社会结构［J］. 人民论坛，2011（26）：153-155.

［318］刘宝宏. 我国跨国公司的国际避税问题研究［J］. 世界经济与政治，1995（5）：19-22.

[319] 刘功文．“入世”态势下的国际避税与反避税 [J]．重庆商学院学报，2005（1）：30-32.

[320] 刘健，陈剑，刘思峰，周献中．风险偏好与属性约简在决策问题中的应用研究 [J]．管理科学学报，2016（8）：68-79.

[321] 刘力，张圣平，等．信念、偏好与行为金融学 [M]．北京：北京大学出版社，2007.

[322] 刘明显，杨淑娟．离岸金融中心研究综述 [J]．中外企业家，2011（7X）：91-92.

[323] 刘同山．区域金融发展影响因素的空间面板计量分析 [J]．金融与经济，2011（7）：33-35.

[324] 刘伟忠．利益集团政策参与的均衡性探究 [J]．理论探讨，2006（4）：126-128.

[325] 刘振芳．离岸金融市场 [J]．扬州大学税务学院学报，1997（3）：56-60.

[326] 卢峰，姚洋．金融压抑下的法治、金融发展和经济增长 [J]．中国社会科学，2004（1）：42-55.

[327] 鲁国强．国际离岸金融市场的发展动因探析 [J]．济南金融，2007（11）：5-8.

[328] 鲁国强．国际离岸金融市场的发展轨迹及影响研究 [J]．金融发展研究，2008（2）：15-18.

[329] 鲁国强．亟须加强对离岸金融市场的研究 [J]．全球科技经济瞭望，2007，22（12）：32-35.

[330] 鲁国强．我国离岸金融的监管与立法研究 [J]．经济经纬，2008（1）：161-164.

[331] 鲁文翠．离岸避税治理初探 [J]．对外经贸，2006，000（4）：64-66.

[332] 陆磊．小企业融资的制度困境及其突破 [J]．今日财富：金融发展与监管，2010（9）：15-17.

[333] 陆磊．信息结构、利益集团与公共政策：当前金融监管制度选择中的理论问题 [J]．经济研究，2000（12）：3-10.

[334] 罗国强．离岸金融法研究 [M]．北京：法律出版社，2008.

［335］罗国强．离岸金融税收征管法制及其在中国的构建［J］．经济与管理，2010（9）：14-20．

［336］罗纳德·麦金农．经济发展中的货币与资本［M］．卢骢，译．上海：三联书店，1988．

［337］曼瑟·奥尔森．国家的兴衰［M］．李增刚，译．上海：上海人民出版社，2007．

［338］曼瑟尔·奥尔森．集体行动的逻辑［M］．陈郁，郭宇峰，李崇，译．上海：上海人民出版社，2014．

［339］梅新育．固本培元——从亚洲债券基金看东亚金融合作发展［J］．国际贸易，2003（8）：52-55．

［340］孟亦佳．认知能力与家庭资产选择［J］．经济研究，2014，49（S1）：132-142．

［341］明．全球离岸金融中心与离岸银行业的发展及中国的对策［J］．纽约金融，2012（40）：1-14．

［342］尼尔·费雷格斯坦．市场的结构——21 世纪资本主义社会的经济社会学［M］．甄志宏，译．上海：上海人民出版社，2008．

［343］聂鸣，刘锦英．地方产业集群嵌入全球价值链的方式及升级前景研究述评［J］．研究与发展管理，2006，18（6）：108-115．

［344］欧阳楚龙．经营决策视角下跨国企业税务筹划方法探讨［J］．管理观察，2014（532）：72-73．

［345］潘峰华，曾贝妮．离岸金融中心的地理学研究进展［J］．地理科学进展，2019，38（2）：191-204．

［346］彭红英，范祚军．我国离岸金融市场选址问题的模型分析［J］．改革与战略，2004（10）：86-89．

［347］乔懿，徐陈．构建离岸金融市场的利益分析［J］．河北理工大学学报（社会科学版），2007（S1）：113-115．

［348］饶旭鹏，刘海霞．非正式制度与制度绩效——基于“地方性知识”的视角［J］．西南大学学报（社会科学版），2012，38（2）：139-144．

［349］饶余庆．香港国际金融中心［M］．北京：商务印书馆，1997．

［350］饶育蕾，张轮．行为金融学［M］．上海：复旦大学出版社，2005．

［351］饶育蕾，朱锐．认知差异是否影响中老年投资者持有风险资产？［J］．管理世界，2014（11）：170-171.

［352］任杰，丁波，张铮．离岸金融中心发展过程中税收因素研究［J］．经济纵横，2007（12）：30-32.

［353］任荣伟．创业企业离案运作模式分析［J］．现代管理科学，2005（3）：64-66.

［354］瑞斯托·劳拉詹南．金融地理学：金融家的视角［M］．孟晓晨，樊绯，译．北京：商务印书馆，2001.

［355］商世文．岛国发展离岸金融市场的启示［J］．国际金融研究，1995（6）：25-26.

［356］沈原．市场、阶级与社会——转型社会学的关键议题［M］．北京：社会科学文献出版社，2007.

［357］师磊．上海自贸区离岸金融的发展及借鉴意义［J］．现代管理科学，2018（6）：85-87.

［358］史登斯，密苏奇．银行业与金融市场［A］//经济社会学手册（第二版）［M］．斯梅尔瑟，斯威德伯格．罗教讲，等，译．北京：华夏出版社，2009：332-346.

［359］史薇．发展我国离岸金融市场问题探讨［J］．国际金融研究，1999（5）：53-57.

［360］丝奇雅·沙森．全球城市：纽约　伦敦　东京［M］．上海：上海社会科学院出版社，2005.

［361］斯梅尔瑟，斯威德伯格．经济社会学手册［M］．罗教讲，等，译．北京：社会科学文献出版社，2005.

［362］宋亮华．世界离岸金融中心的地理分布、竞争态势与其启示［J］．福建金融，1997（2）：28-30.

［363］宋兴义，朱青．国际避税地：不再安全的税收庇护所［J］．中国税务，2009（5）：24.

［364］孙刚，路妍，齐佩金，等．当代国际金融体系演变及发展趋势［M］．大连：东北财经大学出版社，2004.

［365］孙刚，王月溪．国际金融学［M］．大连：东北财经大学出版社，2011.

［366］孙国茂，范跃进．金融中心的本质、功能与路径选择［J］．管理世界，2013，000（11）：1-13.

［367］孙力军．中国金融发展与经济增长关系的理论和实证分析［D］．复旦大学，2007.

［368］孙燕．以上海为中心离岸金融市场建设的因素分析［J］．改革探索，2015：37-40.

［369］孙烨，郭川．基于全球税收成本最小化的跨国公司组织结构设置［J］．当代经济研究，2006（12）：55-57.

［370］谈儒勇，吴兴奎．我国各地金融发展差异的司法解释［J］．财贸经济，2005（12）：14-17，92.

［371］谈儒勇．中国金融发展和经济增长关系的实证研究［J］．经济研究，1999（10）：3-5.

［372］谭小芳，吕倩．利益集团与金融发展——对中国国有商业银行改革的研究［J］．改革与战略，2010，26（6）：85-87.

［373］汤凌霄，张春芳．金融发展的非正式制度因素研究评述［J］．经济学动态，2009（12）：135-140.

［374］唐腾翔，唐向．税收筹划［M］．北京：中国财政经济出版社，1994.

［375］陶硕．亚洲离岸金融中心成功案例比较与分析［J］．北方经济，2006（2）：47-49.

［376］田霖．互联网金融视域下金融地理学研究的新动态述评［J］．经济地理，2016（5）：9-16.

［377］汪永成．政府能力的结构分析［J］．政治学研究，2004（2）：103-113.

［378］汪永成．中国现代化进程中的政府能力——国内学术界关于政府能力研究的现状与展望［J］．政治学研究，2001（4）：79-88.

［379］王蓓．建立天津离岸金融中心的对策及建议［J］．现代经济信息，2012（6）：269.

［380］王传辉．国际金融中心产生模式的比较研究及对我国的启示［J］．世界经济研究，2000（6）：73-77.

［381］王都富．基于国家战略的金融强国论［J］．金融论坛，2012，

17（6）：10-17.

［382］王国伟．金融市场的社会学：经济社会学研究的新议题［J］．江淮论坛，2012（1）：176-181.

［383］王国伟．经济社会学视野中的金融行为研究［J］．学术研究，2011（10）：47-52.

［384］王国伟．嵌入性与西方金融市场的社会学研究的理论视野——从美国信贷经济的发展谈起［J］．天府新论，2012（2）：40-44.

［385］王鸾凤，黄霆珺．政治与金融发展的实证研究［J］．技术经济，2006（11）：89-93.

［386］王骚，王达梅．公共政策视角下的政府能力建设［J］．政治学研究，2006（4）：67-76.

［387］王少国，赵振全，于震，杨东亮．金融发展与经济增长的非线性关联研究——基于门限模型的实证检验［J］．数量经济技术经济研究，2007（7）：54-62.

［388］王应贵，彭海涛．转口贸易、离岸金融与香港经济结构演变［J］．国际经贸探索，2014，30（9）：61-71.

［389］王应贵，姚静，杨婕．香港离岸金融中心的国际地位与竞争力分析［J］．亚太经济，2012（2）：139-144.

［390］王勇，宗文昊，王达之．宝岛还是荒岛：岛屿离岸金融中心的福利效应分析［J］．世界经济研究，2015（8）：108-116.

［391］王勇，王亮，余升国．自贸区离岸金融制度创新理论分析框架［J］．上海经济研究，2018（5）：93-104.

［392］王勇，杨红波．自贸区建设岛屿型离岸金融中心的可行性分析［J］．中国商论，2014（26）：150-151.

［393］王勇，宗文昊，王慧娜．离岸金融中心演进的经济效应分析［J］．财经问题研究，2014（10）：45-53.

［394］王勇．离岸金融中心的演进及其经济效应研究［M］．北京：经济科学出版社，2014.

［395］王兆高．税收筹划［M］．上海：复旦大学出版社，2003.

［396］王志强，孙刚．中国金融发展规模、结构、效率与经济增长关系的经验分析［J］．管理世界，2003（7）：13-20.

［397］魏娜．加强对离岸公司的管制［J］．特区经济，2008（12）：95-96.

［398］武剑．中国（上海）自贸区金融改革展望［J］．新金融，2013（11）：12-15.

［399］武志．金融发展与经济增长：来自中国的经验分析［J］．金融研究，2010（5）：58-68.

［400］夏强．新加坡、香港离岸金融中心的比较与启示［J］．亚太经济，1994（6）：43-47.

［401］谢庆奎，燕继荣，赵成根．中国政府体制分析［M］．北京：中国广播电视出版社，1995.

［402］谢宇，胡婧炜．中国家庭追踪调查：理念与实践［J］．社会，2014，34（2）：1-32.

［403］辛杰．基于正式制度与非正式制度协同的企业社会责任型构［J］．山东大学学报（哲学社会科学版），2014（2）：45-52.

［404］辛杰．企业社会责任自律与型构：非正式制度的嵌入［J］．当代财经，2014（5）：81-90.

［405］辛向阳．大国诸侯：中国中央与地方关系之结［M］．北京：中国社会出版社，1995.

［406］熊必军．试论非正式制度［J］．湖南省社会主义学院学报，2005（1）：43-45.

［407］徐海荣，王真．借鉴国际经验遏制利用避税地恶意税收筹划［J］．国际税收，2010（7）：32-36.

［408］徐海英，朱国传．西方经济地理学对“嵌入”的研究及其启示［J］．人文地理，2012（3）：18-22.

［409］徐基新．谈谈离岸金融中心的发展、特点和影响［J］．国际金融研究，1984（2）：34-37.

［410］徐龙炳，张大方．中国股票市场“聪明投资者”行为研究［J］．财经研究，2017，43（4）：96-108.

［411］徐忠．经济高质量发展阶段的中国货币调控方式转型［J］．金融研究，2018（4）：1-19.

［412］许露元．国内外产业集群跨境合作的研究进展及启示［J］．技术经济与管理研究，2017（12）：100-104.

［413］许明朝，高中良．论中国离岸金融模式的选择［J］．国际金融研究，2007（12）：70-76.

［414］闫海洲，郑爽，黄诗晖，等．国际离岸金融市场发展对上海自贸区建设的借鉴意义［J］．上海经济研究，2014（10）：74-80.

［415］杨叠涵，陈瑛．全球离岸金融中心地理特征研究［J］．世界地理研究，2013（1）：97-104.

［416］杨美霞．离岸公司国际避税法律规制研究［D］．华侨大学，2014.

［417］杨小凯．发展经济学：超边际与边际分析［M］．北京：社会科学文献出版社，2003.

［418］杨义凤，邓国胜．发达国家 NGO 参与对外援助的制度比较与经验借鉴［J］．经济社会体制比较，2014（4）：224-232.

［419］杨义凤．建构什么样的金融社会学——读布鲁斯和劳拉的《货币与信用：一个社会学的视角》［J］．江苏师范大学学报（哲学社会科学版），2014，40（4）：112-117.

［420］杨义凤．韦伯关于证券交易的论述与当代金融社会学的研究议题［J］．兰州学刊，2012（10）：117-122.

［421］杨友才．金融发展与经济增长——基于我国金融发展门槛变量的分析［J］．金融研究，2014（2）：59-71.

［422］杨玉波，李备，李守伟．嵌入性理论研究综述：基于普遍联系的视角［J］．山东社会科学，2014（3）：172-176.

［423］杨再斌，匡霞．上海国际金融中心建设条件的量化研究［J］．华东理工大学学报，2004，19（1）：27-32.

［424］佚名．离岸金融（上）［J］．国际贸易译丛，2013（6）：38-48.

［425］易纲．货币政策回顾与展望［J］．中国金融，2018（3）：9-11.

［426］易纲．主动有序扩大中国金融业对外开放［J］．中国经济周刊，2018（39）：86-87.

［427］易宪容，黄瑜琴．金融政治经济学的新理论［J］．江苏社会科学，2005（1）：20-25.

［428］易宪容，赵春明．行为金融学［M］．北京：中国社会科学出版社，2004.

［429］尹志超，宋全云，吴雨．金融知识、投资经验与家庭资产选择

[J]. 经济研究，2014，49（4）：62-75.

［430］于娟 . 俄罗斯构建离岸金融中心的可行性与路径选择［J］. 地区金融，2015（2）：48-53.

［431］原毅军，卢林 . 离岸金融中心的建设与发展［M］. 大连：大连理工大学出版社，2010：3，37.

［432］张超 . 制度嵌入性视角下的旅游消费行为研究［M］. 北京：中国经济出版社，2014.

［433］张弛，杨帆 . 利益集团理论研究［J］. 学习与实践，2007（8）：81-89.

［434］张东臣 . 北京汇源果汁香港上市受热捧［J］. 经济时报，2007（3）：26-28.

［435］张国庆 . 现代公共政策导论［M］. 北京：北京大学出版社，2001.

［436］张杰 . 中国经济增长的金融制度原因：主流文献的讨论［A］. 中国人民大学国际货币研究所 .

［437］张杰 . 制度金融理论的新发展：文献述评［J］. 经济研究，2011，46（3）：145-159.

［438］张金清，蒋水冰，陈卉，时光 . 基于 VEC 模型的我国金融发展影响因素实证分析［J］. 世界经济情况，2010（10）：47-57.

［439］张俊生，曾亚敏 . 社会资本与区域金融发展：基于中国省际数据的实证研究［J］. 财经研究，2005（4）：37-45.

［440］张秋玲 . 税收国际化趋势中的国际避税地及其发展［J］. 涉外税务，1997（9）：18-20.

［441］张诗伟 . 离岸公司法理论——制度与实务［M］. 北京：法律出版社，2004.

［442］张维迎，柯荣住 . 信任及其解释：来自中国的跨省调查分析［J］. 经济研究，2002（10）：59-70，96.

［443］张文春，张飞飞 . 避税地避税及其防范［J］. 涉外税务，2007（11）：28-33.

［444］张文倩，吕健，周莎 . 离岸公司与国际避税［J］. 特区经济，2004（12）：97-98.

［445］张晓冬 . 离岸商业运作：中国企业“走出去”的新思维［J］.

中国经济周刊，2008（3）：40-42.

［446］张亚玲，孙柏．防范离岸公司不正当经营之对策［J］．经济与管理，2006，20（6）：82-84.

［447］张谊浩，裴平，沈晓华．香港离岸金融发展对大陆金融深化的效应——基于离岸金融中心的实证研究［J］．国际金融研究，2009（6）：31-39.

［448］赵向琴，陈国进．从金融交易的信息摩擦看金融制度、金融管制与经济增长的关系［J］．南开经济研究，2003（4）：71-74.

［449］赵晓斌，王坦，张晋熹．信息流和“不对称信息”是金融与服务中心发展的决定因素：中国案例［J］．经济地理，2002（4）：408-414.

［450］赵晓斌．全球金融中心的百年竞争：决定金融中心成败的因素及中国金融中心的崛起［J］．世界地理研究，2010，19（2）：1-11.

［451］赵晓娜．国内金融地理学研究进展述评［J］．区域金融研究，2019（1）：40-44.

［452］赵振全，于震，杨东亮．金融发展与经济增长的非线性关联研究——基于门限模型的实证检验［J］．数量经济技术经济研究，2007（7）：54-62.

［453］郑方．治理与战略的双重嵌入性——基于连锁董事网络的研究［J］．中国工业经济，2011（9）：108-118.

［454］郑志刚，邓贺斐．法律环境差异和区域金融发展——金融发展决定因素基于我国省级面板数据的考察［J］．管理世界，2010（6）：14-27.

［455］郑志刚．金融发展的决定因素—— 一个文献综述［J］．管理世界，2007（3）：138-151.

［456］中国经济增长与宏观稳定课题组，张平，刘霞辉，张晓晶，张磊，王宏淼．金融发展与经济增长：从动员性扩张向市场配置的转变［J］．经济研究，2007（4）：4-17.

［457］钟红，齐文．国际离岸金融中心的相对衰落及其为我国离岸金融市场建设提供的机遇［J］．国际金融研究，1995（8）：44-48.

［458］周业安．关于当前中国新制度经济学研究的反思［J］．经济研究，2001（7）：19-27.

［459］朱敏．跨国公司税收筹划风险及防范措施探讨［J］．商业会计，2012（22）：29-30.

［460］邹进文，高华云．经济学视野中的利益集团［J］．中南财经政法大学学报，2007，164（5）：26-30.

［461］邹薇．康芒斯制度经济学的重新研究［J］．经济科学，1996（3）：67-71.

［462］左连村，王洪良．国际离岸金融市场理论与实践［M］．广州：中山大学出版社，2002.

［463］左连村．中国加入世界贸易组织对中欧经贸关系的影响［J］．世界经济与政治论坛，2002（3）：37-41.

后记

20世纪末至21世纪初的10年见证了国际社会对离岸金融中心的严格监管，离岸金融中心步入了后离岸时代，离岸金融发展的新时代也悄然开启。本书的面世得益于本人主持的国家自然科学基金项目“制度嵌入视角下离岸金融发展的经济效应研究”。自2016年项目立项开始，我和我的课题团队便投入课题研究，屈指算来已4年多时间。

研究团队中，董娟和王慧乔同学较早着手研究离岸税收制度以及香港制度嵌入性，汤司源同学则专注于驱动离岸金融发展整体制度因素的研究。项目初期，离岸的保密性致使数据和资料相对匮乏，然而她们不畏辛苦，在当时研究条件尚不完备的情境下，出色地完成了任务，本书的第4章、第8章、第9章分别得益于她们的研究成果。其后，曾维康、苗雨萌和李源源同学分别在制度嵌入维度下进行了认知、政治和结构嵌入的探索，徐树雨则另辟蹊径，展开对世界著名离岸金融中心——开曼群岛的揭秘。他们作为学术新兵，本着敬畏之心，付出了极大艰辛，一步步踏实地走了过来，每一位都有满满的收获，本书的第5章、第6章、第7章和第10章是他们辛劳和付出的结晶。

本书的出版首先应该感谢海南省开放型经济研究院院长李世杰教授，他不仅在蕴育本书的国家自然科学基金项目申报中给予了无私的帮助，而且慷慨为本书的出版提供了费用支持。同时海南大学经济学院的刘家诚教授、张尔升教授、刘殿国教授、郭庆宾教授、符蕾教授、吴学品教授、孙鹏副教授、余升国副教授、张佐敏副教授、邝雄副教授、罗晋京副教授和卢媛副教授对于本书都给予过热忱的帮助和提出了前瞻性意见，在此一并表达谢意。

写作完成后，为了完善章节内容、与时俱进、更新部分前期写作内容和数据，本书共进行了四次修订，历时近一年。为此，海南大学经济学院的刘润东、许春萍、文仪琳、田晨宇和路淇楷同学对本书各章进行了第一次修订，陈小柔、马雨函、何密密、李嘉宇和郭筱庆同学实施了第二次修订，芦雪瑶单独对全书实施了第三次修订，前后共计五个月；最后由我本人逐章逐节审定，历时 3 个月，此间又有劳李超群和范营营同学帮助修订文章格式。由于修订工作量较大、出版时间紧，他们不畏辛劳，凭着对科研的浓厚兴趣和坚持不懈的精神，高质量完成了任务。没有他们的参与和辛苦劳动，便没有本书的问世，衷心地感谢这些勇于奉献的未来才俊！

本书初稿于 2020 年 12 月提交给中国经济出版社之后，得到了他们的悉心服务，姜静女士精心校订并提出了许多富有建设性的意见，感谢他们为提升本书品质作出的贡献。

本书在写作过程中参考了国内外大量的著作和论文，我诚挚地向这些论述的作者们表达敬意，是他们的研究基础才使我能对该领域的研究做出一点工作。由于本书编写时间仓促，错漏之处，恳请方家指正。

王 勇

2021 年 8 月于海口